浙江智库 浙江工商大学现代商贸研究中心

杭州亚组委—浙江工商大学中国(杭州)赛事物流研究院

杭州亚运会赛事物流
运行理论与规划研究

赵立中　肖　亮　张　帆　等著

浙江工商大学 出版社
ZHEJIANG GONGSHANG UNIVERSITY PRESS
·杭州·

图书在版编目（CIP）数据

杭州亚运会赛事物流运行理论与规划研究 / 赵立中
等著. — 杭州：浙江工商大学出版社，2024.6

ISBN 978-7-5178-5525-5

Ⅰ. ①杭… Ⅱ. ①赵… Ⅲ. ①亚洲运动会－物流管理
－研究－杭州 Ⅳ. ①G811.23②G808.22

中国国家版本馆 CIP 数据核字（2023）第 110609 号

杭州亚运会赛事物流运行理论与规划研究

HANGZHOU YAYUNHUI SAISHI WULIU YUNXING LILUN YU GUIHUA YANJIU

赵立中　肖　亮　张　帆　等著

策划编辑	谭娟娟
责任编辑	李兰存
责任校对	沈黎鹏
封面设计	项梦怡
责任印制	包建辉
出版发行	浙江工商大学出版社
	（杭州市教工路 198 号　邮政编码 310012）
	（E-mail：zjgsupress@163.com）
	（网址：http://www.zjgsupress.com）
	电话：0571-88904980，88831806（传真）
排　　版	杭州朝曦图文设计有限公司
印　　刷	杭州高腾印务有限公司
开　　本	710mm×1000mm　1/16
印　　张	17.5
字　　数	267 千
版 印 次	2024 年 6 月第 1 版　2024 年 6 月第 1 次印刷
书　　号	ISBN 978-7-5178-5525-5
定　　价	58.00 元

课题组成员

组　长：赵立中（第 19 届亚运会组委会）

　　　　肖　亮（浙江工商大学）

成　员：张　帆（第 19 届亚运会组委会）

　　　　朱栩梁（第 19 届亚运会组委会）

　　　　柯彤萍（浙江工商大学）

　　　　余福茂（浙江工商大学）

　　　　王家玮（浙江工商大学）

　　　　何　群（第 19 届亚运会组委会）

　　　　章　静（第 19 届亚运会组委会）

　　　　黄　斌（第 19 届亚运会组委会）

　　　　张　皓（深圳市维度数据科技股份有限公司）

　　　　王光军（杭州市工程咨询中心）

前　言

　　杭州亚运会、亚残运会是党的二十大胜利闭幕之后，在我国举办的最大规模、最高水平的国际综合性体育赛事。杭州亚运会秉承"简约、安全、精彩"的办赛要求和"中国特色、亚洲风采、精彩纷呈"的总目标，赛事组织、重大活动、场馆运行、服务保障等各项工作有力有序，赛事侧与城市侧协同配合、高效运转，实现了"体育亚运、城市亚运、品牌亚运"的目标，展示出浙江作为共同富裕示范区、中国式现代化先行者的活力与动能，杭州亚运会成为世界了解新时代中国的"重要窗口"、推动体育强国建设的重要动力、促进国家开放合作的重要平台、助力推动高质量发展的重要契机，在国内外产生了深远影响，具有重大的政治意义。

　　兵马未动，粮草先行。物流是赛事的"先行官"。现代体育赛事不断朝着大型化和综合性方向发展，参赛运动员和观众人数持续增多，所需体育比赛器材及生活消费品数量都急剧增加，且亚运会赛事物流涉及赛事所需物资的运输、装卸、搬运、存储，以及具体的配送等环节，涵盖通清关口岸、物流中心和场馆物流等多个场景，其运行具有物流主体多样性、物流时间阶段性、物流空间集中性和物流需求复杂性等特性，对赛事期间物流活动的保障与开展提出了更高要求。如何在有限的时间内最优化地配置各种资源，支撑赛事顺利、有序开展，对杭州亚运会赛事举办方来说至关重要。

　　为此，杭州亚组委与浙江工商大学签署合作协议，共同组建中国（杭州）赛事物流研究院，由浙江工商大学现代商贸研究中心负责人出任杭州亚组委物流领域特聘专家，杭州亚组委物流业务领域负责人受聘成为浙江工商大学硕士生实务导师，全面开展赛事物流智力合作，探索建立协同、高效的物流服务运行机制和管理模式，研究、制定合规、严谨的物流服务工作制度与业务流程，积极规划成熟、稳定的物流管理信息系统，为安全、高效、顺畅、专业地向相应客户群和利益相关方提供优质物流服务奠定基础,并初步形成国际综合性赛事物流服务保障标准和运行指南体系。

本书是这一系列研究成果的提炼总结,是集体智慧的结晶,也是将实践经验、科研成果与理论相结合的有益探索。全书共分为六章。第一章阐释了亚运会的发展历程和赛事物流的形成、特点及分类,并概述了杭州亚运会赛事物流的基本情况;第二章介绍了赛事物流服务保障总体工作方案、物流业务领域运行计划、物流业务运行政策与程序等顶层设计内容,厘清工作边界,提出工作任务,明确组织架构,阐述服务要求,梳理服务政策;第三章结合赛事活动安排、人员类型等方面的特点,对赛事物流物资规模、结构等进行了分析与预测,就杭州亚运会物流中心这一物流服务的主要平台进行了物资需求分析,并从仓储设施条件、交通区位条件、满足杭州亚运会物流需求、企业主体情况四个维度出发,建立了评价指标体系,对物流中心选址作出评价,明确了物流中心选址推荐方案;第四章梳理了物流风险,并分类细化风险类型,依据发生的可能性及危害程度对风险类型进行评级,据此提出相应的应急预案,并明确风险管理措施;第五章围绕物流中心、场馆物流和通清关口岸三个主要运行模块,明确了不同业务场景下物流运行的作业流程及规范、保障及评价;第六章主要对杭州亚运会赛事物流运行的财力保障、人力保障、机力保障、信息保障和绿色保障进行了阐述,明晰了支撑杭州亚运会赛事物流的要素及其运行要求。

本书受国家社会科学基金课题“复杂社群影响情境下即时众包物流平台协同演化机理及治理机制研究”(19BGL098)资助。赵立中、肖亮提出总体框架和写作思路,并负责全书的编写和统稿工作;张帆协助做好全书的编写和统稿工作,并与朱栩梁、柯彤萍、王家玮一起承担了全书的编写和修改工作;余福茂、何群、章静、黄斌、张皓、王光军参与了本书部分章节的研讨、编写及修改工作;姜圣飞、田利亚、陈姿谚、张咸宁等参与了本书部分资料的收集和整理工作;张海平担任法律顾问,并提供了中肯的意见和建议。同时,本书在编写时,杭州亚组委、浙江工商大学、杭州市交通运输局、圆通速递股份有限公司、深圳市维度数据科技股份有限公司、浙江通创智慧物流服务有限公司、杭州市工程咨询中心、杭州市建筑设计研究院有限公司等相关部门与单位在调研及资料收集上给予了大力支持,在此一并表示衷心感谢!

　　由于赛事活动不断发展、规模不断壮大、运行技术不断迭代,赛事物流运行涉及的赛事物资、涵盖的运行场景是不断变化的,加之赛事物流服务较一般物流服务而言更具专业性和独特性,在理论上和实践上都是缺乏系统性探索的新命题和处女地。因作者能力局限,书中有关论述难免出现纰漏,欢迎同行、读者提出批评意见,以便逐步完善。此外,在本书写作过程中,我们参阅了大量的相关资料,对于本书中引用但是由于疏忽而没有准确指出资料出处的情况,我们表示诚挚的歉意。

　　杭州亚组委—浙江工商大学中国(杭州)赛事物流研究院课题组
　　　2023 年 11 月于杭州

目 录

第一章　亚运会赛事物流发展概述

第一节　亚运会发展历程

亚洲运动会(Asian Games),简称亚运会,是国际奥林匹克委员会承认的地区性大型综合运动会,面向亚洲奥林匹克理事会(Olympic Council of Asia)成员,每4年举办一届,与奥林匹克运动会相间举办。亚运会最初由亚洲运动会联合会主办,1982年后由亚奥理事会主办,是亚洲地区规模最大、水平最高的综合性运动会,也是亚洲地区体坛最大的盛会,代表亚洲地区体育运动水平。[①] 亚运会是亚洲体育文化的重要载体,承载了发展多元体育文化的使命,也为亚洲地区相互交流体育文化提供了一个重要舞台。

近年来,随着亚洲体育赛事的影响力日益提升,亚洲以外的国家和地区逐渐开始参与亚运会及其他的亚洲运动赛事。以大洋洲地区的国家为例,澳大利亚目前已有7个单项体育协会脱离大洋洲,转向亚洲单项体育协会,如澳大利亚足球协会加入亚洲足球联合会,澳大利亚也由此参加了亚洲足球锦标赛;大洋洲国家奥委会集体申请参加2007年在澳门举办的亚洲室内运动会。由此可见,亚运会拓展外延使大洋洲国家参与的泛亚运会成为一种新发展模式,成为亚洲体育跨洲交流的一个重要渠道。目前,亚运会已成为世界体坛上一项不可忽视的世界级竞赛。

亚运会的前身是远东运动会,于1911年由菲律宾体育协会发起,计划每2年举办一届,轮流在菲律宾马尼拉、中国上海和日本大阪举办,先后共举办

---

① 王训生:《亚运会百问》,北京:光明日报出版社1990年版。

了 10 届,在 1937 年因世界大战而中止。第二次世界大战结束后,亚洲的许多国家先后摆脱了殖民统治获得了独立和解放,建立了新的社会制度,体育运动也逐渐活跃起来。1948 年,在第 14 届奥运会期间,中国与菲律宾的体育界人士酝酿和倡议恢复远东运动会,并扩大规模,改称亚洲运动会。首届亚运会原定于 1950 年在印度新德里举办,后因印度国内原因,推迟至 1951 年 3 月 4 日—11 日举办,比赛项目只设田径、游泳、篮球、足球、举重和自行车 6 大项。从第 2 届亚运会(1954 年)开始,每 4 年举办一届,会期不超过 16 天。1974 年,第 7 届亚运会在伊朗德黑兰举办,中国首次派代表团参加比赛,自此成为亚运会大家庭的重要成员。1990 年,第 11 届亚运会在中国北京举办,这是中国第一次举办的综合性国际体育大赛。2010 年,第 16 届亚运会在中国广州举办,该届亚运会有 45 个亚奥理事会成员参加。2015 年 9 月 16 日,在阿什哈巴德举行的第 34 届亚奥理事会代表大会上,中国杭州获得第 19 届亚运会的举办权。2023 年 9 月 23 日,第 19 届亚运会在中国杭州举办。历届亚运会概况见表 1-1。

表 1-1　历届亚运会概况[①]

名称	时间	地点
第 1 届亚运会	1951 年 3 月 4—11 日	印度新德里
第 2 届亚运会	1954 年 5 月 1—9 日	菲律宾马尼拉
第 3 届亚运会	1958 年 5 月 24 日—6 月 1 日	日本东京
第 4 届亚运会	1962 年 8 月 24 日—9 月 2 日	印度尼西亚雅加达
第 5 届亚运会	1966 年 12 月 9—20 日	泰国曼谷
第 6 届亚运会	1970 年 12 月 9—20 日	泰国曼谷
第 7 届亚运会	1974 年 9 月 1—16 日	伊朗德黑兰
第 8 届亚运会	1978 年 12 月 9—20 日	泰国曼谷
第 9 届亚运会	1982 年 11 月 19 日—12 月 4 日	印度新德里
第 10 届亚运会	1986 年 9 月 20 日—10 月 5 日	韩国汉城

---

① 唐彩斌:《解码 2022:亚运知识知多少》,杭州:浙江教育出版社 2021 年版。

续　表

名称	时间	地点
第 11 届亚运会	1990 年 9 月 22 日—10 月 7 日	中国北京
第 12 届亚运会	1994 年 10 月 2—16 日	日本广岛
第 13 届亚运会	1998 年 12 月 6—20 日	泰国曼谷
第 14 届亚运会	2002 年 9 月 29 日—10 月 14 日	韩国釜山
第 15 届亚运会	2006 年 12 月 1—15 日	卡塔尔多哈
第 16 届亚运会	2010 年 11 月 12—27 日	中国广州
第 17 届亚运会	2014 年 9 月 19 日—10 月 4 日	韩国仁川
第 18 届亚运会	2018 年 8 月 18 日—9 月 2 日	印度尼西亚雅加达
第 19 届亚运会	2023 年 9 月 23 日—10 月 8 日	中国杭州

第二节　赛事物流发展概述

一、赛事物流的形成

赛事物流源于美国,大型体育赛事中最早引入赛事物流概念的是奥运会。赛事物流是指从体育赛事开始筹备到结束后的一段时间内,为了举办赛事所消耗的物品与举办赛事所需的相关物品从供应地到接收地的实体流动过程。从举办现代奥运会以来,赛事物流主要采取自营模式,缺少市场化运作。自 1980 年萨马兰奇当选国际奥委会主席后,他积极推进奥运会市场化运作,1984 年洛杉矶奥运会第一次将奥运物流以外包的形式委托给有实力的物流企业运作。[①] 1996 年亚特兰大奥运会,奥组委第一次为奥运会设立了专门的物流委员会。亚特兰大奥运会是第一次明确提出物流理念的奥运会。随着体育赛事的商业化运作,如何实现费用降低和利润增加成为赛事举办方关注的焦点。作为经济领域的"第三利润源泉"——物流逐渐开始获得赛事举办方的重视。此后,国外大型体育赛事在举办前期都会成立专门

---

① 徐杰:《大型体育赛事物流方案设计与研究》,硕士论文,西南交通大学,2013 年。

的物流主管部门,由物流主管部门负责赛事物流规划制定、物流供应商选择、物流需求预测、物流经费估算等工作,而赛事物流服务的具体执行工作则委托给第三方物流服务商,以达到降低成本、提高效率、提升服务质量的效果。

国外对赛事物流的研究较早,最早可追溯至亚特兰大奥运会。一位负责比赛场馆物流活动的项目经理发文介绍了亚特兰大奥运会场馆物流活动的全过程,并列举了场馆物流活动所遇到的挑战,这篇文章成为最早研究赛事物流的文章。此外,在悉尼奥运会筹办期间,有学者专门研究奥运会物流供应商选择、奥运物流管理等问题,对大型体育赛事物流的发展具有重要意义。国内对赛事物流的研究起步较晚,2001年北京成功获得奥运会的举办权后,赛事物流逐渐引起国内学者的重视。举办北京奥运会后,有关赛事物流的内涵、管理理念、管理方式等的研究获得较快发展。目前,国内外赛事物流大多采用市场化运作模式,即选择第三方物流服务商承担赛事的物流服务工作。

从赛事物流在赛事活动中承担的角色上看,赛事物流的定义可分为狭义的和广义的。狭义的赛事物流主要指与赛事举办直接相关的物流活动,包括:

(1)比赛器材和场馆设施物流。保障比赛器材和场馆设施准时、安全、完整地运送至场馆,并在赛程结束后科学、合理、规范地回收与处置。

(2)媒体器材物流。保障媒体器材在赛事活动中得到及时、安全、有效的调配。

(3)生活供给物流。保障运动员、技术人员、志愿者、服务人员等的衣食住行。

广义的赛事物流除与赛事举办直接相关的物流活动,还包括因赛事举办而衍生出的当地旅游、餐饮等行业发展所需的物流活动。本书所指的赛事物流为狭义的赛事物流,即根据赛事活动需要,将赛事物资及时、准确地从利益相关方所在国家(地区)转移到赛事物流运行场所,再回运或处置的整个流动过程。赛事物流根据实际需要,实现流通加工、配送、信息处理等基本功能的有机结合。此外,随着大型体育赛事的国际化进程不断加快,助力物资高效通清关逐渐成为赛事物流服务的重要内容,绿色物流、智能物流等理念也逐渐融入赛事物流服务当中。

二、赛事物流的特点及分类

赛事物资是整个赛事活动的物质基础,是赛事顺利举办的根本,而赛事物资具有种类多样性、所在地分散性、物资使用集中性等特点,这决定了赛事物流也具有其独特性。[①] 此外,随着体育赛事活动日渐大型化、国际化,赛事物流呈现以下 5 个特点。

(1)阶段性。从时间维度上看,赛事活动可以划分为赛前、赛中和赛后 3 个阶段。每一个阶段的物流实体都各不相同,因此在赛事准备到赛事结束的整个过程中,赛事物流具有明显的阶段性特点,并且这种阶段性决定了赛事物流的重要程度。

(2)空间性。赛事举办地点固定,赛事中人员和设施均比较集中,这决定了赛事物流的空间性。当赛事进入准备阶段,所有与赛事相关的物资都需要通过物流活动向举办地集中,以保证赛事的顺利进行。

(3)不确定性。与普通物流不同,赛事物流的物流量在短期内会呈现爆发式增长,并且其物资需求的不确定性也决定了物流活动的不确定性。如在亚特兰大奥运会上,只有 40% 的赛事物流是可确定的,其余 60% 的为不可确定的。赛事在举办过程中甚至在赛前准备阶段,也会出现突发事件,且时间上更紧急。因此,赛事物流需要对这些突发状况作出快速反应,尽可能地缩小不确定事件的范围,尽可能地完善风险预案,并做好赛前应对方案,以降低不确定事件带来的负面影响。

(4)安全性。赛事顺利举办的前提是场馆建设按期完工、相关体育器材在赛前安装到位、赛事期间所有参与人员(赛事组织者、赛事服务者、赛事参与者、赛事参观者等)的生活物资配置到位。赛事时间的确定性要求赛前物流活动和赛中物流活动必须在指定的时间之前全部完成,赛后现场的整理工作也是评价赛事物流的重要内容之一,因此赛事物流必须具有很强的安全性。

(5)目标性。赛事物流的服务目标清晰,即满足赛事活动所需。对一般

---

① 　胡永、贾靖:《体育赛事中的物流特点与物流策划》,《中国商贸》2010 年第28 期。

物流而言,其目标往往在成本与服务之间进行权衡,而赛事物流更注重服务水平,在保证物资及时、准确、安全到位的基础上,再对物流成本进行控制。

随着对赛事物流的深入研究,学者们对赛事物流进行了不同维度的划分,以实现对赛事物流更详细、清晰的认知,进而提升赛事物流服务水平,为赛事活动顺畅、高效运行提供支撑。对赛事物流的分类主要从以下4个方面展开。

(1)从赛事角度来看,赛事物流可以分为赛事直接物流和赛事间接物流。赛事直接物流即与赛事直接相关的物流,主要包括与赛事相关的媒体器材物流等。赛事间接物流则是与赛事没有直接关系,但却是因为赛事举办而出现的物流。

(2)从地域角度来看,赛事物流可以分为赛区物流、主办城市物流、主办国家物流和国际物流。赛区物流主要指发生在赛事场馆的物流;主办城市物流主要指由主办城市的赛区物流、市民生活物流和商业物流等构成的物流;主办国家物流主要指由各赛区内的物流、各赛区间的物流、主办城市市民生活物流和商业物流等构成的物流;国际物流主要指利益相关方从境外进口的物流以及赛后回运的物流。从赛区物流到国际物流,整个物流范围由集中到扩散,物流模式由简单到复杂。

(3)从时间角度来看,赛事物流可以分为赛前物流、赛中物流、赛后物流。其中,赛前物流主要是为了满足赛事准备阶段的物流需求,是整个赛事物流的重点,是保证赛事活动正常进行的基础。赛中物流是对赛前物流的补充,可以满足赛程转场的需要,便于对赛事阶段突发事件进行紧急处理。赛后物流则是实现"物尽其用"或者"从哪来回哪儿去",保证在赛事结束后,赛事物资能得到最大限度的利用,发挥其应有的价值。

(4)从物流服务形态角度来看,赛事物流可以分为供应物流、销售物流和回收物流。供应物流保证赛事举办地的物资需求,销售物流为赛事举办地作为物流供应方提供流通保障,回收物流是回收物资使用权的有力手段。

三、赛事物流的发展

随着大型体育赛事活动逐渐成熟,赛事物流服务水平得到较大提升,赛事物流朝着多样化的方向发展。近年来,赛事物流的发展呈现以下趋势:

（1）赛事物流的难度日益提高。一方面，大型体育赛事的物流需求呈现多样性特点。大型体育赛事涉及的比赛项目种类繁多，各个比赛项目的物流服务需求存在差异。以北京奥运会为例，在皮划艇项目中，单人划艇长3.5 m，宽0.65 m；双人划艇长4.1 m，宽0.75 m，而工作艇的长度一般都在10 m以上，物资的差异性使得对物流的需求也呈现多样性特点。另一方面，因赛事活动的时间安排具有固定性，且各项活动相对紧凑，赛事物资需要准时、安全地被送往相关赛事场馆，这对赛事物流的安全性和时效性提出了更高的要求，而相应的物流服务水平需要有较大的提高才能有效满足赛事活动的要求。

（2）应对不确定性的能力逐渐增强。如前所述，与普通物流不同，赛事物流的物流量在短期内会呈现爆发式增长，物资需求的不确定性决定了物流活动的不确定性。与此同时，赛事活动中会出现各种突发事件，对赛事物流的应对能力提出了更高的要求。近年来，随着物流理念、信息技术等的快速发展，物流需求科学预测能力、赛事物流事件智能化处理能力及对突发事件的即时响应能力正在逐步提升。

（3）赛事物流的运行流线结构更为复杂。赛事物流的运行流线结构是指各类物流所占的比例，在大型体育赛事物流中主要涉及供应商仓库、物流中心、赛事场馆等场景间的物资流动。在赛前阶段，赛事物流的运行流线包括国际物资的清关，赛事物资从供应商仓库进入物流中心，体现为正向物流。在赛时阶段，赛事物流的运行流线包括赛事物资从物流中心进入赛事场馆，体现为正向物流。在赛后阶段，一部分赛事物资需运回物流中心等待集中回收处置，国际物资还会复运出境，这属于赛事场馆到物流中心的逆向物流；另一部分赛事物资需直接运至其他赛事场馆，这属于赛事场馆与赛事场馆之间的正向物流。此外，还有一些赛事物资需要直接运回供应商仓库，这属于赛事场馆与供应商仓库的逆向物流。因此，赛事物流形成以物流中心为核心，供应商仓库、赛事场馆等场景间双向循环的供应链。

（4）赛事物流规划能力不断提升。任何一次大型体育赛事的成功举办，都需要进行长期而周密的准备工作。作为赛事活动开展的"先行保障部队"，赛事物流需要进行前期科学的规划，在赛事运行阶段做好服务。赛前物流工作主要包括制定赛事物流战略规划、明确物资类型及需求，以及做好物流中心选址、物流服务商遴选、物流信息系统研发等工作。随着赛事举办次数的增多,对赛事物流服务的研究不断深入,赛事物流的规划能力也在显著提升。

（5）赛事逆向物流日益得到重视。赛事逆向物流是指所有与物资回收、处置等有关的物流,它能够充分利用现有物资,提高物资的利用率。赛事逆向物流是一项系统工程,需要建立完善的物资回收、处置制度。赛事结束后,各场馆内的物资需要运回物流中心或者供应商仓库,抑或者进行现场处置。虽然物资在回收、处置过程中对物流需求的服务水平要求相对较低,但如何实现物资的有效回收、处置也是赛事的重要一环,还是集中体现绿色物流理念的组成部分,所以赛事逆向物流也日渐得到重视。

第三节　杭州亚运会赛事物流

杭州亚运会和亚残运会是我国建设体育强国的重要组成部分,是浙江省"八八战略"历史性成就、"重要窗口"标志性成果的集中展示,也是助力浙江省争创社会主义现代化先行省的有效路径。赛事物流作为杭州亚运会和亚残运会的重要运行事项,是赛事成功举办的基础保障,各项赛事物资及时、准确、高效地运输、存储和配送尤为重要。

杭州亚运会和亚残运会的客户群是指赛事服务保障的对象,主要包括运动员、各国家（地区）奥委会、残奥委会、亚奥理事会（亚残奥委员会）大家庭代表和贵宾（含国内贵宾）、国际单项体育联合会、亚洲单项体育联合会、媒体、转播商、市场合作伙伴、观众及工作人员等。杭州亚运会和亚残运会物流业务领域保障的利益相关方包括但不限于运动员、各国家（地区）奥委会、残奥委会、亚奥理事会（亚残奥委员会）大家庭代表和贵宾（含国内贵宾）、国际单项体育联合会、亚洲单项体育联合会、媒体、转播商及工作人员等客户群（见表1-2[①]）。

---

① 资料来源:《杭州2022年亚运会和亚残运会物流业务领域运行计划》（第三版）。

表 1-2　杭州亚运会和亚残运会物流业务领域保障的利益相关方

客户群	描述
运动员、各国家（地区）奥委会、残奥委会	运动员
	随队官员
亚奥理事会（亚残奥委员会）大家庭代表和贵宾（含国内贵宾）	亚奥理事会/亚残奥委员会大家庭
	出席杭州亚运会/亚残运会的国际要人
	国内贵宾
	观察团
国际单项体育联合会、亚洲单项体育联合会	国际单向体育联合会/亚洲单项体育联合会成员及客人
	分析官员及分析师
	兴奋剂检查站经理
	兴奋剂检查官
媒体	注册文字、摄影记者以及非持权转播商
转播商	主播机构和持权转播商
工作人员（含志愿者）	带薪人员
	志愿者

从赛事物资角度来看，杭州亚运会赛事物资分为通用物资、专用物资、特殊物资。其中，通用物资是指赛事活动中需要的一般性物质资料，包括办公设备、家具白电等；专用物资是指赛事活动中需要的专用物质资料，包括比赛器材、媒体器材等；特殊物资是指赛事活动中需要的特殊物质资料，包括药品及卫生耗材、奖牌等。

从赛事物流运行流线角度来看，杭州亚运会赛事物流服务主要涉及物资进出境口岸、物流中心、场馆等场所，包括通清关、物流中心、场馆 3 个主要运行模块，每个模块对应不同的业务场景。通清关运行模块是指利益相关方的赛事物资进出我国关境时，依照海关总署的相关规定，履行所需报关报检的流程及手续。物流中心运行模块为杭州亚运会赛事物流提供计划制订、仓储配送、分拣理货、包装包材、流通加工、信息系统等物流服务。物流中心是杭州亚运会物流服务的主要平台，为竞赛场馆、非竞赛场馆和独立训练场馆提供物资的运行保障服务。物流业务领域按照需求适应、交通便利、安全高效、经济合理、绿色智能等原则对物流中心进行选址,并委托第三方物流服务商运行。场馆运行模块是杭州亚运会物流服务的重要组成部分,是场馆服务保障体系的重要组成部分,保障杭州亚运会各竞赛场馆、非竞赛场馆和独立训练场馆等场所的物流服务工作的正常开展,包括赛事物资的接收、暂存、领用、回收、运出等,以及提供竞赛场馆和非竞赛场馆人力、机力等方面的物流订单服务。

　　基于通清关的复杂性、物流中心的作业多元性及场馆赛事的多变性,杭州亚运会物流业务领域的工作任务主要有:制定物流运行总体规划,进行专业、科学的物流需求预测及物流中心选址研究,制订合理、精细的物流风险管理办法及应急预案,形成通清关、物流中心、场馆 3 个主要模块运行的内容及规范,提供财力、人力、机力等方面的物流运行保障,为杭州亚运会赛事物流客户群体提供安全、高效、专业的物流服务。

第二章　杭州亚运会物流运行总体规划

　　杭州亚运会物流运行总体规划由物流服务保障总体工作方案、物流业务领域运行计划、物流业务运行内容与程序组成。物流服务保障总体工作方案作为顶层设计,由杭州亚组委物流业务领域编制。物流业务领域运行计划则以物流服务保障总体工作方案为依据,明确了物流业务领域服务的范围,详细地描述了工作任务、工作成果、演练计划等。物流业务运行内容与程序作为物流业务领域运行计划的重要组成部分,涉及物流运行的 3 大业务场景,将操作流程细化,对各场馆物流业务领域团队和利益相关方的物流服务工作具有指导意义。

第一节　物流服务保障总体工作方案

　　为顺利推进杭州亚运会物流服务保障工作,杭州亚组委物流业务领域制订了物流服务保障总体工作方案。[①]

一、总体要求

　　通过编制科学、周密的物流业务领域运行计划和应急预案,建立协同、高效的物流服务运行机制和管理模式,制定合规、严谨的物流服务工作制度与业务流程,引入专业、优质的物流服务赞助商和合同商,应用成熟、稳定的物流管理信息系统,推广绿色、智能的物流技术设施设备,保证赛事物资在有限的时间内被及时地包装、装卸、配送,为利益相关方提供优质的物流服

---

　　① 资料来源:《2022 年第 19 届亚运会物流服务保障总体工作方案》(亚筹方案〔2021〕2 号)。

务,同时形成国际综合性赛事物流服务保障标准和运行指南体系。

二、主要任务

杭州亚组委后勤保障部(具体工作由物流处负责)负责杭州亚运会物流服务工作的总体规划、政策制定、程序编制和运行指导,主要工作任务如下:

(1)承担杭州亚运会物流保障政策制订工作、运行程序编制工作,拟订杭州亚组委物流需求清单,设计与执行主配送计划,编写《2022年第19届亚运会通关和货运指南》。

(2)承担杭州亚运会物流保障风险管理与应急预案的编制工作和相关演练工作。

(3)通过市场开发和政府购买服务等方式,遴选杭州亚运会物流服务赞助商、合同商。开发和集成物流管理信息系统。

(4)承担杭州亚运会期间物流运行统筹工作,监督物流中心运行团队,指导场馆物流业务领域。

(5)负责杭州亚运会物流中心的选址和规划工作、团队组建和监管工作、物资的运输和仓储等保障工作,配合财务部门和物资归口管理部门做好物资清查、盘点、回收等工作。

(6)根据亚奥理事会、国际单项体育联合会、亚洲单项体育联合会、国家(地区)奥委会代表团、媒体、转播商等各类利益相关方的需求,为所有符合条件的器材、设备等进出境物资提供便利的通清关服务。

(7)负责做好杭州亚运会和亚残运会物流服务转换期间的衔接和转段工作。

(8)有偿提供不属于本业务领域工作职责但与杭州亚运会相关的各类物资通清关、仓储、运输、配送等服务,具体的工作任务和职责在《杭州2022年亚运会物流业务领域运行计划》中进一步明确。

三、工作机制

(一)场馆化前的工作机制

场馆化前,物流业务领域和交通业务领域联合建立杭州亚运会和亚残运会交通和物流服务工作联席会议制度,统筹协调赛事交通和物流服务各项工作的推进与落实。联席会议下设办公室、交通服务专项工作组、物流服务专项工作组。

办公室设在杭州亚组委后勤保障部,负责牵头做好联席会议日常管理、运行和统筹协调工作。

物流服务专项工作组牵头单位为杭州亚组委后勤保障部(具体由物流处承担),负责统筹协调赛事物流服务各项筹备工作的推进与落实,分设政策制度及信息系统、需求对接及场馆协调、海关事务、仓储配送及物资管理四个工作模块。

(二)场馆化后及赛时的工作机制

场馆化后及赛时期间,交通和物流服务工作联席会议转型升格为杭州亚运会交通指挥中心,由省领导担任指挥长,下设综合办、客户服务组、运行服务组、交通管理组、对外协调组、物流服务组和宁波、温州、金华、桐庐、淳安指挥分中心。杭州亚运会交通指挥中心负责统一指挥和协调赛时交通与物流服务工作。

赛时物流服务以"一个中枢、三个平台"的组织结构模式进行运行管理,以交通指挥中心(具体由物流协调组承担)为指挥中枢,以通清关业务单元、物流中心业务单元、场馆物流业务单元为运行平台,实行赛时扁平化管理模式。

交通指挥中心物流协调组由物流服务专项工作组政策制度及信息系统、需求对接及场馆协调两个工作模块转型升格组建,作为赛事期间的具体协调指挥调度执行机构,负责全面开展杭州主赛区赛事物流服务工作,协调和指导各指挥分中心的赛事物流服务工作。

通清关业务单元以物流服务专项工作组海关事务工作模块为核心,以物流赞助服务商为主体,为赛事利益相关方所有符合条件的进出境物资提供通清关服务。

物流中心业务单元以物流服务专项工作组仓、储配送及物资管理工作单元为核心,以物流赞助服务商为主体,为赛事物流提供计划制订、仓储管理、分拣理货、装卸搬运、包装包材、流通加工等服务。

场馆物流业务单元由场馆属地、业主或归口业务领域牵头组建,具体负责赛事期间本场馆的具体物流运行保障工作。

第二节　物流业务领域运行计划

一、业务领域概述

(一)概要

《杭州2022年亚运会和亚残运会物流业务领域运行计划》是贯穿杭州亚运会全周期的纲领性文件,严格遵循《亚奥理事会章程和规则》《亚洲残疾人奥林匹克委员会手册》《主办城市合同》的相关条款和杭州亚组委的有关要求,广泛参考大型综合性赛事物流保障运行经验,对物流业务领域的工作任务、服务水平,以及筹办阶段的工作难点等进行了详细描述,可以更好地明确工作目标和工作内容、梳理组织架构和工作任务及识别运行风险等,保证杭州亚运会和亚残运会的物流工作有序推进。[①]

(二)工作目标

杭州亚运会和亚残运会的物流运行工作贯彻可持续性战略,统筹推进物流服务保障工作,保证杭州亚运会和亚残运会所需的各项物资按时、准确到位,保证各项资产在赛后得到较好的管理。

(1)本着"绿色、智能、节俭、文明"的办赛理念,为杭州亚运会和亚残运

---

① 　资料来源:《杭州2022年亚运会和亚残运会物流业务领域运行计划》(第三版)。

会提供专业的物流保障,为所有服务对象提供优质的物流服务。

(2)使我国的物流行业在赛事物流服务领域中的管理经验和操作能力得到提升;节能减排,提高运行质量和效率。

(3)争取为亚奥理事会和亚残奥委员会的物流服务标准和运行指南留下来自杭州亚运会和亚残运会的有价值的补充和发展。

(三)工作职责

杭州亚组委物流业务领域负责物流工作的总体规划、政策制定、制度建设、物资管理和运行监督指导。

二、业务领域工作任务

杭州亚运会物流业务领域的主要工作任务(服务说明)见表2-1。

表 2-1　杭州亚运会物流业务领域的主要工作任务（服务说明）

编号	时间	名称	任务描述	涉及对象	业务领域	任务完成主体	
						业务领域	岗位
LOG-01	赛前	举行交通和物流服务工作联席会议	建立赛会组委会与城市侧联动机制	A/B/C/D/E/H	交通业务领域和物流业务领域	交通和物流服务工作联席会议办公室
LOG-02	赛前	确定物流需求清单	明确物流需求	A/B/C/D/E/H	物流业务领域	需求信息收集及场馆协调岗
LOG-03	赛前	物流中心选址研究	开展物流中心选址项目研究、专家评估，确定拟选方案	A/B/C/D/E/H	物流业务领域	政策制定及信息系统开发岗
LOG-04	赛前	物流咨询服务项目	开展物流咨询服务项目课题研究	A/B/C/D/E/H	物流业务领域	需求信息收集及场馆协调岗
LOG-05	赛前	物流服务遴选	遴选物流服务商，拟定赛会物流服务方案	A/B/C/D/E/H	市场开发部	
LOG-06	赛前	物流管理信息系统开发	明确系统适用场景，开发物流管理信息系统	C/D/E/H	物流业务领域	政策制定及信息系统开发岗
LOG-07	赛前	明确物流服务内容与程序	明确并完善物流服务内容与程序	A/B/C/D/E/H	物流业务领域	政策制定及信息系统开发岗
LOG-08	赛前	落地物流中心	落地物流中心、物流运行进入场馆化阶段	A/B/C/D/E/H	物流业务领域	仓储、配送及物资管理岗
LOG-09	赛前	确认物资免征关税的承诺	确认物资赛时进出境关税免征方案	A/B/C/D/E/H	外联部	

续　表

编号	时间	名称	任务描述	涉及对象	业务领域	任务完成主体	
						业务领域	岗位
LOG-10	赛前	与政府主管机构确定海关流程	与政府主管机构确定海关流程，并将相应政策分享至各客户群	A/B/C/D/E/H	外联部		
LOG-11	赛前	指导场馆及服务设施物流业务领域	指导场馆及服务设施物流业务领域	C/D/E/H	物流业务领域	需求信息收集及场馆协调岗	
LOG-12	赛前	确定海关与货运通关代理服务商	确定海关与货运通关代理服务商	A/B/C/D/E/H	物流业务领域	海关事务岗	
LOG-13	赛前	选定装卸与配送服务供应商	选定装卸与配送服务供应商	C/D/E/H	物流业务领域	仓储、配送及物资管理岗	
LOG-14	赛前	发布通关和货运指南	发布通关和货运指南	A/B/C/D/E/H	物流业务领域	海关事务岗	
LOG-15	赛前	制订总体配送计划	制订总体配送计划	A/B/C/D/E/H	物流业务领域	仓储、配送及物资管理岗	
LOG-16	赛前	发布场馆物流路线指南和物流地图册	发布场馆物流路线指南和物流地图册，便于物流赞助商、供应商和合同商明晰货物流线	A/B/C/D/E/H	物流业务领域	需求信息收集及场馆协调岗	
LOG-17	赛前	编制物流业务领域应急预案	梳理物流运行风险，制订物流业务领域应急预案，并进行风险防控	A/B/C/D/E/H	物流业务领域	政策制定及信息系统开发岗	
LOG-18	赛前	开展测试、应急演练	开展测试、应急演练	A/B/C/D/E/H	物流业务领域		

续表

编号	时间	名称	任务描述	涉及对象	任务完成主体	
					业务领域	岗位
LOG-19	赛前	制订场馆物流运行计划	指导场馆及服务设施物流业务领域制订场馆物流运行计划	C/D/E/H	物流业务领域	政策制定及信息系统开发岗
LOG-20	赛前	组建赛时物流指挥部	组建赛时物流指挥部	A/B/C/D/E/H	交通业务领域/物流业务领域	
LOG-21	全部时段	通清关服务	提供通清关服务	A/B/C/D/E/H	物流业务领域	海关事务岗
LOG-22	赛前	运输服务	提供运输服务	A/B/C/D/E/H	物流业务领域	
LOG-23	全部时段	物流中心仓储服务	提供物流中心仓储服务	A/B/C/D/E/H	物流业务领域	仓储、配送及物资管理岗/物流中心
LOG-24	赛前、转换期	配送服务	提供配送服务	A/B/C/D/E/H	物流业务领域	仓储、配送及物资管理岗/物流中心
LOG-25	赛前、转换期	场馆运行管理服务	提供场馆运行管理服务	C/D/E/H	物流业务领域	需求信息收集及场馆协调岗
LOG-26	赛前、转换期	场馆移入	场馆移入	C/D/E/H	物流业务领域	仓储、配送及物资管理岗/物流中心运行团队
LOG-27	赛时	补给运行	补给运行	C/D/E/H	物流业务领域	仓储、配送及物资管理岗/物流中心运行团队

注:A:运动员和各国家(地区)奥委会;B:亚奥理事会(亚残奥委会;大家庭代表和贵宾);C:国际单项体育联合会;D:媒体;E:转播商;F:市场合作伙伴;G:观众;H:工作人员(含志愿者)。

三、业务领域工作成果

杭州亚运会(含亚残运会)物流业务领域的主要工作成果见表 2-2。

表 2-2 杭州亚运会(含亚残运会)物流业务领域的主要工作成果

序号	主要工作成果
1	物流业务领域运行计划(第一版)
2	物流中心选址项目研究报告
3	物流业务领域总体工作方案(第一版)
4	物流通清关政策 1.0 版
5	物流中心运行管理政策 1.0 版
6	场馆物流运行管理政策 1.0 版
7	物流业务领域运行计划(第二版)
8	代表团团长指南 1.0 版
9	通关和货运指南
10	物流业务领域运行计划(第三版)
11	赛事物流标准
12	物流风险管理和应急预案
13	物流运行测试演练

其他业务领域配合杭州亚运会(含亚残运会)的工作成果见表 2-3,其他机构支持杭州亚运会(含亚残运会)的工作成果见表 2-4。

表 2-3 其他业务领域配合杭州亚运会(含亚残运会)的工作成果

序号	本领域完成相关任务需要其他领域提交的工作成果
1	物流需求清单
2	物流市场开发或采购方案

表 2-4 其他机构支持杭州亚运会(含亚残运会)的工作成果

序号	本领域完成相关任务需其他机构支持的工作成果
1	场馆物流运行计划
2	物流管理信息系统开发、运营及维护

四、演练计划

为增加对物流业务流程等方面的了解,物流业务领域制订了相应的演练计划,以期通过演练发现物流运行中存在的问题,进而完善演练计划,为保障赛事物流服务活动的正常、顺畅、高效运行奠定基础。具体演练计划如下:

(1)在场馆物流业务领域到位后、物流中心正式启用前,在亚运村和1—2个重点场馆进行1—2次场馆物流配送全流程的实地演练,检验物流服务各环节的准备情况。

(2)在各竞赛场馆物流业务领域到位后,选择一个综合性较强的场馆进行一次临时物流需求调派响应的演练,检验物流服务商、物流服务业务领域之间的协同能力。

(3)在通清关业务领域、场馆物流业务领域、物流中心运行团队到位后,在通清关、场馆、物流中心运行环节中,选择1—2个风险点,进行风险应急预案演练,检验应急预案处置的合理性。

第三节　物流业务运行内容与程序

一、物流中心运行内容与程序

物流中心是杭州亚运会物流服务的主要平台,为赛事物流提供计划制订、仓储配送、分拣理货、包装包材、流通加工等服务。物流中心由杭州亚组委选址,并由杭州亚组委指定的物流服务商负责具体的运行工作。

(一)物流中心运行流程

1.物资到达物流中心

进境物资(暂时进境物资、免税物资)到达官方进出境口岸完成通清关后,通关服务商需在到港前向物流中心提交申请,物流中心根据仓储、运输能力审核申请,编制主配送计划,通关服务商安排车辆将物资运输至物流中心专用卸货口(海关全程监管),按照海关监管要求完成入库流程。国内物资到达物流中心前需向物流中心提交入库申请,物流中心根据仓储、运输能力审核申请,编制主配送计划,按照要求完成入库流程。

2. 物流中心物资到达场馆

物资归口业务领域需提前向场馆物流业务领域提交申请,场馆物流业务领域根据场馆物流运行能力审核申请,分配进入场馆的时间窗,并将订单提交给物流中心。物流中心运行团队结合仓储、运输能力审核申请,生成运单,并发送给场馆物流业务领域,最终由场馆物流业务领域根据运单编制场馆主配送计划,并同步给场馆各方。物流中心按照安检要求完成出库流程,并将物资配送至指定场馆红线外(物流装卸作业位置),与场馆物流业务领域收货人完成物资交付。

3. 场馆物资回运至物流中心

物资归口业务领域需提前向场馆物流业务领域提交申请,场馆物流业务领域根据场馆物流运行能力审核申请,分配进入场馆的时间窗,并将订单提交给物流中心。物流中心运行团队结合仓储、运输能力审核申请,生成运单,并发送给场馆物流业务领域,最终由场馆物流业务领域根据运单编制场馆主配送计划,并同步给场馆各方。物流中心安排车辆前往指定场馆红线外(物流装卸作业位置),与场馆物流业务领域发货人完成物资接收,将物资回运至物流中心,按照要求完成入库流程。

4. 由赞助商、供应商和合同商直配到场馆

赞助商、供应商和合同商所属物资归口业务领域需提前向场馆物流业务领域提交申请,场馆物流业务领域根据场馆物流运行能力审核申请,分配进入场馆的时间窗后,直接形成主配送计划,并同步给提交方。赞助商、供应商和合同商的车辆按照主配送计划规定的时间窗将物资配送至指定场馆的红线外(物流装卸作业位置),与场馆物流业务领域收货人完成物资交付。

(二)物流中心主配送计划

1. 物流中心主配送计划的目标

物流中心主配送计划的目标是确保各类货运车辆有序地进入物流中

心,科学管控物流中心卸货区和安检设施,防止物流中心周边出现拥堵。

2. 物流中心主配送计划适用的对象

物流中心主配送计划适用的对象为提供物资及服务的各类赞助商、合同商和供应商。

3. 需编入物流中心主配送计划的车辆

赞助商、合同商和供应商的物流配送车辆,以及转播商及媒体的货运车辆等需编入物流中心主配送计划。

4. 物流中心主配送计划的信息获取

物资归口业务领域、服务商需提前向物流中心运行团队提交物流服务申请。

5. 物流中心主配送计划内对象

供应商直送物流中心:供应商需提前向物流中心提出申请,经物流中心确认后,编入物流中心主配送计划。

物流中心与场馆间的配送:场馆物流业务领域向物流中心提交订单,物流中心安排配送车辆,场馆物流业务领域根据物流中心反馈的运单编制场馆主配送计划,物流中心根据运单和场馆主配送计划编制物流中心主配送计划。

6. 物流中心主配送计划的编制

物流中心根据物流服务申请单,结合自身仓储、运输能力审核收货时间,分配物资进入物流中心的时间窗,生成运单,并将物流中心主配送计划同步给提交方。

(三)物流中心物资运入管理

1. 物流中心的工作内容

物流中心根据主配送计划做好收货和入库的准备工作。在接收物资时,物流中心收货人清点、核验物资,并签署运单。

2. 物资运入物流中心的关键事项

进入物流中心的任何车辆都必须具备"四把钥匙",分别是主配送计划、安检证明、赛事车辆证件、司机认证。

如果到达物流中心的车辆缺少上述"四把钥匙"中的任何一把，都必须由物流中心安保主任、相关归口业务领域主任和物流中心主配送计划负责人联合协商，根据货物的重要性和赛场的情况决定是否允许或何时允许车辆进入。

(四)物流中心仓储运行管理

物流中心仓储运行管理主要包括物资入库管理、物资验收、退换货、物资分拣、装卸搬运、库存盘点、流通加工、出库管理、包装包材管理和安全管理等工作。

1. 物资入库管理

(1)入库物资的货位要求：本着安全、方便、节约的原则，保证货位合理化。货位安排要基于物资的特性，合理安排出入库作业，要尽可能地减少收、发货时间。

(2)入库物资的限运工作要求：操作人员对照入库物资清单，将同类别的物资进行集货，分批送到预先安排的货位，做到进一批、清一批，严格防止物资类别互串和数量溢缺。

(3)物资码放规则：核对物资的数量，保证物资包装完好和标志清楚。为便于机械化作业，金属材料应事先完成打捆作业，机电产品、仪器仪表等物资应提前集中装箱。

(4)物资入库手续办理：检查物资的状态，扫码收货，若系统不接受，应及时查明原因。填写物资明细清单，包括品名、型号、规格、数据、单位及进出动态和积存数等信息，应按入库清单所列的内容逐项填写。

(5)仓库工作档案要求：对物资入库的有关资料进行整理核对，建立物资档案。建档工作有利于物资管理和需求方对接，为物资的保管、出库等创造良好的条件。

2. 物资验收管理

(1)物资验收准备工作：核对入库物资的资料，掌握入库物资的规格、数量、包装状态、单件体积、物资存用以及物资保管要求等信息。

(2)物资验收管理要求：物资应在规定的装卸口卸货。送货车辆到达仓库时,先检查车况,然后对单证进行核对。严格按照卸货要求进行作业,并在卸货过程中查验外包装。验收入库物资时,如有包装破损、质量异状、批号及品种混乱等情况,应上报质检部门,等待处理结果。

3. 物资分拣管理

物资分拣主要包括拣选、分类、合流等工作。物资分拣作业,首先由物流中心订单管理部门下发物资需求订单,分拣人员领取分拣订单任务,使用多格口分拣笼车,查看手持终端,识别拣货信息,按照物资库区对应编码将物资放置在对应的笼车上,扫码上传物资编码,拣货完后将物资搬运至复核暂存区,在订单响应时效内完成分拣任务。

4. 物资装卸搬运管理

(1)物流中心装卸搬运:采用人工或机械设备对物流中心接收或发运的物资进行装卸,在物流中心内搬运、移动仓储物资等。

(2)作业过程管理:按照物资放置要求,轻拿轻放,装卸时做到重不压轻、大不压小、木不压纸,严禁混装,每件物资都需扫描后上传到物流管理系统。

(3)作业人员培训:物流中心仓储装卸搬运人员需接受装卸作业程序、批号识别、残损识别、物资包装储运识别、各类物资标签识别等内容的培训,考试合格后上岗作业。

(4)作业人员着装要求:佩戴识别工牌,身穿专用反光马甲,穿戴防砸劳保用品,手持终端设备,穿戴必要的辅助外骨骼机械手臂。

5. 物资盘存管理

物流中心每日对出入库物资进行盘点,盘点数据上传到物流管理系统,有差异的物资须在当日进行核查、纠错。

6. 包装包材、托盘、废弃包装物等的管理

(1)包装包材:分为外包装、产品包装和辅助性包装材料,如塑料膜、打包带、胶条等。物流中心原则上不负责向赛事组委会以外的部门免费提供产品外包装(纸箱、木箱等)和产品包装(通常为纸箱)。辅助性包装材料通常为一次性使用,因此需准备一定数量的包装辅助材料(如塑料膜、打包带、胶条等),以备不时之需。

（2）托盘：固定产品外包装的支撑物按材质分为木质托盘和塑料托盘。场馆物流业务领域不负责免费向赞助商、供应商等提供托盘，以及托盘租赁服务，只负责提供少量周转性托盘供场馆自行使用。

（3）废弃包装物：物流中心应对废弃包装物进行有效识别，并对可以再利用的包装物进行回收，并存入物流包材作业区域，通知物流中心清废部门对不可再利用的废弃物进行清理。

7. 流通加工管理

流通加工包括包装、组装、分割、计量、分拣、刷标志、粘贴标签等。流通加工应遵循加工和配送相结合的原则，将物资加工点设在物流中心，物资按配送要求进行流通加工后，直接进入配货作业，这样可以提高效率。

8. 物资出库管理

（1）订单核对：物资出库应严格按场馆物资需求订单执行，在系统中核对数据，复核生成装箱单。

（2）装箱打包：装箱人员按装箱单进行装箱。在每箱货物的醒目位置粘贴订单条码及货运目的地地址。每批货物装箱完毕后，同批次的货物需要按序码放在规定的出货区，方便清点箱数及出仓搬运。每箱货物的包装外观要完好、无破损、无漏洞，密封严实。

（3）物资交接：按需求方提供的出货明细清点物资，搬运物资时轻拿轻放，码放时注意下重上轻、外急内缓，防止物资在搬运时造成人为损坏及货品压损。配送司机按照物流中心开具的车辆放行码扫码签到、上锁封车，启动全程车载综合可视化监控系统，驶出物流中心。

9. 仓储安全管理

安排安保人员值守，在物流中心安装综合识别违规监控系统等必要的设备，确保物流中心安全运行，具体参照赛事安保管控有关制度执行。

物流中心仓库内清洁工作按照仓储6S标准化管理手册执行。

（五）物流中心人力、机力（含物料）配置及保障

物流中心需要具备必要的管理、运行及操作团队，以及运输工具、存储货架、物流操作设备和消耗品。物流中心人力、机力（含物料）资源应统筹配置、优化使用,并对其进行相关应急管理及风险防控管理。

1. 团队培训

服务商运行团队、业主物业支持团队需进行岗位培训,考试合格后上岗作业,对专业较强的特殊岗位人员加大培训力度。

2. 运输车辆

秉持"绿色"的办赛理念,配置车辆突出低能耗、低噪声、高时效、全程可视化监控等特点,确保物资安全、有序、环保地运输。

3. 机力管理

严格按照设备、工具的使用要求和操作规范进行物流作业。

4. 应急管理和风险防控管理

(1)根据物流业务领域的物资种类与特点、仓储要求及运力需求,建立健全预案和应急机制。

(2)制订赛事场馆物流保障方案及信息化保障方案。

(3)做好高峰期通行车辆应急调度保障等工作。

(4)制订赛前、赛后国际特殊货物未及时报备,以及防疫、特殊物资通清关协调机制保障方案。

二、场馆物流运行内容与程序

场馆物流业务领域是物流服务的重要平台,是场馆服务保障体系的重要组成部分之一。

(一)场馆主配送计划

1. 场馆主配送计划的目标

场馆主配送计划的目标是确保各类货运车辆有序地进入场馆,防止场馆周边出现拥堵。场馆物资配送按照场馆主配送计划进行,所有进入场馆或从场馆离开的配送车辆均需事先编入场馆主配送计划。未编入场馆主配送计划的配送车辆原则上不允许进入场馆。

2. 场馆主配送计划适用的对象

场馆主配送计划适用的对象为赞助商、合同商和供货商的物流配送车辆、转播商及媒体的货运车辆等。各类客运车辆及需要进入场馆执行特殊任务和紧急任务的车辆,如救护车、运钞车等不在场馆主配送计划范围内。

3.场馆主配送计划的信息获取

场馆物资归口业务领域等物流服务申请方需提前向场馆物流业务领域提交物流服务申请单。

4.场馆主配送计划内对象

(1)供应商直送场馆:供应商须提前向场馆物流业务领域提出申请,经场馆物流业务领域确认后,编制场馆主配送计划。

(2)物流中心与场馆间的配送:场馆物流业务领域向物流中心提交订单,物流中心运行团队生成运单,场馆物流业务领域根据反馈的运单编制场馆主配送计划。

5.场馆主配送计划的编制

场馆物流业务领域结合场馆物流运行能力审核申请,分配物资进入场馆的时间窗,并将订单提交给物流中心。物流中心运行团队生成运单,并反馈给场馆物流业务领域,最终由场馆物流业务领域根据运单编制场馆主配送计划,并同步给场馆各方。

6.场馆主配送计划的执行

所有在场馆主配送计划内的货运车辆在进入场馆之前,由安保部门在车辆检查站查看场馆主配送计划。送货车辆如果比场馆主配送计划时间提前或超过20分钟,原则上不允许进入场馆,非计划内的配送车辆也不允许进入场馆。如果不符合场馆主配送计划的运货车辆一定要进入场馆,送货车辆在接受检查前,验证人员和安保人员需立刻联系场馆物流主任,由场馆物流主任视具体情况决定是否允许该车辆进入场馆。

(二)场馆物资运入

1.物资运入原则

场馆物流业务领域应提前做好接收物资的准备工作。接收物资时,场馆物资归口业务领域或场馆客户群主责业务领域派验收人员核验物资,并填写物资交接单中的验收信息,场馆物流业务领域签署运单和物资交接单。

2.物资运入的关键事项

进入场馆的货运车辆需要具备"四把钥匙",分别是主配送计划、安检证明、赛事车辆证件和司机认证。如果到达场馆的货运车辆缺少上述"四把钥匙"中的任何一把,都必须由场馆安保主任、相关需求业务领域主任和场馆物流主任联合协商,根据货物的重要性和赛场的情况决定是否允许或何时允许车辆进入。

(三)场馆物流订单服务

1.服务原则

场馆物流业务领域根据场馆各业务领域的需求,派遣工作人员,配置物流设备,在场馆内提供相关的物流服务,支持场馆职能部门的工作。通常情况下,各业务领域通过物流服务申请单向场馆物流业务领域提出服务需求,场馆物流业务领域通过任务单给员工分派物流服务工作。

物流业务领域的专用设备包括叉车、地牛、手推车、塑膜缠绕机、对讲机、扫描枪和托盘等,以及特殊场馆的物流设备等,服务范围包括搬运、装卸等服务。

2.服务要求

物流服务申请单需提前 24 小时提交给场馆物流业务领域,场馆物流业务领域按物流服务申请单的顺序提供劳动力、设备等,满足场馆相关职能部门的工作需求。紧急情况下,场馆各业务领域可以通过传真、电话、无线通信或有关人员,通知场馆物流业务领域提供劳动力、设备等,事后补制申请单。

3.排除事项

赛事期间(一般为场馆锁闭期),场馆物流业务领域不负责竞赛区域内的物资搬运工作。物资供应商提供物流服务的,场馆物流业务领域原则上不提供物资搬运服务。

(四)场馆物资运出

1.物资运出原则

编制与物资运出有关的场馆主配送计划时,场馆物流业务领域应遵循高价值物资优先运出场馆的原则,以降低物资损毁、遗失的可能性。

2.物资运出的关键事项

场馆物流业务领域根据场馆主配送计划提前准备好发货和交接的准备工作。在运出物资前,场馆物流业务领域与相关需求业务领域派出的发验人完成物资交接,并签署物资交接单。场馆物流业务领域负责装车,并签署运单完成发货。

三、通清关基本内容

依据《中华人民共和国海关法》《中华人民共和国进出口商品检验法》《中华人民共和国进出境动植物检疫法》《中华人民共和国国境卫生检疫法》《中华人民共和国食品安全法》《中华人民共和国进出口关税条例》等法律、条例和杭州亚运会、亚残运会人员和物资出入境政策和措施明确通清关基本内容,对杭州亚运会各类客户群所有符合条件的进出境物资进行管理。

通清关基本内容中所称的物资,原则上不包括随身携带进境、通过分离运输行李方式进境和寄递进境的个人物品,以及进口的赛事食品、动植物及其产品,但这些物资的通清关应遵从相关法律法规,并按现有法律法规执行,赛事组委会另有规定的除外。利益相关方可以凭赛事组委会出具的进境物资证明函和ATA[①]单证册办理暂时进境物资备案、申报及通关手续。[②]

(一)赛事信息备案

赛事组委会通过"中国国际贸易单一窗口"和"互联网＋海关"提前完成赛事信息海关备案,采用"一次备案、分批提交清单"的方式办理海关手续,

---

① ATA 是法语 Admission Temporaire 和英语 Temporary Admission 的缩写,意思为"临时进口"。

② 资料来源:《2022 年第 19 届亚运会物流服务保障总体工作方案》(亚筹方案〔2021〕2 号)。

取得境内收发货人临时的注册登记号码,确保赛事物资抵达口岸后快速通关。

(二)通清关的相关内容

1.指定进出境口岸

赛事组委会推荐赛事物资进出境口岸(简称"推荐口岸")和赛事物资官方进出境口岸(简称"官方口岸")。

2.服务与费用

赛事组委会向所有利益相关方推荐物流服务商,物流服务商提供国际货运及通关服务,但不负担任何国际运输费用和办理海关手续时发生的费用。利益相关方应提前3个月将进境物资清单提供给赛事组委会或由物流服务商转交赛事组委会,同时签署税款保函使用承诺书。

利益相关方可以选择赛事组委会推荐的物流服务商,也可以选择其他的国际货运服务商、通关服务商。若自行选择服务商,请于物资到达前3个月将选定的服务商及需协助的事项通过邮件告知赛事组委会。建议利益相关方选用同一家国际货运服务商承担物资往返运输服务,选用同一家通关服务商办理物资出入境通关手续。

赛事组委会指定的物流服务商免费为各国家(地区)奥委会代表团提供官方口岸至赛事场馆的物资运输。若各国家(地区)奥委会代表团自行选择服务商,产生的费用自理,并提前至少3个月办理进出赛事场馆的车辆、人员证件。若各国家(地区)奥委会代表团自行选择服务商因某种原因未能办理车辆、人员证件,在官方口岸办完物资通关手续后,须将相关物资及单据交给赛事组委会指定的物流服务商,并由物流服务商将物资运到指定地点。

(三)暂时进境物资

1.申报

暂时进境物资采用通关一体化模式进行申报,由赛事组委会或其委托的物流服务商在杭州海关办理申报手续,进境口岸海关办理验放手续。

暂时进境物资包括但不限于亚奥理事会或国际单项体育组织指定的,

国内不能生产或性能不能满足需要的比赛器材、医疗器材、安保设备、通信设备、电视转播和新闻报道设备及展览所需设备和物资。亚运大家庭成员随身携带进境的比赛器材、医疗器材及相关物资属于直接用于赛事的物资，被视作暂时进境的赛事物资。持赛事组委会签发的身份注册卡的境外记者携带进境的采访器材，被视作暂时进境的赛事物资。

凭赛事组委会出具的进境物资证明函和进境物资清单办理暂时进境的赛事物资通关手续。

使用 ATA 单证册的暂时进境物资用途应符合中国加入的《关于暂准进口的公约》（即《伊斯坦布尔公约》）及其附约所明确的要求，由主管地海关或申报地海关进行审核，并签注。暂时进境物资复运出境的期限与 ATA 单证册有效期相同。

2.查检与放行

暂缓进境的物资按规定接受查验、检验和检疫。因特殊情况需在会场查验的物资，由赛事组委会或其委托的物流服务商提出申请，经海关审核后，可运至现场接受查验。赛事组委会应当提供必要的办公场所、查验设施等。查验正常的物资，由实施查验作业的海关办理放行手续。

对于暂时进境的赛事物资，若法律、法规没有另行规定，可免予检验。

3.复运出境

暂时进境的赛事物资应当在海关规定期限内复运出境。

境外记者携带采访器材出境时，可按照《海关总署公告 2009 年第 59 号（关于境外记者办理异地返还采访器材保证金海关手续）》规定办理保证金异地返还事宜。

4.延期

暂时进境的赛事物资确需延期复运出境，应当及时通过赛事组委会或其委托的物流服务商按规定向杭州海关办理延期手续。

5.暂时进境结案

凡未在规定时间内复运出境的暂时进境的赛事物资，应当按照有关规定办理海关相关手续。其中，暂时进境的赛事物资因不可抗力原因受损、灭失或者失去使用价值，海关对有关部门的证明材料进行核实后，办理相应手续。

6.展后留购

对于留购的暂时进境的赛事物资,赛事组委会或其委托的物流服务商应当按照海关相关规定统一办理进口手续,并照章缴纳关税、进口环节增值税和消费税。若涉及许可证件管理,应当办理相关许可证件。

(四)免税进境物资

1.捐赠物资

外国政府和国际组织无偿捐赠的用于赛事的进口物资,按照有关规定办理免征进口关税和进口环节增值税。

各利益相关方以暂时进口方式进口的赛事物资在赛后无偿捐赠给县级及以上人民政府或政府机构、杭州亚运会场馆法人实体、特定体育组织和公益组织等机构,须提出书面申请,经赛事组委会审核批准,海关免征进口关税和进口环节增值税。

2.比赛用的消耗品

以一般贸易方式进口、用于体育场馆建设的设备,以及比赛用的消耗品,免征关税和进口环节增值税,它们的范围、数量清单由赛事组委会汇总后上报财政部,会同国家税务总局、海关总署审核确定。

3.印刷品和音像制品

亚奥理事会、亚残奥委员会、国际单项体育组织、亚洲单项体育组织和其他有关社会团体等从国外邮寄进口且不流入国内市场的赛事相关文件、书籍、音像、光盘,在合理数量范围内免征关税和进口环节增值税,合理数量的具体标准由海关总署确定。

(五)一般贸易进境物资

除准予暂时进境和按规定可以免税进境的赛事物资之外,其他进境物资应按照现行一般物资进口规定,办理进口手续,并交纳税款。

(六)租赁物资

以租赁方式进境的赛事物资,海关按照租赁进口物资的规定办理通关手续。

（七）依法需要特别批准的进出境物资

进出境物资中有以下属于依法需要特别批准的进出境物资,应提交国家有关主管部门出具的相关证明文件。

1.需审批进境的动植物及其产品、特殊物品

列入需审批进境的动植物及其产品、特殊物品清单的进境物资,入境前应事先提出申请,经海关审批后,方可入境。进境物资应当符合检验检疫限制清单的要求。

携带进境的自用食品、动植物及其产品按规定必须集中申报,不能作为个人行李携带进境,否则将被没收销毁。

携带伴侣动物入境,仅限犬或猫,且每人限带一只,须持有输出国(地区)官方动植物检疫机构出具的有效检疫证书、狂犬病疫苗接种证书,经现场检疫合格后,予以放行,免于隔离检疫。

携带导盲犬、导听犬等工作犬入境,除须持有输出国(地区)官方动植物检疫机构出具的有效检疫证书、狂犬病疫苗接种证书外,还应提供相应的使用者证明和专业训练证明,经现场检疫合格后,予以放行。

2.野生动植物

野生动植物进出境应遵循中国有关野生动植物保护法律法规的规定,海关验核国家相关主管部门出具的相关证件,办理通关手续。

3.药品(含兽药)

药品进境应遵循中国有关药品管理法律法规的规定,海关验核国家相关主管部门出具的相关证件,办理通关手续。

4.参赛枪支弹药

参赛枪支弹药进境,须得到中国有关部门批准,各国家(地区)奥委会需在参赛报名(按姓名报名)时另附杭州亚运会枪支弹药信息表,杭州亚组委协助办理相关手续。境外代表团携带的参赛枪支弹药的型号、数量等必须与信息表中填报的信息一致。

参赛枪支弹药随境外代表团到达口岸后,在口岸现场填写出入境人员

携带枪支弹药申报表,由口岸边检机关、海关及参赛代表队共同清点、查验枪支弹药的型号、数量。经清点、核实无误后,由边检机关为参赛代表队开具《枪支弹药携运许可证》。

在运输过程中,必须遵循人、枪、弹分离原则,枪支弹药应当分别装箱。

参赛枪支和未用完的弹药在赛后必须随境外代表团复运出境。出境时,参赛代表队在口岸现场填写出入境人员携带枪支(弹药)申报表,由口岸边检机关、海关及参赛代表队共同清点枪支弹药的型号、数量,查验《枪支弹药携运许可证》《弹药消耗证明》等文件。

参赛枪支弹药管理的基本规定见图 2-1,具体规定详见《第 19 届亚运会比赛枪支(弹药)管理指南》。

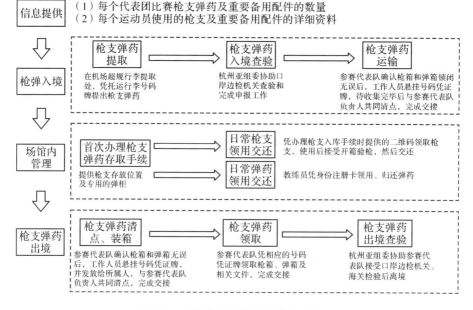

图 2-1　参赛枪支弹药管理的基本规定

5.无线电发射设备

无线电发射设备进境应遵循中国有关法律法规的规定,海关验核国家相关主管部门出具的相关证件后,办理通关手续。转播设备及电视转播车辆凭相关主管部门批准文件办理进境手续。

境外用户(含外国常驻新闻机构,外国记者,香港、澳门和台湾记者)、境内用户在杭州或者其他赛区及特殊控制区域设置、使用无线电台(站)和使用无线电发射设备(上述免于无线电频率使用许可的设备除外),由浙江省经济和信息化厅根据管理权限,依法向用户提供无线电频率使用许可。外国领导人、各国驻华使节和享有外交特权与豁免的国际组织驻华代表,携带、寄递或者以其他方式运输应取得型号核准而未取得型号核准的设备,向工业和信息化部提出申请,并办理相关手续。杭州亚运会无线电频率申请许可整体流程见图2-2,具体申请规定详见《2022年第19届亚运会无线电频率申请使用指南》(亚筹方案〔2022〕11号)。

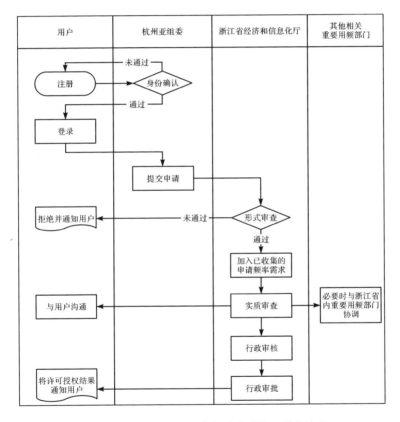

图 2-2　杭州亚运会无线电频率申请许可整体流程

需要在杭州亚运会场馆及特殊控制区域设置、使用无线电台(站)和使用无线电发射设备的境外用户,在办理无线电台(站)和无线电发射设备暂时进境手续时,应当向海关提供无线电发射设备临时进关审查批件及其他必要的材料。暂时进境的无线电台(站)和无线电发射设备应当按照海关相关管理规定按时复运出境。

6.卫星电视广播地面接收设备

卫星电视广播地面接收设备进境应遵循中国有关法律法规的规定,海关验核国家广播电视总局及其授权的省市广播电视局出具的《卫星电视广播地面接收设施进口审查许可证明》办理手续。

7.木质包装材料

木质包装材料进境应当遵循中国有关法律法规的规定,须在输出国或地区进行除害处理,加施《国际植物保护公约》规定的专用标识后,方可进境,海关验核相关证件,并办理通关手续。木质包装材料进境后应当在海关指定的地点集中检疫、集中处理。

8.外籍交通工具

外籍交通工具进境应当遵循中国有关法律法规的规定,海关验核国家相关主管部门出具的相关证件,并办理通关手续。

9.机电产品

暂时进境的强制性认证产品需办理免予强制性产品认证证明,赛后留用或销售的强制性认证产品,仍需办理强制性产品认证。暂时进境的旧机电可免予目的地检验,且必须复运出境,不得在境内留用或销售。

10.其他

其他属于依法需要特别批准的进出境物资应当遵循中国有关法律法规的规定。

(八)禁止进境的物资

禁止进境的物资如下:

(1)鸦片、吗啡、海洛因、大麻及其他能使人成瘾的麻醉品、精神药物。在特定情况下用于医疗目的进境的,需要得到相关部门的许可。

(2)各种武器、仿真武器、弹药及爆炸物品(用于赛事的除外)。

(3)带有危险性病菌、害虫及其他有害生物的动物、植物及其产品等。

(4)对中国政治、经济、文化、道德有害的印刷品、音像制品、计算机存储介质及其他物品。

(5)各种烈性毒药。

（6）有碍人畜健康的、来自疫区的及其他能传播疾病的食品、药品或其他物品。

（7）伪造的货币及伪造的有价证券。

（8）中国法律法规禁止进境的其他货物、物品。

（九）其他事项

赛事进出境物资未按规定办理海关手续，海关根据《中华人民共和国海关行政处罚实施条例》等有关规定予以处理。

第三章 杭州亚运会物流需求分析
与物流中心选址论证

杭州亚运会期间所涉及的利益相关方群体多样、物资种类繁杂,大量的生活资料、比赛器材、媒体器材等需要快速、安全地运送到指定地点,因此在赛前筹备阶段,就要结合赛事活动安排、人员类型等,对赛事物流需求进行分析与预测,提前做好相关规划和准备,为赛事活动的顺利开展提供物流保障。物流中心作为杭州亚运会物流服务的主平台,为场馆提供与赛事密切相关的物流服务,因此做好物流中心的选址和需求的预测工作非常重要。

第一节 物流需求预测

一、杭州亚运会赛事物资规模分析与预测

(一)需求预测基础与内容

杭州亚运会赛事物流需求预测主要聚焦于赛前、赛中、赛后 3 个阶段物流运行所涉及的通用物资、专用物资、特殊物资等,即由比赛引起的,与参赛人员直接关联的物资。从项目分配上看,杭州亚运会赛事项目分散在主办城市杭州和协办城市宁波、金华、温州、湖州、绍兴,因此需考量不同城市的赛事物流需求量;从物流运行场所上看,杭州亚运会赛事物流的运行场所主要集中在亚运村、各比赛场馆间或场馆内,因此需重点关注上述场地的物资需求。

由于样本数据的稀缺,成熟的时间序列等趋势外推预测方法在赛事物流的需求预测中无法有效实施,赛事物流需求预测并不属于传统预测技术应用范畴。因此,赛事物流需求预测往往根据同态性原理,并采用类比的方法。同态性原理是指关注同类事物所具有的共性,从而分析、预测未来事物的各种关系的结构变化。因此,本章主要参考 2004 年雅典奥运会、2008 年北京奥运会、第 21 届世界大学生夏季运动会等国际大型综合性赛事的相关数据,通过资料类比的方式,结合杭州亚组委公布的相关数据资料,并参考第三方专业机构的测算数据,对杭州亚运会赛事物流需求进行预测。需要说明的是,鉴于亚运会每 4 年举办一届,间隔时间较长,并且物资规模远远超过了普通的运动会或是世界级大规模会展活动,加之数据稀缺,因此赛事物流预测的数据仅供参考,还需在赛事物流实际运行中进一步验证并修正。

(二)需求分析结果

1. 杭州亚运会总物流需求

以往届亚(奥)运会物资及人员构成为参考,设往届亚(奥)运会物资总规模为 n'、所有利益相关方数量为 m',设杭州亚运会总物资规模为 n、所有利益相关方数量为 m。其中,设竞赛场馆物资规模为 n_1、其他比赛物资规模为 $n_{1,1}$、家具白电物资规模为 $n_{1,2}$,设亚运村(非竞赛场馆)的物资规模为 n_2、家具白电物资规模为 $n_{2,1}$、私人物资规模为 $n_{2,2}$、食品物资规模为 $n_{2,3}$。在利益相关方数量 m 中,运动员数量为 m_1,x 号场馆的运动员数量为 $m_{1,x}$,随队官员数量为 m_2。

(1)奥运会人均物资系数测定。

设往届亚(奥)运会人均物资系数为 ρ',其计算方式如下:

$$\rho' = \frac{n'}{m'} \tag{3.1}$$

其中,根据 2008 年北京奥组委给出的数据,北京奥运会汇集 200 多个参赛国家和地区的 16000 名运动员、随行官员[①],总运输量为 7.5 万吨。在影

---

①　张文杰:《北京奥运物流系统规划》,北京:中国物资出版社 2007 年版。

响运输量的因素中,运动员、随行官员等利益相关方的人数具有重要影响,因此可得北京奥运会人均物资系数 ρ' 为 75000/16000＝4.69(吨/人)。

(2)杭州亚运会赛事物资总运输量预测。

考虑到体育运动创新的发展背景、杭州亚运会"节俭"的办赛理念,以及参赛国家和地区的数量显著少于 2008 年北京奥运会等现状,同时结合相关领域专家的意见,将人均物资系数调整为 ρ＝4.2。运动员 m_1＝14300 人,随队官员 m_2＝6370 人,预测的杭州亚运会赛事物资总运输量如下:

$$n=(m_1+m_2)\cdot\rho \tag{3.2}$$

经计算,杭州亚运会赛事物资总运输量 n＝(14300＋6370)×4.2＝86814(吨)。需要说明的是,该预测虽然考虑了杭州亚运会与奥运会的区别,但仍需要用杭州亚运会的相关物资规模进行验证。为进一步实现同态性修正,结合第三方专业机构对杭州亚运会赛事物资总运输量的预测(约为5 万吨),并根据相关领域专家的意见确定比例,得出最终结果,即:

$$n=80000 \tag{3.3}$$

2.基于杭州亚运会场馆测算的物资结构及规模

杭州亚运会的场馆包括竞赛场馆、独立训练场馆和非竞赛场馆(含亚运村、主媒体中心等)。考虑到独立训练场馆的物资量较少,部分训练物资由运动员自带,故本部分内容只对竞赛场馆和非竞赛场馆物资进行初步测算。

(1)非竞赛场馆物资预测。

非竞赛场馆主要包括主运行中心、亚运村、主媒体中心以及大家庭总部饭店等,鉴于主媒体中心媒体转播物资多作为私人物资随团进入亚运村,且亚运村的物资种类较其他非竞赛场馆而言更加多元、规模更大,因此非竞赛场馆物资的预测关键在于对亚运村物资总量的预测。

亚运村的物资主要包括家具白电、生活物资、私人物资三部分。其中,家具白电主要是指满足日常生活需要的基础设施设备;私人物资是指随各利益相关方一起到达,赛后大部分实体并未消耗,需随各利益相关方一起返回的物资;生活物资以食品为主,供运动员、技术官员等人员在赛事期间消耗。

在私人物资方面,根据以往的国际性赛事经验,各参赛国和地区主要采用航空运输。鉴于相关数据的可得性,参照第 21 届世界大学生夏季运动会机场到达的私人物资规模(见表 3-1)①,对亚运村的私人物资数量进行预测。在影响私人物资总量的因素中,到达人数的影响作用最大,人数越多私人物资越多,私人物资总量也会相应增加。由表 3-1 可知,不同国家和地区的运动员携带的私人物资存在差异。

表 3-1　第 21 届世界大学生夏季运动会机场到达数据

序号	利益相关方名称	人数	私人物资数量/件	特殊私人物资	到达安检口时间	车型	备注
1	新西兰	35	170		06:30	1.5 吨	私人物资车 1 辆
2	意大利	19	46		06:30		1 辆
3	阿尔及利亚	21	52		06:45		1 辆
4	毛里塔尼亚	3	4				
5	哈萨克斯坦	8	16		07:00		1 辆
6	意大利	10	18				
7	喀麦隆	4	8				
8	科特迪瓦	1	2				
9	波兰	11	22		08:00		1 辆
10	乌拉圭	23	40		06:30		1 辆
11	智利	23	38		06:30	大客	1 辆
12	瑞典	15	40		07:00	大客	1 辆
13	斯洛伐克	13	62		07:00	大客	1 辆
14	葡萄牙	45	150		07:00		1 辆
15	拉脱维亚	16	32	标枪 1 包	07:30		1 辆
16	白俄罗斯	6	10				
17	格鲁吉亚	3	6		08:00		1 辆
18	阿塞拜疆	3	6				
19	波兰	2	4				
20	孟加拉国	3	8				

① 张文杰:《北京奥运物流系统规划》,北京:中国物资出版社 2007 年版。

序号	利益相关方名称	人数	私人物资数量/件	特殊私人物资	到达安检口时间	车型	备注
21	加拿大	10	20		08：30		1辆
22	比利时	31	120		06：30		1辆
23	尼日利亚	31	60		06：30		1辆
24	中国澳门	52	120		07：00		1辆
12辆	立陶宛	16	32		07：00		1辆
26	科摩罗	3	5				
27	白俄罗斯	20	50		07：15		1辆
28	美国	13	64	医用折叠床10个,医疗箱30个	07：30		1辆
29	维尔京群岛	31	111		09：00		1辆
13辆	卢旺达	17	60		09：00		1辆
31	乌干达	14	28				

设总私人物资数为 j,人均私人物资数为 g,人均私人物资数计算公式如下：

$$g = \frac{j}{m_1 + m_2} \tag{3.4}$$

结合亚运村的接待人数,通过杭州亚运会私人物资规模/运动员及官员人数,得到人均私人物资数区间为 1.667—4.923,考虑到当地社会、经济的发展情况,采用上限值,采用更改后的人均私人物资系数 $g=4.923$ 作为人均私人物资数,按照载重为 1.5 吨的私人物资车可装 50 件私人物资的情况推算[①],每件私人物资约重 0.03 吨。因此非竞赛场馆中私人物资的计算公式如下：

$$n_{2.2} = (m_1 + m_2) \cdot g \cdot 0.03 \tag{3.5}$$

经计算得出亚运村私人物资件数为 101759 件,亚运村的私人物资总规模可估算为 3052.77(101759×0.03)吨。

在食品物资方面,设每天人均消耗食品量为 S。据统计,雅典奥运会奥运村每天需针对运动员、教练员、裁判员、工作人员等 2.2 万人提供约 100 吨

① 张文杰:《北京奥运物流系统规划》,北京:中国物资出版社 2007 年版。

食品[1]，因此可推算出每天人均消耗食品量 $S=100/22000=0.0045$（吨）。在杭州亚运会赛事期间，亚运村的运营时间暂按 30 天计算，则食品物资规模的计算公式如下：

$$n_{2,3}=S \cdot (m_1+m_2) \cdot 30 \qquad (3.6)$$

最终算得亚运村食品物资规模为 2790.45 吨。

在家具白电等物资方面，参照里约奥运会 1030 标箱中有 940 标箱的货物是家具等通用物资的比例（占比达 91.26%）。根据专家测算，家具白电等通用物资占比可达 70% 左右，因此综合两者，暂将 2008 年北京奥运会家具白电等通用物资占比定为 75%。因此可推算出 2008 年北京奥运会的家具白电物资规模为：

$$n'_{1,2}+n'_{2,1}=75000 \cdot 75\%=56250（吨） \qquad (3.7)$$

考虑到家具白电等物资在竞赛场馆及非竞赛场馆中均有涉及，由上述可知，竞赛场馆物资规模约占整体赛事物资规模的 35%，即 $75000 \times 35\%=26250$（吨），非竞赛场馆（奥运村）物资规模占比为 65%，即 $75000 \times 65\%=48750$（吨）。奥运村物资规模＝家具白电等物资＋私人物资＋食品物资＋其他比赛物资，因此可得：

$$n'_{1,2}+n'_{2,1}=n'-n'_{1,1}-n'_{2,2}-n'_{2,3} \qquad (3.8)$$

北京奥运会参赛人员及随队官员共 16000 人，按照 30 天计算，食品物资消耗共计 $0.0045 \times 16000 \times 30=2160$（吨）。从私人物资上看，相关领域专家测算，奥运会人均私人物资数为 3.853 件/人[2]，因此私人物资件数为 $3.853 \times 16000=61648$（件）。同样按照前文每件私人物资 0.03 吨估算，可得私人物资为 $61648 \times 0.03=1849.44$（吨）。在非竞赛场馆中暂不考虑其他比赛物资，因此 2008 年北京奥运会非竞赛场馆（奥运村）家具白电物资规模为 $48750-2160-1849.44=44740.56$（吨）。

由此可得，2008 年北京奥运会非竞赛场馆（奥运村）人均家具白电的物资量为 $44740.56/16000=2.80$（吨）。考虑到信息技术发展，生活物资智能化水平不断提升，物资重量、体积均会变小，将这一数值乘以 60%，即为 1.68吨，并将这一数值引用到杭州亚运会中，即：

---

① 张文杰：《北京奥运物流系统规划》，北京：中国物资出版社 2007 年版。
② 张文杰：《北京奥运物流系统规划》，北京：中国物资出版社 2007 年版。

$$n_{2,1} = 1.68 \cdot (m_1 + m_2) \tag{3.9}$$

经计算,可得亚运村家具白电物资规模为 34725.60 吨。

综上所述,杭州亚运会非竞赛场馆(亚运村)总体物资规模为:

$$3052.77 + 2790.45 + 34725.6 = 40568.82(吨) \tag{3.10}$$

(2)竞赛场馆物资预测。

参照 2008 年北京奥运会的竞赛场馆物资量,推算杭州亚运会竞赛场馆物资量。2008 年北京奥运会场馆整体布局呈"一个主中心、三个区域"的特点,各赛区的比赛项目和参赛人数见表 3-2。32 个场馆相对集中于奥林匹克公园(主中心区)、西部社区(五棵松区域)、大学区(首都体育区域)、北部旅游风景区(北京郊区)4 个区域和工人体育馆等 4 个场馆的改建区域。

表 3-2　2008 年北京奥运会各赛区的比赛项目与参赛人数

赛区	项目	参赛人数
奥林匹克公园	田径 2 块场地、羽毛球、击剑、体操、手球、曲棍球、摔跤、游泳、现代五项、垒球、网球、乒乓球	4045
西部社区	棒球、篮球、拳击、自行车、射击、射箭、铁人三项	2628
北部旅游风景区	赛艇、皮划艇	664
大学区	田径 4 块场地、举重、柔道、跆拳道、排球	1888
改建区	足球	2213

注:来源于《北京奥运物流供应链系统分析》,改建区人数由参赛总人数减其他赛区人数得到。

由上文可知,2008 年北京奥运会家具白电物资总量为 56250 吨,奥运村家具白电物资规模 $n'_{2,1} = 44740.56$(吨),因此 2008 年北京奥运会竞赛场馆家具白电物资总量为 $56250 - 44740.56 = 11509.44$(吨)。

此外,已知 2008 年北京奥运会竞赛场馆物资规模为 26250 吨,竞赛场馆物资总量由家具白电物资及其他比赛物资构成,故可得 2008 年北京奥运会竞赛场馆其他比赛物资规模为 $26250 - 11509.44 = 14740.56$(吨)。因此,杭州亚运会可根据各场馆的分配比例进行配送量的预测:运输量 $= Qf/Qz \times 14740.56$(吨)。其中,Qf 表示分赛区场馆数,Qz 表示总场馆数。奥林匹克公园、西部社区、北部旅游风景区、大学区和改建区的场馆数分别为 14 个、8 个、2 个、4 个和 4 个,共计 32 个。因此,根据上述运输量的计算公式可得各个赛区的运输量分别为:运送到奥林匹克公园的赛事物资是 6449.00 吨;运送到西部社区的赛事物资是 3685.10 吨；运送到北部旅游风景区的赛事物资是921.30 吨；运送到大学区的赛事物资是 1482.60 吨；运送到改建区的赛事物资是 1482.60 吨。见表 3-3。

表 3-3　2008 年北京奥运会配送中心的配送量

配送方向	物资量/吨	合计/吨
奥林匹克公园	6449.00	
西部社区	3685.10	
北部旅游风景区	921.30	14020.60
大学区	1482.60	
改建区	1482.60	

设共有 x 个赛事场馆，该赛区人均物资配送系数为 ρ_x，赛区物资规模为 $n_{1,1,x}+n_{1,2,x}$，根据表 3-2、表 3-3，计算不同赛区的人均物资配送系数，公式如下：

$$\rho_x = \frac{n_{1,1,x}+n_{1,2,x}}{m_{1,x}} \tag{3.11}$$

最终，推算出 5 个赛事场馆的人均物资配送系数分别为 1.59、1.40、1.39、0.98、0.83。

在场馆区域方面，参照 2008 年北京奥运会场馆区域的比赛项目，对杭州亚运会各场馆进行划分。在参赛人数方面，考虑到 2008 年北京奥运会和杭州亚运会在参赛国家和地区数量方面不对等，因此通过参考雅典奥运会各项目的参赛人数，并除以总赛事人数（11636 人）[①]，得到不同场馆区域的参赛人数占比，进而通过已知的杭州亚运会总参赛人数，得出杭州亚运会各场馆区域的参赛人数。

此外，杭州亚运会赛事项目与 2008 年北京奥运会的相比更多，因此表 3-2 尚未统计的比赛项目还有壁球、体育舞蹈、武道、卡巴迪、武术、轮滑、智力项目、橄榄球、高尔夫球、板球、藤球、龙舟、帆船、攀岩等，将其划分为一个独立场馆区域（即 F 赛区），其项目占所有项目的比例为 34.15%，按照人次划分共 4883 人次。表 3-2 提到的项目共占总项目的 65.85%，按照人次划分共 9417（14300×65.85%）人次。

---

① 张文杰：《北京奥运物流系统规划》，北京：中国物资出版社 2007 年版。

通过测算,杭州亚运会五个赛区(A—E)的参赛人数占比分别为 48.59%、17.15%、8.56%、9.92%和15.78%,因此对应的参赛人数分别为 4576人、1615人、806人、934人、1486人,见表 3-4[①]。

表 3-4 杭州亚运会不同赛区参赛人数对比

赛区	场馆	项目	雅典奥运会参赛人数	雅典奥运会参赛人数占比/%	杭州亚运会参赛人数
A 赛区	杭州奥体中心体育场 滨江体育馆 杭州电子科技大学体育馆 黄龙体育中心体育馆 浙江工商大学文体中心 浙江师范大学(萧山校区) 拱墅运河体育公园体育场 临安体育文化会展中心 杭州奥体中心游泳馆 黄龙体育中心游跳馆 淳安界首体育中心游泳赛场 富阳银湖体育中心 绍兴棒(垒)球体育文化中心 杭州奥体中心网球中心	田径、羽毛球、击剑、体操、手球、曲棍球、摔跤、游泳、现代五项、垒球、网球、乒乓球	5654[(2000+172+400+(196+32)+330+352+344+1300+64+120+172+172)]	48.59	4576
B 赛区	绍兴棒(垒)球体育文化中心 杭州奥体中心体育场 浙江大学(紫金港校区)体育馆 绍兴奥体中心体育馆 富阳体育中心体育馆 德清地理信息小镇篮球场 杭州体育馆 淳安界首体育中心 富阳银湖体育中心 淳安界首体育中心铁人三项赛场	棒球、篮球、拳击、自行车、射击、射箭、铁人三项	1996[192+192+286+(212+188+180)+390+256+100]	17.15	1615
C 赛区	富阳水上中心 桐庐马术中心	赛艇、皮划艇、马术	996(550+246+200)	8.56	806

① 表 3-4 数据均来源于《北京奥运物流系统规划》。其中,雅典奥运会击剑项目人数数据缺失,故用总人数减去其他项目人数得到击剑项目参赛人数。

续　表

赛区	场馆	项目	雅典奥运会参赛人数	雅典奥运会参赛人数占比/%	杭州亚运会参赛人数
D赛区	萧山体育中心体育场 萧山临浦体育馆 临安体育文化会展中心 杭州师范大学(仓前校区)体育馆 临平体育中心体育场 德清体育中心体育馆 中国轻纺城体育中心体育馆 宁波半边山沙滩排球中心	举重、柔道、跆拳道、排球	1154[260＋386＋124＋(288＋96)]	9.92	934
E赛区	黄龙体育中心体育场 临平体育中心体育馆 上城体育中心体育场 萧山体育中心体育馆 金华体育中心体育场 浙江师范大学东体育场 温州奥体中心体育场	足球	1836	15.78	1486
F赛区	杭州奥体中心国博壁球馆 拱墅运河体育公园体育馆 萧山临浦体育馆 萧山瓜沥文化体育中心 钱塘轮滑中心 杭州棋院(智力大厦)棋类馆 中国杭州电竞中心 临平体育中心体育场 杭州师范大学(仓前校区)体育场 西湖国际高尔夫球场 浙江工业大学板球场 金华体育中心体育馆 温州龙舟运动中心 宁波象山亚帆中心 绍兴柯桥羊山攀岩中心	非奥运会项目(壁球、体育舞蹈、武道、卡巴迪、武术、轮滑、智力项目、橄榄球、高尔夫球、板球、藤球、龙舟、帆船、攀岩)			4883

根据前文推算的不同场馆区域的人均物资配送系数,可得出 A—E 赛区的物资配送量,分别为 $1.59 \times 4576 = 7275.84$ (吨)、$1.4 \times 1615 = 2261.00$ (吨)、$1.39 \times 806 = 1120.34$ (吨)、$0.98 \times 934 = 915.32$ (吨)、$0.83 \times 1486 = 1233.38$ (吨),共计 12805.88 吨。F 赛区涉及的比赛项目全部为非奥运会项目,已知:

$$n_{1,1} = n - n_2 - n_{1,2} \qquad (3.12)$$

因此,需先计算竞赛场馆家具白电物资规模。由前文可知,2008 年北京奥运会竞赛场馆家具白电物资规模为 11509.44 吨,按照北京奥运会有 32 个场馆计算,每个场馆平均家具白电物资量为 11509.44/32＝359.67(吨),根据同态性对比原理,将这一数据应用到杭州亚运会中,可知:

$$n_{1,2} = \sum_{i=1}^{x} n_{1,2,x} \qquad (3.13)$$

根据公式(3.12)和公式(3.13)推算出杭州亚运会竞赛场馆其他比赛物资总量为 25289.66(86000－40568.82－20141.52)吨,F 赛区物资总量为 12483.82(25289.66－12805.84)吨。

综上,杭州亚运会竞赛场馆物资总规模为 45431.18(20141.52＋25289.66)吨,其中 A—F 赛区物资总规模分别为 7275.84 吨、2261.00 吨、1120.30 吨、915.32 吨、1233.38 吨、12483.82 吨。非竞赛场馆物资总规模为 40568.82 吨,其中私人物资总规模为 3052.77 吨,食品物资总规模为 2790.45 吨,家具白电物资总规模为 34725.60 吨。

非竞赛场馆相关物资的需求较大,涵盖通用物资、专用物资、特殊物资等绝大部分物资品类,暂按 50％测算。竞赛场馆硬件器材的需求较大,按 35％测算,独立训练场馆的按 15％测算。经测算,非竞赛场馆的物流需求约 2.50 万吨,竞赛场馆的物流需求约 1.75 万吨,独立训练场馆的物流需求约 0.75 万吨。

因此,综合预测结果及第三方专业机构的测算结果,当时预测杭州亚运会竞赛场馆物资总规模为 4.08 万吨,非竞赛场馆——亚运村物资总规模为 3.92 万吨。

3.基于办赛城市测算的物资结构及规模

杭州亚运会涉及 24 项竞技类比赛、18 项球类比赛、9 类对抗性比赛及 10 类水上比赛,共计 61 项,主要举办城市包括杭州、宁波、金华、温州、湖州、绍兴。其中,宁波主要承接沙滩排球及帆船的赛事举办与运行;金华承接藤球及部分足球的赛事举办与运行;温州承接龙舟及部分足球的赛事举办与运行;绍兴主要承接棒垒球、攀岩、部分五人制篮球、部分排球的赛事举办与运行;湖州主要负责承接三人制篮球及部分排球的赛事举办与运行;杭州则负责其余赛事的举办与运行。考虑到部分比赛项目为其他城市与杭州共办,因此首先将赛事项目赋值为1,并依据其承接场馆数来估算共办系数:足球项目涉及的举办城市为杭州、金华和温州。涉及承接的场馆数分别为5个、1个、2个,因此将其共办系数分别定为0.625、0.125、0.25。

五人制篮球项目涉及的举办城市为杭州、绍兴。涉及承接的场馆数分别为3个、1个,因此将其共办系数分别定为0.75、0.25。

排球项目涉及的举办城市为杭州、绍兴、湖州。涉及承接的场馆数分别为2个、1个、1个,因此将其共办系数分别定为0.5、0.25、0.25。

得出共办系数后,结合其他项目,通过计算共办系数及独办系数(赋值为1)可得出不同参赛城市的项目系数:

宁波(沙滩排球和帆船):$1+1=2$;

金华(藤球和部分足球):$1+0.125=1.125$;

温州(龙舟和部分足球):$1+0.25=1.25$;

绍兴(棒垒球、攀岩、部分五人制篮球和部分排球):$1+1+0.25+0.25=2.5$;

湖州(三人制篮球和部分排球):$1+0.25=1.25$;

杭州(其余项目):$51+0.625+0.75+0.5=52.875$。

根据前文测算,总体物资运输量为8万吨,因此可推算出不同城市的物资运输量:

杭州:$86000×52.875/61=74545.1$(吨);

宁波:$86000×2/61=2819.7$(吨);

金华:$86000×1.125/61=1586.1$(吨);

温州:$86000×1.25/61=1762.3$(吨);

绍兴:$86000×2.5/61=3524.6$(吨);

湖州:$86000×1.25/61=1762.3$(吨)。

根据第三方专业机构测算,杭州、宁波、金华、温州、绍兴、湖州的物资物流总需求分别为40000吨、3000吨、3000吨、3000吨、500吨、500吨。

因此,结合第三方专业机构对6个承办城市物资量的测算结果,并根据相关领域的专家意见确定比例,综合最终结果,即:杭州亚运会主要举办城市杭州、宁波、金华、温州、绍兴、湖州的物资规模分别为68800吨、2800吨、

1800万吨、2000吨、3000吨、1600万吨。

二、杭州亚运会物流中心需求分析

物流中心是杭州亚运会物流服务的主要平台,为竞赛场馆、非竞赛场馆(含亚运村、主媒体中心等)和独立训练场馆提供与赛事密切相关的设备、用品的物流服务。作为杭州亚运会物流服务的重要节点,物流中心的需求分析为物流中心物流活动的顺利开展提供重要支撑。

(一)专项需求分析

1. 基于管理特性的物流需求分析

大型体育赛事物流管理特性主要体现在4个方面:

(1)不确定性较为突出。在大型体育赛事举办期间,物流运行情况具有一定程度的不确定性。例如,1996年在美国的亚特兰大举办的夏季奥运会上,确定性的物流需求比例达到40%,其余60%的不确定性物流需求都被纳入应急物流规划中。

(2)较强的空间集中性。在大型体育赛事中,人员和设施均比较集中,不同的体育项目对比赛条件的要求不同,这就导致了体育赛事物流服务的空间集中性比较强。例如,2008年在北京举办的夏季奥运会上,200多个国家和地区的运动员和800万观众集聚在37个比赛场馆中,呈现"一个中心、三个区域"的布局方式。北京是项目的主赛区,但是足球、帆船等比赛项目在其他省市进行,体育物流服务的空间集中性明显增强。

(3)严格的时序性。大型体育赛事物流从时间的角度可以分为赛前、赛中以及赛后。大型体育赛事的全球化、规模化发展趋势,使得各种与赛事相关的设备设施、器材文件、图片信息等都需要国际范围内的合作。

(4)规模较大。大型体育赛事的规模扩大,物流的服务成本也随之增加。通常情况下,体育物流需要对各种资源进行充足的储备,尤其还涉及比赛设备的运输,这就使得物流运输的规模、成本居高不下。大型体育赛事物流管理中的物流流程较为混乱,缺乏有效的运行调控手段。

基于管理特性的角度,杭州亚运会物流中心需求主要包括4个方面:

(1)需要建立杭州亚运会物流管理专项信息系统,以应对杭州亚运会物流较大的不确定性。

（2）需要较强的资源配置能力，包括物流网络运营、基础运作资源（车辆、人员）等能力，以满足体育赛事的举办需求。借鉴广州亚运会的经验，例如南方物流集团为广州亚运会提供全面保障，投入服务车辆 300 多台，投入人力 800 多人，转运物资多达几千车次。广州亚运会的比赛项目、参赛人数与杭州亚运会的基本相当，且两个城市均为省会城市、副省级城市。随着经济社会的发展，各类利益相关方对赛事的服务要求也将提高，对亚运会物资保障、物流保障的要求也将提高。

（3）需要对赛前、赛中、赛后提供全过程物流服务。杭州亚运会物流中心从筹备赛事、举办赛事一直到赛事结束，持续时间较长，出于管理需要，仓储设施只能专项用于保障杭州亚运会的顺利开展，运营物流中心的企业需要较强的综合实力，以保障物流中心稳定运作。

（4）需要有应急物流保障措施。物流中心需要提出应急物流保障计划，涉及应急仓储设施、应急配送能力、应急人员储备等方面，以满足赛事举办期间短时间内大批量的赛事物资存储、配送等需求。

2. 基于入库计划的物流需求分析

物资入库是物流中心工作的起点，其顺畅、高效运行，确保物资及时、准确入库是物流中心作业的重点之一。基于入库计划的物流需求主要包括 3 个方面：

（1）制订科学合理的物资入库计划。物流中心负责处理的物资种类繁杂、数量众多，且赛前可能存在集中入库的情况，因此需提前制订物资入库计划。如要求物资归口管理部门提前 3 个工作日向物流中心报送物资入库清单和时间节点，物流中心据此制订总体配送计划，并根据物资归口管理部门需求进行动态调整，提前进行规划。[①]

（2）建立完善的车辆通行机制。种类繁杂、数量众多的物资直接导致运输车辆数量的激增，若无法高效、合理地开展车辆资质审核工作，可能会造成物流中心车辆拥堵，降低物流运行效率。因此，需会同安保业务领域建立完善的车辆通行机制，明确车辆通行资质，制定物资运入管理政策。如规定任何进入

---

① 资料来源：《2022 年第 19 届亚运会物流服务保障总体工作方案》（亚筹方案〔2021〕2 号）。

物流中心的车辆都必须具备"四把钥匙",即主配送计划、安检证明、赛事车辆证件、司机认证,并通过合理安排审核岗位,提升确认效率。[①]

（3）制订完善的物资入库流程。赛前物资入库相对集中,物流运行压力过大,因此需明确包括物资装卸、核查、清点、交接等流程,实现标准化作业,降低物资入库的潜在风险,提升物资入库效率。

3.基于仓储计划的物流需求分析

仓储是指为杭州亚运会赛事物资提供的仓储保管、分拣理货、包装包材、流通加工等服务。及时做好各类物资登记,并根据赛事物资的不同种类及其特性,结合仓库条件,保证仓库货物定置摆放、合理有序,保证货物的进出和盘存方便。基于仓储计划的物流需求主要包括2个方面:

（1）具有多存储功能的仓储条件。物流中心应满足不同类型物资的存储需要,应根据物资储存需要,设置不同温度、湿度的存储功能区,确保能防潮、防火、防盗、防虫害,满足物资安全存储需要。

（2）具有明确物资损益情况的管理流程。物资在库期间,为确保其完好性、安全性,应定期开展盘点、理货等作业,对货架上的物资进行整理,并做好盘点记录,形成损益总结,对有异常的物资及时核查、纠错,确保物流运行正常。

4.基于出库计划的物流需求分析

物资出库是指根据物资需求订单,按时对物资进行分拣、搬运、分堆、复核、流通加工、包装、装卸,并完成发货交接手续的活动。出库是物流中心对物流需求的响应,其准确、及时的运行是确保场馆赛事活动正常举办的前提。基于出库计划的物流需求主要包括2个方面:

（1）制订物资出库计划。物资出库是场馆赛事活动正常举办的前提,赛时阶段物资的需求订单较多,且涉及的物资种类繁杂,需形成完善的出库计划,为物资的顺畅出库提供基础。如明确出库时间、分拣线路、流通加工、装卸月台、人力、设施设备等的安排,按物资类型、货位等规划最优拣货路线。

（2）制订物资出库流程。物流中心需明确物资出库流程,包括物资清

---

① 资料来源:《2022年第19届亚运会物流服务保障总体工作方案》(亚筹方案〔2021〕2号)。

点、复核、加工包装、交接等流程，明确各流程中的作业规范，提高物资出库效率。

5.基于配送计划的物流需求分析

物资配送过程主要具有特种运输、高安全性、绿色环保3个特征。

(1)特种运输。大型赛事中使用的体育活动器材和设备具有较高的专用性，特别是运动员的运动器材具有较强的不可替代性，其物流安全性、及时性需要较高的安全系数保证，这有利于确保大型赛事活动的正常开展。大型赛事的物流运输具有特种运输的若干特征。以马术项目为例，物流承办方需替客户办好产地检疫和过境检疫的相关手续，与客户商议并确立合适的运输路线和运输时间，准备专业运输设备，并密切关注赛马在运输过程中的饮食、作息等相关事宜。

(2)高安全性。大型体育赛事对物流的安全性要求较高。其一，物流全程安全是大型体育赛事物流的核心要求。大型体育赛事的参赛选手都是国际顶尖高手，他们的水平差异在毫厘之间，其参赛过程中的任何细节都会影响其最终夺冠的概率。众多顶尖运动员都有专用的运动器械，这些器械对运动员的技能的有效发挥起关键作用。其他与比赛相关的计算机、广播电视播录设备等对运输安全也有着同样高的要求。因此，安全性是体育器械物流运输的核心要求。其二，赛事相关信息的安全保密工作是大型体育赛事物流的工作重点。参赛各方出于竞技策略的要求，对涉及赛事的各项信息都有较高的安全保密要求，一旦泄密给对手，将会造成己方在比赛策略运用上的被动。

(3)绿色环保。绿色环保理念深入人心，在申办、组织、举办大型体育赛事的过程中，应贯彻绿色环保理念，尽可能降低其对当地自然环境和生态系统的破坏，实现大型赛事举办地的自然环境和生态环境与赛事活动协调发展。

基于配送计划的特性，杭州亚运会物流中心需求主要包括3个方面：

(1)物流中心或合作商(承运人)需要具备道路运输经营许可证，还需要具备足够的物流、仓储、快递、危化品存储运输、大型物件运输等资质，以满足杭州亚运会物流中必然存在的特种运输需要。

(2)需要建立完善的安全保障制度，包括专用运动器械运输、赛事相关信息等方面的安全保障。

（3）需要具备绿色物流的特征。根据国际标准、先进城市经验，以及杭州亚运会的办赛理念，制订绿色物流实施计划，包括绿色车辆（新能源汽车）数量、绿色配送计划、物流中心环保措施等方面。

6.基于回收处理的物流需求分析

赛事结束之后的物流回收阶段涉及各个体育场馆设施的搬运、一些临时性体育设施的拆除等工作，回收阶段实际上是建设阶段的逆过程。有效的物流回收能够减少资源的浪费，对于减少整个赛事的投入成本也有重要意义。

基于杭州亚运会物资回收处理的特性，杭州亚运会物流中心需求主要包括3个方面：

（1）需要提出系统的回收处理计划。

（2）需要具备专业的回收处理能力。了解物流中心赛后专项仓储设施情况，以及是否具备设施设备回收处理的资质。

（3）需要具有良好的回收处理经验、较高的满意度。提供相关赛事的回收处理案例、经验做法，以及满意度调查结果。

（二）规模需求分析

根据第三方专业机构的测算，以同态性对比参考近年来的伦敦奥运会（10万 m^2）、里约奥运会（10万 m^2）、广州亚运会（4万 m^2）、雅加达亚运会（2.2万 m^2）等的物流中心规模，杭州亚运会物流中心仓储设施规模宜在4万 m^2 左右。考虑到物流运行的智能化及杭州亚运会"节俭"的办赛理念，结合物流中心的容积率和赛事物资的安全性、特殊性，以及检验、检疫等需要，杭州亚运会物流中心的占地面积不宜低于2.5万 m^2，且需要至少0.5万 m^2 的室外堆场和可供搭建临时物流设施的场地。

第二节　物流中心选址总体要求

一、指导思想

立足"中国新时代·杭州新亚运"定位,秉持"绿色、智能、节俭、文明"的办赛理念,紧紧围绕杭州亚运会的需要,选择具备国际货物分拨、仓储物流及相关服务的物流园区,建立完善的仓储设施管理体系,高水平建设杭州亚运会物流中心,为赛事的成功举办提供保障。

二、基本原则

(1)需求适应原则。杭州亚运会赛事物流服务需求的阶段性、多样性、不确定性、突发性和相对集中性,对物流中心提出了更高的要求,选择的物流中心在仓储设施、室外场地、配送资源等方面应能满足杭州亚运会的物流保障需求。

(2)交通便利原则。杭州亚运会赛事物流服务在按时送达、无差错送达、应急物流等方面的要求更高,选择的物流中心在毗邻交通运输枢纽、靠近高速公路和城市主干道等方面应满足杭州亚运会赛事物资便捷配送的需要。

(3)安全高效原则。杭州亚运会赛事物流服务在安全运输、安全存储、信息安全等方面的要求更高,需服务运动员、裁判员、技术官员等利益相关方,还需要服务杭州亚组委。竞赛场馆、独立训练场馆和非竞赛场馆需要高效的物流管理服务,选择的物流中心应满足杭州亚运会在赛事安全保障、高效运作等方面的需要。

(4)经济合理原则。杭州亚运会的物流服务时间为2年半左右,集中性、临时性的特征较为显著,选择的物流中心应尽量利用既有的物流设施,并在物流设备等方面进行优化,满足杭州亚运会"节俭"的办赛理念。

(5)绿色智能原则。选择的物流中心在赛后利用、环境保护、绿色建筑、绿色配送等方面应满足杭州亚运会"绿色"的办赛理念。立足杭州数字产业、全国智慧物流中心的优势,积极探索杭州亚运会智能物流应用,实现物流大数据全过程、全方位采集、应用、分析和预判,落实杭州亚运会"智能"的办赛理念。

三、选址要求

杭州亚运会的物流服务就是在固定的预算下,保证足够的人员在确定的时间内将必要的物资运输到指定的场地。具体要求如下:

(1)选址应满足杭州亚运会赛事物资配送的需要。杭州亚运会运动员、亚残运会运动员、随队官员等利益相关方达 20000 余人,此外亚奥理事会大家庭、技术人员、媒体、转播商等利益相关方将在短时间内产生庞大的物流需求,因此物流需求的快速、充分、有效响应显得十分重要。

(2)选址应重点关注交通便利程度、交通影响等情况。杭州亚运会物流中心的运作效率与选址所在地的交通情况密切相关,靠近杭州亚运会物资进出口口岸、毗邻高速公路和城市主干道等都是选址时要考虑的因素。

(3)选址应满足安全存储、安全运输、配送到位的需要。杭州亚运会涉及的赛事特殊物资,如运动器材、新闻器材等都需要安全储存及配送到位,涉及一些价值高且含有保密信息的高科技设备,必须采用更加安全的运输方案。

(4)选址应重视物流全过程的服务水平和质量。基于杭州亚运会物流服务低容错率的特点,需要挑选与服务要求最匹配的物流企业作为杭州亚运会物流合作供应商,承担杭州亚运会物资的进出口货运代理及通清关工作。此外为了有条不紊地进行物资运输、储存、配送,需要制订相应的物流中心服务方案,打造专门的物流管理信息系统。

(5)选址需要职能部门、属地政府的大力支持。物流中心需要具备较强的物流资源统筹协调能力,如与交警、消防等职能部门协调,与属地政府加强沟通,制订工作计划,做好准备工作。

第三节　物流中心选址评价方案

一、评价方案研究

总体来看,杭州亚运会物流中心选址的研究路线包括以下 3 个步骤。

(一)物流园区初级评选

物流园区初级评选的内容包括:(1)初级评选前期准备。(2)构建初级评选指标。(3)确定初级评选清单。(4)专家论证初级评选清单。

(二)选址流程

选址流程包括:(1)构建综合评价指标体系,包括客观指标体系、主观指标体系、附加指标等。(2)征集杭州亚运会物流中心选址方案,包括组织报名、提交杭州亚运会物流中心选址方案等。(3)明确评价框架,包括客观指标评价、主观指标评价、附加指标评价、选址评价得分等。

(三)评选结果评价

根据初级评选结果,以及企业提交的杭州亚运会物流方案、综合评价结果等资料,对正式上报的物流园区开展分析评价。

评价方案研究路线见图 3-1。

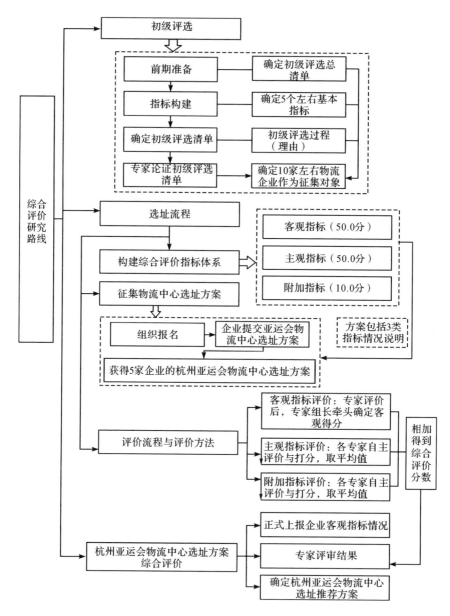

图 3-1   评价方案研究路线

二、评价指标体系构建

(一)初级评选指标体系

根据对国内外赛事物流特性的研究,以及杭州亚运会物流需求分析结果,确定以下 7 个初级评选指标。

(1)仓储设施合法合规性。基本条件:产权清晰、无违章设施、能通过合法合规审查。

(2)仓储面积充足情况。基本条件:园区可用于杭州亚运会物流专项仓储面积 2.0 万 m² 以上。

(3)与萧山空港口岸的距离。基本条件:与萧山空港口岸的直线距离在 20.0km 以内,原则上以钱塘江南岸为主。

(4)物流园区、服务商运输经营许可证情况。基本条件:物流园区、服务商需具备道路运输经营许可证,经营范围包括大型物件运输。

(5)通清关服务能力、与海关建立通清关工作机制情况。基本条件:物流园区、服务商需具备通清关服务能力,能够与海关建立通清关工作合作机制。

(6)赛后物资仓储设施情况。基本条件:园区可用于杭州亚运会赛后物资专项仓储面积 0.5 万 m² 以上。

(7)企业财务情况。基本条件:企业的经营情况、财务情况良好,原则上 2019 年度经营利润必须为正数。

(二)综合评价指标体系

杭州亚运会物流中心综合评价指标体系包括:(1)客观指标,即衡量物流园区基础设施条件的相关指标。(2)主观指标,即衡量杭州亚运会物流服务水平的相关指标。(3)附加指标主要衡量物流园区的科学性、先进性,包括绿色物流、智能物流(技术、设备)、属地物流相关资源协调能力等。

1.客观指标体系

根据前期研究,得到仓储设施条件、交通区位条件、企业主体情况 3 个一级指标、9 个二级指标的客观指标体系,把该客观指标体系作为杭州亚运会物流中心基础设施条件评价的指标体系,客观指标总分值为 50.0 分,具体内容见表 3-5。

根据客观指标体系,分析各物流园区的基础设施条件,得到各物流园区的客观指标分数。

表 3-5　客观指标体系

序号	一级指标	二级指标	指标得分说明(保留 1 位小数)	总分	园区得分
1	仓储设施条件	全功能时期仓储仓库面积充足情况	可专项用于杭州亚运会全功能时期仓储仓库面积为 2.5 万 m²。满足或超过 2.5 万 m² 得 10.0 分,1.5 万—2.5 万 m² 得 5.0 分,1.5 万 m² 以下不得分。其他物流园区得分=物流园区的全功能时期仓储仓库面积÷25000×10	10.0	
		室外硬场地情况	可专项为赛事物流服务室外硬场地面积为 0.5 万 m²。满足或超过 0.5 万 m² 得 5.0 分。其他物流园区得分=物流园区的室外硬场地面积÷5000×5	5.0	
		物流园区设计年货物吞吐量	具备完善的运输、配送、仓储等服务功能,物流园区设计年货物吞吐量 50 万吨及以上得满分。其他物流园区得分=物流园区设计年货物吞吐量÷50×5。(如未提供设计年货物吞吐量,可参考 2019 年货物吞吐量)	5.0	
		非全功能时期(赛前、赛后阶段)仓储仓库充足情况	可专项用于杭州亚运会非全功能时期(赛前、赛后)的仓储仓库面积少于 0.5 万 m² 不得分,0.5 万 m² 得 4.0 分,大于等于 1.0 万 m² 得满分。其他物流园区得分=物流园区的非全功能时期(赛前、赛后)仓储仓库面积÷10000×8	8.0	
2	交通区位条件	与萧山空港口岸的距离	分析杭州亚运会物流中心与萧山空港口岸的距离,距离越近得分越高。距离最近得 4.0 分。其他物流园区得分=最近距离÷物流园区距离×4	4.0	

序号	一级指标	二级指标	指标得分说明(保留1位小数)	总分	园区得分
2	交通区位条件	与交通枢纽和主干道的距离	分析杭州亚运会物流中心与交通枢纽和主干道的(暂定为最近的高速出入口)距离,距离越近得分越高。距离0—1 km得3.0分,1—2 km得2.0分,2—3 km得1.0分,3 km以上不得分	3.0	
		与奥体中心的距离	分析杭州亚运物流中心与奥体中心的距离,距离越近得分越高。距离最近得4.0分。其他物流园区得分=最近距离÷物流园区距离×4	4.0	
3	企业主体情况	物流园区、服务商运输许可证情况	物流园区、服务商具备主管部门颁发的道路运输经营许可证得基本分2.0分。道路运输经营许可证的经营范围包括大型物件运输,得1.0分,不具备得0分	3.0	
		企业财务情况	企业最近一个年度经审计的利润表中经营利润为正,得基本分2.0分;对正式上报企业的财务情况进行横向比较,企业财务情况优秀得5.0—8.0分,良好得3.0—4.0分,一般得1.0—2.0分	8.0	

2. 主观指标体系

根据前期研究,得到仓储设施条件、交通区位条件、满足杭州亚运会物流需求、企业主体情况4个一级指标、11个二级指标的主观指标体系,把该主观指标体系作为杭州亚运会物流服务水平评价的指标体系,主观指标总分值为50.0分,具体内容见表3-6。

根据主观指标体系,分析各物流园区提交的杭州亚运会物流中心选址方案,得到各物流园区的主观指标得分。

表 3-6　主观指标体系

序号	一级指标	二级指标	指标得分说明(保留 1 位小数)	总分	园区得分
1	仓储设施条件	仓储设施合法合规性	综合评估仓储设施合法合规性。经认定,合法合规的仓储设施得满分;尚未建成(未验收)的项目,物流园区出具规划、用地、施工等许可证,由专家组讨论后确定统一分数,其他不得分	6.0	
		是否符合城市规划的要求	根据拟建杭州亚运会物流中心是否符合杭州城市规划中关于仓储、物流设施布局规划,进行横向比较后打分	4.0	
2	交通区位条件	对交通的影响	包括对周边交通的影响程度、对市区交通的影响程度,总体影响较大得 0—1.0 分,影响一般得 2.0—3.0 分,影响较小得 4.0 分	4.0	
3	满足杭州亚运物流需求	海关监管区域情况	拥有海关监管区域,且运行情况良好得 3.0 分;拥有海关监管区域,运行情况一般得 1.0—2.0 分;没有海关监管区域得 0 分	3.0	
		通清关服务能力、与海关建立通清关工作机制情况	物流园区通清关服务能力、与海关合作情况,优秀得 4.0—5.0 分,良好得 2.0—3.0 分,一般得 0—1.0 分	5.0	
		物流信息系统情况	重点考察物流园区现有的物流信息系统、关于杭州亚运会专项物流管理信息系统的设想与计划,进行横向比较后打分	6.0	
		物流资源配置能力、大规模物流服务、全过程物流服务等情况	考察物流园区的资源(人力、设备、运输工具等)是否能够满足杭州亚运会大规模、全过程的物流服务需求,完全满足得 4.0—5.0 分,较好满足得 2.0—3.0 分,基本满足得 1.0 分,无法满足得 0 分	5.0	
		赛后物资服务能力	考察物流园区为赛后物资回收处理提供物流资源(人力、设备、运输工具等)的情况,优秀得 4.0—5.0 分,良好得 2.0—3.0 分,一般得 0—1.0 分	5.0	

序号	一级指标	二级指标	指标得分说明(保留1位小数)	总分	园区得分
4	企业主体情况	为杭州亚运会物流中心的建设投入情况	考察物流园区为杭州亚运会物流中心的建设投入情况,包括装饰装修、设备更新、安全保卫等。横向比对后,优秀得3.0—4.0分,良好得2.0分,一般得0—1.0分	4.0	
		企业信用情况、安全生产情况	根据物流园区的情况介绍,重点关注信用情况、安全生产情况说明。总体优秀得3.0—4.0分,良好得2.0分,一般得0—1.0分	4.0	
		企业服务承诺、质量保障等	考察物流园区的物流服务承诺、质量保障措施等方面,优秀得3.0—4.0分,良好得2.0分,一般得0—1.0分	4.0	

3.附加指标

附加指标重点说明物流园区(企业)的科学性、先进性,包括绿色物流、智能物流(技术、设备)、属地物流相关资源协调能力等。对企业提交的杭州亚运会物流中心选址方案进行横向比较后打分,最高分为10.0分。

第四节　物流中心选址论证

一、物流园区初级评选

通过对部分市物流主管单位进行访谈,梳理了全市现有的和在建的重点物流园区(基地),并和省市相关部门和地区出台的与物流布局相关的文件进行了比照衔接,具体内容见表3-7。

表3-7　部分与物流布局相关的文件

序号	文件名称	牵头部门	制定时间
1	《浙江省大湾区物流产业高质量发展行动计划(2019—2022)》	省发展改革委	2019年9月
2	《杭州市快递业"两进一出"工程试点建设的实施方案》	市政府办公厅	2020年6月

序号	文件名称	牵头部门	制定时间
3	《杭州市综合立体交通网规划（2021—2050 年）（审议稿）》	市交通运输局	2020 年 5 月
4	《杭州市创建交通强国示范城市行动计划（2020—2025 年）》	市交通运输局	2020 年 6 月
5	《杭州市重大项目"十四五"规划项目表》	市发展改革委	2022 年 5 月
6	《杭州市 2020 年重点实施项目形象进度计划》	市发展改革委	2020 年 5 月
7	《杭州市物流与仓储体系专项规划（送审稿）》	市规划资源局	2020 年 3 月
8	《杭州钱塘新区规划纲要》	钱塘新区	2019 年 9 月
9	《萧山区"十四五"经济社会发展规划基本思路研究》	萧山区	2020 年 6 月

聚焦省市重点规划布局的物流园区、物流中心、物流项目，经初步梳理，形成了初级评选名单，包括 5 个物流园区、16 个物流中心、2 个物流项目。

主要根据初级评选指标体系中"与杭州亚运会物资进出口口岸的距离、仓储仓库面积充足情况"等指标进行初步评选，并结合实地调查结果，选择了目前仍在运作，且具有一定仓储空间、强烈招商意愿的 11 个物流园区。

二、选址综合评价

（一）方案征集

邀请征集对象名单中的物流园区（企业）自愿报名，并报送材料。同时，允许符合初步筛选指标要求、满足基础条件的其他物流园区自愿报名，并报送材料。由物流领域专家、使用方代表组成专家组，分别对客观指标、主观指标，以及附加指标进行评价和打分，然后得到综合评价结果。

在截止日期内，收到 6 家物流企业报送的杭州亚运会物流中心选址方案。经初步审核，6 家企业全部符合杭州亚运会物流专项仓储面积 2.0 万 m^2 以上、杭州亚运会赛后物资专项仓储面积 0.5 万 m^2 以上的基础条件，因对其进行匿名打分，故用字母代替其企业名称。6 家物流企业客观指标基本情况见表 3-8。

表 3-8　6 家物流企业客观指标基本情况

指标	单位	A 企业	B 企业	C 企业	D 企业	E 企业	F 企业
全功能时期仓储仓库面积充足情况	m²	100000	20000	50000	92000	40000	60000
非全功能时期（赛前、赛后阶段）仓储仓库充足情况	m²	80000	10000	14000	34000	10000	60000
室外硬场地情况	m²	10000	10000	17000	6000	3000	20000
物流园区设计年货物吞吐量	t	1000 万	300 万	120 万	47 万	110 万	150 万
与萧山空港口岸的距离	km	25.0	26.0	32.0	29.7	22.3	2.0
与交通枢纽和主干道的距离	km	2.2	2.3	1.0	5.5	5.0	1.0
与奥体中心的距离	km	38.6	39.4	47.6	44.1	36.4	29.0
物流园区、服务商运输许可证情况		有道路运输经营许可证,且道路运输经营许可证经营范围包括大件货物运输	无道路运输经营许可证	有道路运输经营许可证,合作商道路运输经营许可证经营范围包括大件货物运输	有道路运输经营许可证,道路运输经营许可证经营范围不包括大件货物运输	有道路运输经营许可证,道路运输经营许可证经营范围不包括大件货物运输	有道路运输经营许可证
企业财务情况		2019 年营业收入为 14590.91 万元,营业利润为 4944.00 万元	2019 年营业收入为 4227.90 万元,营业利润为 2081.90 万元	2019 年营业收入为 2219.43 万元,营业利润为 67.24 万元	2018 年营业收入为 16808.58 万元,营业利润为 18.92 万元	2019 年营业收入为 230723.90 万元,营业利润为 —10685.70 万元	2019 年营业收入为 3115100.00 万元,营业利润为 166800.00 万元

(二)专家评审过程

通过召开杭州亚运会物流中心选址方案专家评审会,专家组听取课题组对前期调研、方案征集、评价指标设计等方面的情况汇报,并对 6 家物流企业方案进行综合分析、评价和打分。专家组按照客观指标体系及指标得分说明,进行分析、讨论后,由专家组组长牵头确定各物流企业的客观指标得分。主观指标、附加指标由各专家按评审指标自主评价,并打分。

1.客观指标得分情况

经专家组综合分析、评价和打分,6家物流企业方案客观指标得分情况见表3-9。

表3-9　6家物流企业方案客观指标得分情况

单位:分

类别	指标	最高分值	A企业	B企业	C企业	D企业	E企业	F企业
客观指标	全功能时期仓储仓库面积充足情况	10.0	10.0	5.0	10.0	10.0	10.0	10.0
	非全功能时期(赛前、赛后阶段)仓储仓库充足情况	8.0	8.0	8.0	8.0	8.0	8.0	8.0
	室外硬场地情况	5.0	5.0	5.0	5.0	5.0	3.0	5.0
	园区设计年货物吞吐量	5.0	5.0	5.0	5.0	4.7	5.0	5.0
	与萧山空港口岸的距离	4.0	0.3	0.3	0.3	0.3	0.4	4.0
	与交通枢纽和主干道的距离	3.0	1.0	1.0	3.0	0	0	3.0
	与奥体中心的距离	4.0	3.0	3.0	2.4	2.7	3.2	4.0
	物流园区、服务商道路运输经营许可证情况	3.0	3.0	0	2.0	2.0	2.0	2.0
	企业财务情况	8.0	7.0	6.0	4.0	4.0	1.0	8.0
小计			42.3	33.3	39.7	36.7	32.6	49.0

从客观指标得分结果来看:首先,F企业得分为49.0分,排名第1,主要因为与萧山空港口岸的距离、与奥体中心的距离,以及企业财务情况等指标得分最高,其他指标得分也处于上游水平;其次,A企业得分为42.3分,排名第2,主要因为物流园区、服务商道路运输经营许可证情况指标得分最高及其他指标得分处于中上游水平;再次,C企业得分为39.7分,排第3,与交通枢纽和主干道的距离指标得分较高,但与萧山空港口岸的距离指标得分较低,其他各项指标得分处

于中游水平;D企业得分为36.7,排名第4,其交通区位劣势较明显,其他指标得分处于中游水平;最后,B企业与E企业得分分别为33.3分和32.6分,前者因物流园区、服务商道路运输经营许可证情况指标得分偏低,后者因室外硬场地情况指标及与交通枢纽和主干道的距离指标得分偏低。

2.主观指标、附加指标得分情况

经专家组综合分析、评价和打分,6家物流企业方案主观指标、附加指标得分情况见表3-10。

表3-10 6家物流企业方案主观指标、附加指标得分情况

单位:分

类别	指标	最高分值	A企业	B企业	C企业	D企业	E企业	F企业
主观指标	仓储设施合法合规性	6.0	5.9	6.0	6.0	6.0	5.6	6.0
	是否符合城市规划的要求	4.0	4.0	4.0	4.0	4.0	3.0	4.0
	对交通的影响	4.0	3.8	3.8	3.9	3.7	3.5	3.9
	海关监管区域情况	3.0	0.3	2.2	0.4	1.0	0.1	2.2
	通清关服务能力、与海关建立通清关工作机制情况	5.0	3.9	4.4	3.4	3.4	3.8	4.5
	物流信息系统情况	6.0	5.4	4.8	4.2	3.5	5.3	5.5
	物流资源配置能力、大规模物流服务、全过程物流服务等情况	5.0	4.4	4.4	4.6	3.7	4.5	4.5
	赛后物资服务能力	5.0	4.6	4.9	4.6	3.9	4.4	4.8
	为杭州亚运会物流中心的建设投入情况	4.0	3.1	2.6	3.4	1.9	3.0	3.5
	企业信用情况、安全生产情况	4.0	3.7	3.7	3.9	3.2	3.6	4.0
	企业服务承诺、质量保障等	4.0	3.7	3.6	3.6	3.1	3.4	3.6

续　表

类别	指标	最高分值	A企业	B企业	C企业	D企业	E企业	F企业
附加指标	物流园区（企业）的科学性、先进性	10	8.4	7.7	7.6	5.4	7.2	8.0
合计			51.2	52.1	49.6	42.8	47.4	54.5

从主观指标、附加指标得分结果来看：首先，F企业得分为54.5分，排名第1，在通清关服务能力、与海关建立通清关工作机制情况，物流信息系统情况，为杭州亚运会物流中心的建设投入情况，以及企业信用情况、安全生产情况等方面表现较好；其次，B企业得分为52.1分，排名第2，主要因其具有海关监管区域；再次，A企业得分为51.2分，排名第3，在物流信息系统情况，企业服务承诺、质量保障等，物流园区（企业）的科学性、先进性等方面表现较好；C企业得分为49.6分，排名第4，在对交通的影响，物流资源配置能力、大规模物流服务、全过程物流服务等情况，为杭州亚运会物流中心的建设投入情况，企业信用情况、安全生产情况等方面表现较好；E企业得分为47.4分，排名第5，在物流信息系统情况等方面表现较好；最后，D企业得分为42.8分，在为杭州亚运会物流中心的建设投入情况，以及物流园区（企业）的科学性、先进性等方面表现较差。

3.专家组评审结果

按照杭州亚运会物流中心选址评价得分计算方法，专家组综合分析、评价和打分，以下企业的方案列入推荐方案（按得分从高到低）：F企业、A企业、C企业、E企业、B企业、D企业。

三、综合评价结果

下面介绍方案综合评价排名前3的企业。

（一）F企业

1.企业情况

F企业成立于2000年5月28日，全国服务网点超7万个，全网员工近45万人。旗下航空企业拥有全货机12架，累计开通百余条国内国际货运航线,已成为亚洲区域内举足轻重的货运航空企业,具备公路运输、铁路运输、水路运输、航空运输多式联运能力,服务范围覆盖全球 150 多个国家和地区。其物流中心坐落于杭州市萧山区保税大道宏业路口,即华东管理区总部二期转运中心,紧挨一期转运中心,可根据需求灵活调配场地、人力等资源,总建筑面积为 7.2 万 m²。

2.合作意愿

F 企业近年来加大了在国际航空方面的投入,构建了完备的国际寄递物流网络体系。F 企业参与杭州亚运会的物流运行有利于持续强化本企业的航空货运全球化服务能力,深入布局全球快递综合服务网络,加快向综合性、国际化物流服务转型。因此,F 企业有意愿,也能够助力杭州亚运会。

3.不足之处

F 企业虽在运输工具、国内国际货运航线方面相对成熟,但还需积累国际性赛事方面的经验。在为杭州亚运会物流服务的过程中,需要在运输、仓储、配送的车辆、人员等方面做好充足的准备工作,同时制订灵活、可行的运行计划。

(二)A 企业

1.企业情况

A 企业创立于 1986 年,是一家多元化产业集团,主要产业包括化工、物流、农业、科技城和投资,业务覆盖全球 80 多个国家和地区。A 企业现拥有 2 家上市企业和 8 家高新技术企业,是“中国企业 500 强”“中国民营企业 500 强”“中国最具价值品牌 500 强”企业。A 企业旗下的 A 股上市企业是服务产业端的智能物流平台,主要为货主、物流企业提供系统化的智能物流服务。A 企业搭建了遍布全国 100 多个城市的智能公路港和“仓、运、配”一体化服务网络,构建了贯穿产业链上下游的信息系统,让企业物流实现一键发货、一单到底、全程智能化管理和在线支付的功能。A 企业为快消、钢铁、家电、化工、能源等 40 多个行业的上百万家企业提供服务,为其降低综合物流成本 30%—40%。

A 企业旗下的公路港是全国物流的母基地。公路港位于大江东产业集聚区核心位置,毗邻空港新城、下沙新城,紧邻苏绍高速,与沪杭甬、杭绍甬、杭浦高速道路相接,业务覆盖海宁、下沙、绍兴、萧山等地,辐射长三角,联动全国。公路港通过智能物流平台的资源整合,以及物联网、大数据、云计算、人工智能等技术的应用,为周边 3 万余家企业综合降低物流成本 30%—40%,实现其供应链整体效率提升 30%,助力上千家物流企业和配套服务企业发展壮大,重点培育数百家成长型物流企业。

2.合作意愿

A 企业为货主企业、物流企业供应链的降本增效提供各类服务,赋能产业供应链,实现"商流、物流、信息流、资金流"合一,助力企业供应链管理优化升级。杭州亚运会物流服务从业务本质上来看非常符合 A 企业目前的业务战略方向,同时公路港具有相当可观的自持物业,仓储调配能动性大,完全满足杭州亚运会物流服务软硬件的需求。2016 年,公路港完成 G20 杭州峰会物资"仓、运、配"项目运营,积累了经验,并经过多年的打磨,形成了更加成熟的运营体系,A 企业坚信能做好杭州亚运会物流服务。

3.不足之处

一是公路港的经营模式以公路港园区经营及供应链"仓、运、配"物流服务为主,虽有多式联运服务经验,但未涉及海关监管仓的具体运作,此方面的能力有待提升;二是 A 企业有为 G20 杭州峰会、国际马拉松等国际性活动提供配套仓配物流服务的经验,但在杭州亚运会这种参赛人数多、涉及环节复杂、持续时间长的大型赛事活动方面尚未积累足够的运作经验。

(三)C 企业

1.企业情况

C 企业成立于 2014 年 6 月,注册资金 2.79 亿元,是杭州规模最大的国有物流企业之一。C 企业的物流中心是该企业利用高速公路互通闲置绿化用地,以物流市场需求为导向,打造的以仓储、分拨、配送为核心,以住宿、餐饮、停车等综合配套服务为基础,集信息咨询、供应链管理等功能于一体的综合性物流产业园。该物流产业园是杭州首个纳入城镇低效用地再开发的试点项目,也是钱塘新区大江东区块引进的首家创新性物流产业园,它的总建筑面积约 1.70 万 m²，总投资约5.30亿元。C 企业规划建设 2 个电商分拨中心、1 个电商仓库、1 个生产车间、1 个宿舍楼和 1 个综合服务中心。

2.合作意愿

杭州承办亚运会，是党中央交给杭州的一项光荣政治任务，是浙江成为新时代全面展示中国特色社会主义制度优越性的重要窗口的生动实践，责任重大，使命光荣。C 企业作为深耕物流领域数十年的市属国有物流企业，理应全力扛起国有物流企业的责任，主动融入和全力支持杭州亚运会物流服务工作。C 企业积极发挥国有物流企业资源丰富、背景可靠、勇担当、强执行、懂政策、善协调等优势，充分利用园区仓储空间充足、基础设施完善、管理规范统一的基础优势和良好条件，以服务为导向，以质量为核心，以杭州亚运会物流各节点任务为中心，整合各项资源，凝聚各方力量，进一步完善物流服务体系，优化物流资源配置，全力匹配杭州亚运会物流服务需求，为杭州亚运会赛前、赛中、赛后提供专业化、个性化的综合物流服务。

3.不足之处

园区现有的经营模式主要是客户自身对仓库内业务进行管理与运作，智能化和信息化管理还比较基础，后面根据杭州亚运会物流需求和相关要求，完善相关信息系统。同时，受经营模式所限，部分业务与第三方合作开展。为此，C 企业与多家大件运输企业进行相关业务的合作。

第四章　杭州亚运会物流风险管理及应急预案

　　杭州亚运会的物流业务主要涉及通清关、物流中心、场馆物流等多个场景,各业务场景中涵盖多个业务环节,且涉及物资种类较多,如何有效降低物流运行过程中的风险和在风险发生时做到有效应对是赛事物流业务领域关注的重点。须通过识别、评估风险点,明确不同风险点的处置措施,制订紧急事件发生时的应急响应流程,有效预防且及时处置各类物流作业过程中的突发事件,及时控制和降低突发性危害,最大限度地减少事故造成的人员伤亡、财产损失和社会危害,增强杭州亚运会期间物流应急处置的协同联动能力,"安全、高效、顺畅、专业"地为相应客户群和利益相关方提供优质的物流服务。

第一节　物流风险分析

一、风险类型总结

(一)公共卫生和动植物疫病风险

　　赛事物流服务涉及国际货运、国内货运和仓储配送等方面,运输、仓储和流通加工过程均利于病毒、细菌等各类病媒传播,因此需重点关注以下2个方面①:

　　(1)冠状病毒(如中东呼吸综合征等)、禽流感、登革热、霍乱、鼠疫等各

---

　　①　资料来源:《2022 年第 19 届亚运会物流服务保障总体工作方案》(亚筹方案〔2021〕2 号)。

类法定传染病引发物流人员、物资染疫。

（2）动植物及其制品可能带来各类动植物疫病。

（二）民族宗教风险

民族宗教风险在赛事物流环节主要集中在物流服务各类标志标识上，需重点关注经手物资上可能包含与政治、民族、宗教相关的敏感标志、文字、图案等，避免政治性、宗教性冲突。

（三）安全风险

赛事物流运行涉及多样化的运输工具及专业化的物流操作，因此可能导致不同类型的安全风险，主要体现在物流服务的软硬件方面，需要重点关注以下3个方面：

（1）运输赛事物资的车辆在途中发生故障或安全事故。

（2）物流各作业场地内发生各类人员安全事故。

（3）网络故障、黑客攻击等导致物流管理信息系统无法正常使用。

（四）运行风险

赛事物流运行涉及不同环节的紧密衔接及不同主体间的统筹协同，可能导致不同类型的运行风险，需要重点关注以下4个方面：

（1）相关证件、认可和批准不全，或入关物资种类繁杂、数量众多，且物资入关时间点较为集中，导致通关效率低下。

（2）物资在途时间过长、多次转运，或装卸搬运、流通加工、保存不当，导致物资丢失或损毁。

（3）道路拥堵、跨区域配送协调不当、错收错送、赛事不确定性等造成物资配送效率低下。

（4）突发断电、物资出入库频率过高、物资处置不当、人员意识松懈及人力运力不足等管理风险。

（五）法律风险

赛事物流涉及的法律风险集中在物资通清关环节，需重点关注杭州亚运会进境物资审批方面的法律风险。

(六)不可抗力风险

不可抗力风险主要考虑对物流运行造成不利影响的地震、台风等自然方面的风险,需重点关注以下 2 个方面:

(1)地质灾害、气象灾害、生物灾害等自然灾害引发的临时性配送运力不均、延误、物资损毁等风险。

(2)区域间天气差异导致货物在跨区域配送时的不可抗力风险增加。

二、风险类型识别与评估

通过结合赛事特点,分析赛事物流在不同业务场景下存在的危险源及可能导致的结果,并依据发生的可能性及危害程度对不同的风险类型进行评级。依据发生可能性(1—4)及后果严重性(1—4)构建风险矩阵,将风险等级综合划分为低风险(乘积 1、2、3)、一般风险(乘积 4、6)、高风险(乘积 8、9)及极高风险(乘积 12、16),并依次采用绿色、黄色、橙色和红色加以标示,最终得到杭州亚运会赛事物流风险类型汇总情况(见表 4-1)。

表 4-1　杭州亚运会赛事物流风险类型汇总情况

风险编号	风险类型	风险描述（可能的原因和潜在后果）	风险评级			影响时期		
			可能性（1—4）	严重性（1—4）	综合风险	赛前	赛时	赛后
LOG-01	公共卫生和动植物疫病风险	冠状病毒（如中东呼吸综合征）、禽流感、登革热、霍乱、鼠疫等各类法定传染病，可能导致人员染疫或入关物资染疫，引发公共卫生风险	3	4	12	Y		
LOG-02	公共卫生和动植物疫病风险	由于入关动植物及其制品可能含有各类动植物疫病，导致动植物疫病发生风险	2	3	6	Y		
LOG-03	民族宗教风险	由于物流服务领域及时发现经手物资包含的与宗教、民族、政治相关的敏感标志、文字、图案等，可能导致政治性、宗教性事件	1	4	4	Y	Y	
LOG-04	安全风险	由于运输赛事物资的车辆在途中发生故障或安全事故，对赛事的开展造成影响	1	4	4	Y	Y	
LOG-05	安全风险	由于物流作业所的物资、设备众多，再加之日常安全方面存在隐患，可能发生火灾、人员伤亡等安全事故	2	4	8	Y	Y	Y
LOG-06	安全风险	由于断电、黑客攻击等突发事件，可能导致物流管理信息系统无法正常使用	1	4	4	Y	Y	
LOG-07	运行风险	由于赛事物资种类繁杂、数量众多，且物资入关时间点较为集中，可能导致通关效率低下	3	2	6	Y	Y	

续表

风险编号	风险类型	风险描述（可能的原因和潜在后果）	风险评级（1—4）			影响时期		
			可能性（1—4）	严重性（1—4）	综合风险	赛前	赛时	赛后
LOG-08	运行风险	由于与部分代表团的沟通与协调不畅，可能导致部分代表团的物资未提前申报	2	3	6	Y		
LOG-09	运行风险	由于赛事开展过程中不确定性较大，比如赛事物资很大的数量和品类，对协调运输资源造成很大的挑战，部分物资运输可能存在运力不足的问题，导致物流服务水平下降、工作混乱	3	2	6	Y	Y	
LOG-10	运行风险	由于城市区高峰期车流量大，可能出现道路拥堵，对临时物资调配送过程中道路拥堵，派不及时的风险	4	2	8	Y		
LOG-11	运行风险	不同城市间管理机制不同及流程不一，可能存在跨区域物流服务商难以统一，工作边界对接不够清晰，协调配合不够畅，配送效率过低等的情况	2	4	8	Y	Y	Y
LOG-12	运行风险	物资周转运过程中可能存在路途过长，多次转运，加之物流人员暴力分拣或在装卸搬运过程中操作不规范，导致物资丢失和破损	2	3	6	Y	Y	
LOG-13	运行风险	由于信息传递出错，工作人员的错收，错送物的错送率低等主观原因造成配送效率降低等情况，进而影响赛事的正常开展	3	3	9	Y	Y	

续表

风险编号	风险类型	风险描述（可能的原因和潜在后果）	风险评级			影响时期		
			可能性（1—4）	严重性（1—4）	综合风险	赛前	赛时	赛后
LOG-14	运行风险	由于缺乏大型赛事的仓储运营经验,在物资包装包材、流通加工等方面专业性不强,可能出现物资加工不当等问题	2	3	6	Y	Y	Y
LOG-15	运行风险	由于不同物资保管条件不同,可能出现物资损耗风险	3	3	9	Y	Y	
LOG-16	运行风险	由于赛事物资体量较大,物资的使用确定性较大,因此物资出入库频率较高,可能加大物资管理风险	4	2	8	Y	Y	
LOG-17	运行风险	物流中心/场馆物流区域突发断电	2	4	8	Y	Y	Y
LOG-18	运行风险	闭幕式后事务频杂以及工作人员思想意识松懈,可能存在物资盘点及复运工作效率低下,管理混乱等情况	3	2	6	Y		Y
LOG-19	运行风险	由于赛后部分一次性物资或特殊物资未进行及时处置或处置不当,可能引起空间浪费及环境污染等问题	2	4	8	Y	Y	
LOG-20	运行风险	由于能源价格调整,税收变化等因素,物流市场变化、人力资源成本上涨,物流服务与要求不能受到影响匹配	2	2	4	Y	Y	
LOG-21	运行风险	由于赛事物资体量较大,物资的使用确定性较大,可能出现人力、运力不足的问题	2	2	4	Y	Y	Y

续表

风险编号	风险类型	风险描述（可能的原因和潜在后果）	风险评级			影响时期		
			可能性（1—4）	严重性（1—4）	综合风险	赛前	赛时	赛后
LOG-22	法律风险	物资进境时缺乏相关的证件、认可和批准，可能导致赛事相关物资（动物、植物、药物、特殊器材装备，比赛用消耗品等）的临时出入境及清关不及时	2	3	6	Y		
LOG-23	不可抗力风险	9月台风较多，甚至发生地质、生物等自然灾害，可能会增加配送临时性运力不均，延误、物资损毁等风险	3	3	9	Y	Y	
LOG-24	不可抗力风险	区域间的天气差异可能加大货物在跨赛区配送途中的风险	4	1	4	Y	Y	Y

注：风险发生的可能性（1—4）分别对应低风险、一般风险、高风险及极高风险，并依次采用绿色、黄色、橙色和红色加以标示；后果严重性（1—4）分别对应低风险、一般风险、高风险及极高风险，并依次采用绿色、黄色、橙色和红色加以标示；综合风险等级分别对应低风险（乘积1、2、3）、一般风险（乘积4、6）、高风险（乘积8、9）及极高风险（乘积12、16），并依次采用绿色、黄色、橙色和红色加以标示。Y代表Yes。

第二节 风险对应处置方案

　　各业务场景风险的处置工作需不同业务领域协同推进,应急预案涉及业务领域名称与缩写对照见表 4-2。

表 4-2 应急预案涉及业务领域名称与缩写对照

业务领域	缩写
城市运行	CTY
场馆运行	VEM
接待	HOS
竞赛管理	SPT
抵离	AND
NOC/NPC 服务	NCS
OCA/APC 大家庭服务与礼宾	OFS
新闻宣传	COM
媒体运行	PRS
转播服务	BRS
人员管理	PEM
赛事器材管理	SPE
交通	TRA
物流	LOG
信息技术	TEC
安保	SEC
医疗服务	MED
公共卫生	PHS

一、通清关风险对应处置方案

　　通清关风险见图 4-1。

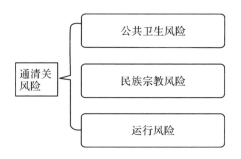

图 4-1　通清关风险

通清关公共卫生风险对应处置方案见表 4-3。

表 4-3　通清关公共卫生风险对应处置方案

应急预案名称		入境物资染疫		编号	TQG-01
主责领域		LOG			
主责领域负责人		海关事务主任			
涉及领域		CTY、AND、NCS、OFS、HOS、SPT、SEC、MED、PHS、PRS、BRS、COM			
涉及利益相关方		全部			
场景		入关物资、人员染疫,引发公共卫生风险			
对应风险编号		LOG-01、LOG-02			
序号	执行领域	执行领域负责人	处置措施/步骤		配合领域
1	LOG	海关事务主任	工作人员在对物资进行检疫过程中发现异常后,第一时间向海关事务主任汇报,由海关事务主任向协调副指挥长汇报,协调副指挥长根据事态发展决定是否向指挥长汇报		

续　表

序号	执行领域	执行领域负责人	处置措施/步骤	配合领域
2	LOG	海关事务主任	（1）安排协调安保人员迅速封锁现场，遵循国家及省市卫生部门发布的相关政策进行管控 （2）开启备用物资审核通道 （3）由医疗服务人员对染疫物资进行处置，对所在环境进行消杀，同时对涉疫人员进行隔离及转运处置 （4）若染疫物资为活体物资，由协调副指挥长协调公共卫生及医疗服务业务领域进行配合及研判处置，并对动植物及其制品的进出口实行限制清单和禁止清单管理；若染疫物资为管制物资、易燃物资、易爆物资及有毒物资，由协调副指挥长协调有关业务领域进行配合及研判处置 （5）若疫情事态严重，由指挥长协调省级、市级有关部门进行配合及研判处置	CTY、AND、NCS、OFS、HOS、SPT、SEC、PHS、MED、PRS、BRS、COM
3	COM	新闻宣传主任	关注并及时应对媒体舆情	
4	PHS	公共卫生主任	牵头制订公共卫生保障方案、动植物疫病防控方案时予以体现涉及物流通清关、运输与仓储的相关保障内容	LOG
5	PHS	公共卫生主任	追溯染疫物资源头，同时对涉疫人员进行排查及隔离，对其他可能涉疫物资进行处置	LOG
6	LOG	海关事务主任	报送事故处理结果，录入事件系统	
说明（专有名词解释、特殊政策规定等）				

通清关民族宗教风险对应处置方案见表 4-4。

表 4-4　通清关民族宗教风险对应处置方案

应急预案名称	物资表面含有与政治、民族、宗教相关的敏感标志、文字、图案等	编号	TQG-02
主责领域	LOG		
主责领域负责人	海关事务主任		
涉及领域	AND、NCS、OFS、HOS、SPT、SEC、PRS、BRS、COM		
涉及利益相关方	全部		

续 表

应急预案名称	物资表面含有与政治、民族、宗教相关的敏感标志、文字、图案等	编号	TQG-02
场景	经手物资上包含与政治、民族、宗教相关的敏感标志、文字、图案等导致政治性、宗教性事件		
对应风险编号	LOG-03		

序号	执行领域	执行领域负责人	处置措施/步骤	配合领域
1	LOG	海关事务主任	工作人员在对物资进行查验过程中发现异常后,第一时间向海关事务主任汇报,由海关事务主任向协调副指挥长汇报	
2	LOG	海关事务主任	(1)安排工作人员与物资所属代表团进行沟通与协商 (2)征得许可后对敏感标志、文字、图案等进行覆盖、清除等操作	AND、NCS、OFS、HOS、SPT、SEC、PRS、BRS、COM
3	COM	新闻宣传主任	关注并及时应对媒体舆情	
4	NCS	服务主任	(1)由宣传、统战、公安、民族宗教等业务领域在分别牵头制订标志标识、印刷品涉及政治性、宗教性问题各类监管方案时,予以体现涉及物流运输与仓储的相关监管内容 (2)加大宣传及人员培训力度	LOG
5	LOG	海关事务主任	报送事故处理结果,录入事件系统	
说明(专有名词解释、特殊政策规定等)				

通清关运行风险对应处置方案 I 见表 4-5。

表 4-5 通清关运行风险对应处置方案 I

应急预案名称	入境物资通清关不及时	编号	TQG-03
主责领域	LOG		
主责领域负责人	海关事务主任		
涉及领域	AND、NCS、OFS、HOS、SPT、PRS、BRS、COM、SEC、PHS、MED、PEM		
涉及利益相关方	全部		
场景 1	相关证件、认可和批准不全,导致以货运方式入境的物资通清关不及时		

续　表

应急预案名称			入境物资通清关不及时		编号	TQG-03

对应风险编号		LOG-22		

序号	执行领域	执行领域负责人	处置措施/步骤	配合领域
1	LOG	海关事务主任	工作人员发现情况后,第一时间向海关事务主任汇报,由海关事务主任向协调副指挥长汇报	
2	LOG	海关事务主任	(1)启动物资紧急入境批准程序 (2)如仍不满足要求,在相关客户群主责领域的协助下将物资妥善放置,尤其注意妥善安置活体物资、易燃物资、易爆物资以及有毒物资 (3)与物资所有者商议处置程序,等待物资所有者响应并处置	AND、NCS、OFS、HOS、SPT、PRS、BRS、SEC、PHS、MED
3	COM	新闻宣传主任	关注并及时应对媒体舆情	
4	LOG	海关事务主任	查明证件缺失原因,若为操作失误,则加强人员培训力度、明确操作流程,避免再次出现类似问题;若如为政策不完善,则尽早出台针对性的政策,确保相关物资临时出入境及清关的便利性和快捷性	
5	LOG	海关事务主任	报送事故处理结果,录入事件系统	

场景 2		相关客户群未提前申报,以货运方式入境的物资通清关不及时		

对应风险编号		LOG-08		

序号	执行领域	执行领域负责人	处置措施/步骤	配合领域
1	LOG	海关事务主任	工作人员发现情况后,第一时间向海关事务主任汇报,由海关事务主任向协调副指挥长汇报	
2	LOG	海关事务主任	(1)启动物资紧急入境批准程序 (2)将物资妥善放置,尤其注意妥善安置活体物资、易燃物资、易爆物资以及有毒物资 (3)与物资所有者商议处置程序	AND、NCS、OFS、HOS、SPT、PRS、BRS、MED、SEC

续　表

序号	执行领域	执行领域负责人	处置措施/步骤	配合领域
3	LOG	海关事务主任	(1)查明未提前申报的原因 (2)采取完善政策、加大政策宣讲力度等措施，避免再次出现类似问题	HOS
4	LOG	海关事务主任	报送事故处理结果，录入事件系统	

场景3	赛事物资种类繁杂、数量众多，且物资入关时间点较为集中，导致通关效率低下
对应风险编号	LOG-07

序号	执行领域	执行领域负责人	处置措施/步骤	配合领域
1	LOG	海关事务主任	工作人员发现通关效率下降或通关不畅后，第一时间向海关事务主任汇报，由海关事务主任向协调副指挥长汇报	
2	LOG	海关事务主任	(1)强调所有入境物资应当遵循中国现行管理法律法规的有关规定，由海关验核国家相关主管部门出具相关证件办理海关通关手续 (2)根据海关及货运指南明确的物资边界范围，采用"一次备案、分批提交清单"的方式办理海关手续，取得境内收发货人临时注册、登记号码，确保赛事物资抵达口岸后快速通关 (3)根据通关实际情况加开业务窗口，并优先做好活体物资、易燃物资、易爆物资以及有毒物资等对存放条件有一定要求的特殊物资的通清关工作 (4)根据物资实际入关体量启用备用空运与水路口岸	TRA、AND、NCS、OFS、HOS、SPT、PHS、MED
3	LOG	海关事务主任	(1)制订物资高峰入关的紧急应对方案，并开展测试、应急演练 (2)提前规划备用空运与水路口岸	TRA、AND、PEM
4	LOG	海关事务主任	报送事故处理结果，录入事件系统	

说明(专有名词解释、特殊政策规定等)	

通清关运行风险对应处置方案Ⅱ见表4-6。

表 4-6　通清关运行风险对应处置方案 Ⅱ

应急预案名称	物资损毁			编号	TQG-04
主责领域	LOG				
主责领域负责人	海关事务主任				
涉及领域	AND、NCS、OFS、HOS、PEM、SPT、SEC、PRS、BRS、COM、FIN、SPE、MED				
涉及利益相关方	全部				
场景 1	在运输过程中存在路途过长、多次转运等情况,导致特殊物资丢失或破损				
对应风险编号	LOG-12				

序号	执行领域	执行领域负责人	处置措施/步骤	配合领域
1	LOG	海关事务主任	工作人员在对特殊物资进行查验的过程中发现异常,第一时间向海关事务主任汇报,由海关事务主任向协调副指挥长汇报	
2	LOG	海关事务主任	安排工作人员与特殊物资所属代表团进行沟通和协商,共同制订应对方案	AND、NCS、OFS、HOS、SPT、SEC、PRS、BRS、COM、SPE
3	COM	新闻宣传主任	关注并及时应对媒体舆情	
4	LOG	海关事务主任	(1)针对特殊物资在途损毁、保存不当等问题制订应急方案 (2)做好特殊物资在国际运输过程中可能存在风险的提醒与建议工作 (3)建议购买运输类保险,并建立备用物资保障机制	AND、HOS、FIN
5	LOG	海关事务主任	报送事故处理结果,录入事件系统	
场景 2	运输过程中存在路途过长、多次转运等情况,导致活体物资丢失、受伤或死亡			
对应风险编号	LOG-12			
序号	执行领域	执行领域负责人	处置措施/步骤	配合领域
1	LOG	海关事务主任	工作人员在对活体物资进行查验的过程中发现异常,第一时间向海关事务主任汇报,由海关事务主任向协调副指挥长汇报	

续　表

序号	执行领域	执行领域负责人	处置措施/步骤	配合领域
2	LOG	海关事务主任	(1)会同医疗服务业务领域明确活体物资情况,妥善安置活体物资 (2)安排工作人员会同医疗服务、竞赛管理、竞赛器材管理等业务领域与活体物资所属代表团进行沟通和协商,共同制订应对方案	AND、NCS、OFS、HOS、SPT、SEC、PRS、BRS、COM、SPE
3	COM	新闻宣传主任	关注并及时应对媒体舆情	
4	LOG	海关事务主任	(1)针对活体物资在途伤亡、保存条件不当等问题制订应急方案 (2)做好活体物资在国际运输过程中可能存在风险的提醒与建议工作 (3)建议购买运输类保险,并建立备用物资保障机制	AND、HOS、FIN
5	LOG	海关事务主任	报送事故处理结果,录入事件系统	

场景 3	在运输过程中存在路途过长、多次转运等情况,导致管制物资丢失或破损

对应风险编号	LOG-12

序号	执行领域	执行领域负责人	处置措施/步骤	配合领域
1	LOG	海关事务主任	工作人员在对管制物资进行查验的过程中发现异常,第一时间向海关事务主任汇报,由海关事务主任向协调副指挥长汇报	
2	LOG	海关事务主任	(1)安排专人负责管制物资的安置工作 (2)安排工作人员会同竞赛管理、竞赛器材管理等业务领域与管制物资所属代表团进行沟通和协商,共同制订应对方案	AND、NCS、OFS、HOS、PEM、SPT、SEC、PRS、BRS、COM、SPE
3	COM	新闻宣传主任	关注并及时应对媒体舆情	
4	LOG	海关事务主任	(1)针对管制物资在途丢失或损毁、保存不当等问题制订应急方案 (2)做好管制物资在国际运输过程中可能存在风险的提醒与建议工作 (3)建议购买运输类保险,并建立备用物资保障机制	AND、HOS、FIN
5	LOG	海关事务主任	报送事故处理结果,录入事件系统	

场景 4	在运输过程中存在路途过长、多次转运等情况,导致易燃易爆或有毒物资丢失或破损

续　表

应急预案名称	物资损毁			编号	TQG-04
对应风险编号	LOG-12				

序号	执行领域	执行领域负责人	处置措施/步骤	配合领域
1	LOG	海关事务主任	工作人员在对易燃易爆或有毒物资进行查验的过程中发现异常,第一时间向海关事务主任汇报,由海关事务主任向协调副指挥长汇报	
2	LOG	海关事务主任	(1)妥善安置易燃易爆或有毒物资,防止物资安置不当带来负面影响 (2)安排工作人员会同竞赛器材管理、安保、公共卫生、医疗服务等业务领域与物资所属代表团进行沟通和协商,共同制订应对方案	AND、NCS、OFS、HOS、PEM、SPT、SEC、PRS、BRS、COM、SPE、MED、PHS
3	COM	新闻宣传主任	关注并及时应对媒体舆情	
4	LOG	海关事务主任	(1)针对易燃易爆或有毒物资在途丢失或损毁、保存不当等问题制订应急方案 (2)做好易燃易爆或有毒物资在国际运输过程中可能存在风险的提醒与建议工作 (3)建议购买运输类保险,并建立备用物资保障机制	AND、HOS、FIN
5	LOG	海关事务主任	报送事故处理结果,录入事件系统	
说明(专有名词解释、特殊政策规定等)				

二、在途风险对应处置方案

在途风险见图 4-2。

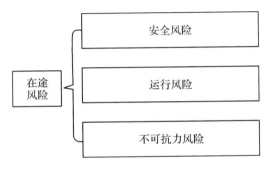

图 4-2　在途风险

在途安全风险对应处置方案见表 4-7。

表 4-7   在途安全风险对应处置方案

应急预案名称	物资配送车辆遇到突发安全状况		编号	ZT-02
主责领域	LOG			
主责领域负责人	运输配送主任			
涉及领域	物资归口业务领域、MED、FIN、COM、TRA、SPT、PEM			
涉及利益相关方	全部			
场景	物资配送车辆遇到抛锚、交通事故、司机突发疾病等状况			
对应风险编号	LOG-04			

序号	执行领域	执行领域负责人	处置措施/步骤	配合领域
1	LOG	物流中心运输配送主任	(1)司机第一时间将事故发生的时间、地点、车辆及人员伤亡情况上报给报物流中心运输配送主任 (2)由物流中心运输配送主任通知物资归口业务领域,并上报给仓运副指挥长	物资归口业务领域
2	LOG	物流中心运输配送主任	(1)确认在途物资储存条件,并进行报警、保险报警 (2)结合赛程,调配应急车辆,安排医疗服务人员、保险人员等去现场进行物资转运监督	MED、FIN、SPT
3	LOG	物流中心财务管理主管	跟进保险后续理赔事宜	FIN
4	COM	新闻宣传主任	关注并及时应对媒体舆情	
5	LOG	物流中心运输配送主任	(1)查明车辆故障原因 (2)加强司机人员车辆故障应急培训,提高风险事件应对能力	TRA、PEM
6	LOG	物流中心综合事务主任	将事件处置信息录入事件系统	
说明(专有名词解释、特殊政策规定等)				

在途运行风险对应处置方案Ⅰ见表 4-8。

表 4-8　在途运行风险对应处置方案 I

应急预案名称	物资配送效率低下			编号	ZT-03
主责领域	LOG				
主责领域负责人	运输配送主任				
涉及领域	物资归口业务领域、CTY、COM、TRA、SPT、PEM、VEM				
涉及利益相关方	全部				
场景1	赛事不确定性较大,给协调运输资源工作带来很大的挑战,部分场馆物资运输可能存在运力不足、配送效率低下等问题				
对应风险编号	LOG-09				

序号	执行领域	执行领域负责人	处置措施/步骤	配合领域
1	LOG	物流中心运输配送主任	(1)相关工作人员第一时间将配送运力现状、需求等情况上报给物流中心运输配送主任 (2)由物流中心运输配送主任通知物资归口业务领域,并上报给仓运副指挥长	物资归口业务领域
2	LOG	物流中心运输配送主任	确认情况,与场馆物流主任沟通,根据实际情况与机动运力小组沟通或让第三方运输公司提供机动运力,配合物资运输	VEM、TRA、SPT、PEM
3	COM	新闻宣传主任	关注并及时应对媒体舆情	
4	LOG	物流中心运输配送主任	(1)与第三方运输公司合作,成立机动运力规划设计临时应急配送小组,制订运力机动方案 (2)开展测试、应急演练	TRA、SPT、PEM
5	LOG	物流中心综合事务主任	将事件处置信息录入事件系统	

场景2	物资配送车辆因道路拥堵导致配送效率低下			
对应风险编号	LOG-10			

序号	执行领域	执行领域负责人	处置措施/步骤	配合领域
1	LOG	物流中心运输配送主任	(1)司机第一时间将车况上报给物流中心运输配送主任 (2)由物流中心运输配送主任通知物资归口物业领域,并上报给仓运副指挥长 (3)事态严重时,由仓运副指挥长上报给指挥长	物资归口业务领域

序号	执行领域	执行领域负责人	处置措施/步骤	配合领域
2	LOG	物流中心运输配送主任	(1)确认拥堵情况及在途物资储存条件 (2)与交通业务领域沟通,结合赛事安排共同制订合理的应对方案	TRA、SPT
3	COM	新闻宣传主任	关注并及时应对媒体舆情	
4	LOG	物流中心运输配送主任	(1)建立杭州亚组委相关业务领域、城市侧各部门协调配合下的配送机制 (2)必要时对部分主要道路实行车辆限号,确保配送顺畅	CTY、TRA
5	LOG	物流中心综合事务主任	将事件处置信息录入事件系统	

场景 3	城市间协调不畅致使跨区域配送效率过低
对应风险编号	LOG-11

序号	执行领域	执行领域负责人	处置措施/步骤	配合领域
1	LOG	物流中心运输配送主任	(1)工作人员将情况上报给物流中心运输配送主任,物流中心运输配送主任通知物资归口业务领域,并上报给仓运副指挥长 (2)事态严重时,由仓运副指挥长上报给指挥长	物资归口业务领域
2	LOG	物流中心运输配送主任	与交通业务领域沟通,并制订应对方案	TRA、CTY、SPT
3	COM	新闻宣传主任	关注并及时应对媒体舆情	
4	LOG	物流中心运输配送主任	完善跨区域配送协调机制	TRA、CTY
5	LOG	物流中心综合事务主任	将事件处置信息录入事件系统	

场景 4	信息传递出错、工作人员马虎等主观原因造成货物的错收、错送及不当操作等问题,导致配送效率降低
对应风险编号	LOG-13

序号	执行领域	执行领域负责人	处置措施/步骤	配合领域
1	LOG	物流中心运输配送主任	(1)相关工作人员第一时间将情况上报给物流中心运输配送主任,由物流中心运输配送主任通知物资归口业务领域,并上报仓运副指挥长 (2)事态严重时,由仓运副指挥长上报给指挥长	物资归口业务领域

续　表

序号	执行领域	执行领域负责人	处置措施/步骤	配合领域
2	LOG	物流中心运输配送主任	针对实际情况进行研判,若不影响赛事开展则将错收、错送物资进行二次配送,否则启用备用物资	SPT、TRA
3	LOG	物流中心运输配送主任	(1)针对赛事区域内配送工作,对相关工作人员进行岗前培训及考核,顺利通过方可参与配送项目 (2)制定奖惩政策,强化工作人员的责任意识 (3)开展测试演练	
4	LOG	物流中心综合事务主任	将事件处置信息录入事件系统	
说明(专有名词解释、特殊政策规定等)				

在途运行风险对应处置方案Ⅱ见表4-9。

表4-9　在途运行风险对应处置方案Ⅱ

应急预案名称	物资配送成本上升		编号	ZT-04
主责领域	LOG			
主责领域负责人	运输配送主任			
涉及领域	TRA、SPT、FIN、COM、PEM			
涉及利益相关方	全部			
场景	能源价格调整、税收变化、人力资源成本上涨、物流市场变化等因素导致货运成本受到影响,物流服务与要求不匹配			
对应风险编号	LOG-20			

序号	执行领域	执行领域负责人	处置措施/步骤	配合领域
1	LOG	物流中心运输配送主任	将情况上报给仓运副指挥长,与物流服务商以及客户沟通和协调	TRA、PEM、FIN、SPT
2	LOG	运行副指挥长	根据成本变化情况及时调整,追加预算	FIN
3	COM	新闻宣传主任	关注并及时应对媒体舆情	
4	LOG	运行副指挥长	在物流领域制定灵活的财务政策,尽可能做好前瞻性准备	FIN
5	LOG	物流中心综合事务主任	将事件处置信息录入事件系统	
说明(专有名词解释、特殊政策规定等)				

在途不可抗力风险对应处置方案见表 4-10。

表 4-10　在途不可抗力风险对应处置方案

应急预案名称	物资配送车辆遇到不可抗力状况		编号	ZT-05
主责领域	LOG			
主责领域负责人	运输配送主任			
涉及领域	物资归口业务领域、COM、TRA、SPT			
涉及利益相关方	全部			
场景	物资配送车辆遇到不可抗力状况导致运力不均、延误、人员风险、物资损毁			
对应风险编号	LOG-23、LOG-24			

序号	执行领域	执行领域负责人	处置措施/步骤	配合领域
1	LOG	物流中心运输配送主任	(1)司机把车辆停放在安全位置,暂停运输,第一时间将风险状况上报给物流中心运输配送主任 (2)由物流中心运输配送主任通知物资归口业务领域负责人,并上报给仓运副指挥长 (3)事态严重时,由仓运副指挥长上报给指挥长	TRA
2	LOG	物流中心运输配送主任	确认天气情况及在途物资储存条件,制订合理的应对方案	SPT
3	COM	新闻宣传主任	关注并及时应对媒体舆情	
4	LOG	运输配送主任	(1)制订恶劣天气运输应急预案 (2)开展测试、应急演练 (3)根据天气合理安排运输日程	TRA
5	LOG	物流中心综合事务主任	将事件处置信息录入事件系统	
说明(专有名词解释、特殊政策规定等)				

三、物流中心风险对应处置方案

物流中心风险见图 4-3。

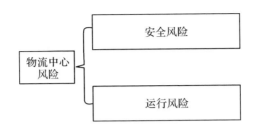

图 4-3　物流中心风险

物流中心安全风险对应处置方案见表 4-11。

表 4-11　物流中心安全风险对应处置方案

应急预案名称	物流中心突发安全事故		编号	WLZX-01
主责领域	LOG			
主责领域负责人	境内物资仓储主任、境外物资仓储主任、PC 工厂运行团队主任、计时记分设备管理团队业务主任、医疗卫生主任			
涉及领域	MED、FIN、SEC、VEM、SPT、物资归口业务领域			
涉及利益相关方	全部			
场景 1	物流中心突发火灾事故			
对应风险编号	LOG-05			

序号	执行领域	执行领域负责人	处置措施/步骤	配合领域
1	LOG	物流中心安保主任	(1)工作人员发现火情后,通知物流中心消防主管,第一时间组织员工灭火 (2)物流中心消防主管向安保主任报告,由安保主任向运行副指挥长汇报。事态严重时,由运行副指挥长上报给指挥长 (3)如火势较大难以控制,在将全体员工疏散到仓库外安全地带后及时向公安消防请求救援	SEC
2	LOG	境内物资仓储主任、境外物资仓储主任、PC 工厂运行团队主任、计时记分设备管理团队业务主任	(1)对物流中心物资损坏程度进行初步研判,若易燃易爆或有害物资损毁需会同安保、医疗卫生等业务领域相关人员进行环境封锁及安全确认 (2)结合赛程决定是否告知场馆运行业务领域并启用备用物资 (3)通知综合事务主任,及时进行保险报案	FIN、VEM、SPT、SEC、MED

序号	执行领域	执行领域负责人	处置措施/步骤	配合领域
3	LOG	境内物资仓储主任、境外物资仓储主任、PC工厂运行团队主任、计时记分设备管理团队业务主任	查明事故发生原因,加强对工作人员的安全培训,严格要求防火、防震,避免再次出现类似事故	
4	LOG	物流中心财务管理主管	通知保险公司,收集、记录相关材料,启动保险索赔。配合保险公司进行事故调查,准备相关理赔资料,并跟进保险后续理赔事宜	FIN,物资归口业务领域
5	LOG	物流中心综合事务主任	将事件处置信息录入事件系统	

场景2	物流中心物流工作人员作业过程中出现人员伤亡

对应风险编号	LOG-05

序号	执行领域	执行领域负责人	处置措施/步骤	配合领域
1	LOG	物流中心医疗卫生主任	(1)先由安保人员维护现场秩序 (2)现场人员通知物流中心医疗卫生主任,物流中心医疗卫生主任向物流中心运行副指挥长报告 (3)事态严重时运行副指挥长上报给指挥长	SEC
2	LOG	物流中心医疗卫生主任	(1)对伤员伤亡程度进行初步研判,第一时间组织医疗保障团队对伤员实施紧急医疗措施,将严重的伤员立即安排去医院就医 (2)通知综合事务业务主任,及时进行保险报案	MED、FIN
3	LOG	物流中心安保主任	查明事故发生原因,加强对工作人员的安全培训,避免再次出现类似事故	
4	LOG	物流中心财务管理主管	通知保险公司,收集、记录相关材料,启动保险索赔。配合保险公司进行事故调查,准备相关理赔资料,并跟进保险后续理赔事宜	FIN

序号	执行领域	执行领域负责人	处置措施/步骤	配合领域
5	LOG	物流中心综合事务主任	将事件处置信息录入事件系统	
说明(专有名词解释、特殊政策规定等)				

物流中心运行风险对应处置方案Ⅰ见表4-12。

表 4-12　物流中心运行风险对应处置方案Ⅰ

应急预案名称	物资丢失或损毁		编号	WLZX-02
主责领域	LOG			
主责领域负责人	境内物资仓储主任、境外物资仓储主任、PC工厂运行团队主任、计时记分设备管理团队业务主任			
涉及领域	物资归口业务领域、SEC、FIN、SUP、SPT、VEM、SPE、PHS、MED			
涉及利益相关方	全部			
场景	人员暴力分拣或在装卸搬运过程中操作不规范,导致物资丢失或损毁			
对应风险编号	LOG-12			

序号	执行领域	执行领域负责人	处置措施/步骤	配合领域
1	LOG	境内物资仓储主任、境外物资仓储主任、PC工厂运行团队主任、计时记分设备管理团队业务主任	(1)现场人员根据损毁物资类别,第一时间通知境内物资仓储主任、境外物资仓储主任、PC工厂主任、计时记分设备管理团队业务主任,由其向物流中心仓运副指挥长或专项副指挥长进行汇报 (2)告知监审部、财务部派驻的监察员、资产管理监督员	物资归口业务领域、SUP、FIN
2	LOG	物流中心安保主任	(1)物流中心组织安保力量维持现场秩序,并保护现场,禁止人员私自触碰损坏物资 (2)若事件发展到自身安保能力难以处理的程度,安保业务领域协助提供技术、政策等指导	SEC

序号	执行领域	执行领域负责人	处置措施/步骤	配合领域
3	LOG	境内物资仓储主任、境外物资仓储主任、PC 工厂运行团队主任、计时记分设备管理团队业务主任	(1)对物资损坏程度和损坏原因进行初步研判,查找物流操作失误环节,明确责任人 (2)结合赛程安排,若丢失损毁的为管制物资、计时记分设备或 PC 工厂,则会同竞赛管理、竞赛器材管理等业务领域相关人员与物资所属代表团共同处置。可以及时修复的,协助物资归口业务领域尽快修复;不可以及时修复的,协助物资归口业务领域调运备用物资、保险报案 (3)若丢失损毁的为易燃易爆或有害物资,则首先确定物资的安全性,随后会同竞赛管理、竞赛器材管理、安保、公共卫生、医疗服务等业务领域相关人员与物资所属代表团共同处置。可以及时修复的,协助物资归口业务领域尽快修复;不可以及时修复的,协助物资归口部门调运备用物资、保险报案	物资归口业务领域、SPT、VEM、SPE、PHS、MED、SEC
4	LOG	境内物资仓储主任、境外物资仓储主任、PC 工厂运行团队主任、计时记分设备管理团队业务主任	查明物流操作失误原因,加强对操作人员的安全培训,严格要求操作流程,避免再次出现操作失误	
5	LOG	物流中心财务管理主管	通知保险赞助商,收集、记录相关材料,启动保险索赔。配合保险赞助商进行事故调查,准备相关理赔资料,并跟进保险后续理赔事宜	FIN
6	LOG	物流中心综合事务主任	将事件处置信息录入事件系统	

物流中心运行风险对应处置方案 Ⅱ 见表 4-13。

表 4-13　物流中心运行风险对应处置方案 Ⅱ

应急预案名称	物流中心管理风险	编号	WLZX-03
主责领域	LOG		
主责领域负责人	能源保障主管、境内物资仓储主任、境外物资仓储主任、PC 工厂运行团队主任、计时记分设备管理团队业务主任、运输配送主任		

续　表

应急预案名称	物流中心管理风险		编号	WLZX-03
涉及领域	物资归口业务领域、SEC、TEC、PEM			
涉及利益相关方	全部			

场景 1	物流中心突发断电事故
对应风险编号	LOG-17

序号	执行领域	执行领域负责人	处置措施/步骤	配合领域
1	LOG	物流中心能源保障主管	(1)全体员工暂停作业,安保人员维护现场秩序 (2)工作人员通知物流中心能源保障主管,由物流中心能源保障主管向设施服务主任汇报,并由设施服务主任向物流中心运行副指挥长汇报	SEC
2	LOG	物流中心能源保障主管	第一时间启用备用电源,排查断电原因,尽早排除故障恢复供电	
3	LOG	物流中心综合事务主任	查明事故发生原因,加强对工作人员的应急培训,开展测试、应急演练	
4	LOG	物流中心综合事务主任	将事件处置信息录入事件系统	

场景 2	物资出入库频率较高导致管理风险增大
对应风险编号	LOG-16

序号	执行领域	执行领域负责人	处置措施/步骤	配合领域
1	LOG	境内物资仓储主任/境外物资仓储主任/PC 工厂运行团队主任/计时记分设备管理团队业务主任	(1)由物流中心境内物资仓储副主任/境外物资仓储副主任/PC 工厂运行团队主任/计时记分设备管理团队业务主任向仓运物流中心副指挥长或专项副指挥长进行汇报 (2)事态严重时,由副指挥长上报给指挥长	

续　表

序号	执行领域	执行领域负责人	处置措施/步骤	配合领域
2	LOG	境内物资仓储主任/境外物资仓储主任/PC工厂运行团队主任/计时记分设备管理团队业务主任	(1)安排监督人员现场监督,并向操作人员强调严格按照要求作业 (2)操作人员对照入库物资清单,将相同类别物资进行集货,分批送到预先安排的货位,做到进一批、清一批 (3)基于物资的特性安排货位,合理安排出入库作业,尽可能减少收、发货作业时间,提高仓容使用效能 (4)严格防止类别互串和数量溢缺;根据实际情况提高仓容使用效能或增加人力	
3	LOG	境内物资仓储主任/境外物资仓储主任/PC工厂运行团队主任/计时记分设备管理团队业务主任	(1)预测仓储出入库数量及频率,提早准备 (2)简化出入库登记流程,开展仓储员工培训,制订、落实标准化出入库流程 (3)开发仓储信息系统,对仓储信息形成数字化管理	TEC
4	LOG	物流中心综合事务主任	将事件处置信息录入事件系统	
场景3		物流中心人力、机力不足		
对应风险编号		LOG-21		
序号	执行领域	执行领域负责人	处置措施/步骤	配合领域
1	LOG	物流中心运输配送主任	由物流中心运输配送主任向物流中心仓运副指挥长进行汇报	
2	LOG	物流中心运输配送主任	(1)启用备用机动人力,缓解物流运行压力 (2)对实际情况进行研判,必要时应对设施设备进行更新换代,提升作业效率	PEM
3	LOG	物流中心运输配送主任	(1)预测物流中心物资流转的数量及频率 (2)规划设计临时应急配送小组,与第三方运输公司合作,由其提供机动运力,制订运力机动方案,配合物资运输 (3)开展测试、应急演练	PEM
4	LOG	物流中心综合事务主任	将事件处置信息录入事件系统	
说明(专有名词解释、特殊政策规定等)				

物流中心运行风险对应处置方案Ⅲ见表4-14。

表4-14　物流中心运行风险对应处置方案Ⅲ

应急预案名称	物资处置不当			编号	WLZX-04
主责领域	LOG				
主责领域负责人	境内物资仓储主任、境外物资仓储主任				
涉及领域	CTY、SEC、PHS、MED、FIN、环境保障部				
涉及利益相关方	全部				
场景	对赛后一次性物资或特殊物资未进行及时处置或处置不当,导致出现空间浪费及环境污染的问题				
对应风险编号	LOG-19				

序号	执行领域	执行领域负责人	处置措施/步骤		配合领域
1	LOG	物流中心境内物资仓储主任、境外物资仓储主任	(1)工作人员根据物资类型通知物流中心境内物资仓储主任/境外物资仓储主任,由物流中心境内物资仓储主任/境外物资仓储主任向仓运副指挥长汇报 (2)事态严重时仓运副指挥长上报给指挥长		
2	LOG	物流中心境内物资仓储主任、境外物资仓储主任	(1)安排工作人员严格按照相关规定进行物资处置,避免空间浪费 (2)若产生污染,第一时间封锁现场,会同环境保障部、城市运行、公共卫生、医疗服务业务领域相关人员对污染情况进行研判,并通知综合事务业务主任,及时进行保险报案		环境保障部、SEC、CTY、PHS、MED、FIN
3	LOG	物流中心境内物资仓储主任、境外物资仓储主任	完善相关操作规范,开展特殊物资处置的测试、应急演练		
4	LOG	物流中心财务管理主管	通知保险公司,收集、记录相关材料,启动保险索赔。配合保险公司进行事故调查,准备相关理赔资料,并跟进保险后续理赔事宜		FIN
5	LOG	物流中心综合事务主任	将事件处置信息录入事件系统		
说明(专有名词解释、特殊政策规定等)					

物流中心运行风险对应处置方案Ⅳ见表 4-15。

表 4-15 物流中心运行风险对应处置方案Ⅳ

应急预案名称	物流信息系统无法正常工作		编号	WLZX-05
主责领域	LOG			
主责领域负责人	物流系统主管			
涉及领域	物资需求业务领域、TEC、SEC、VEM、SPT、COM			
涉及利益相关方	全部			
场景 1	物流中心供电中断导致无法正常使用物流信息系统			
对应风险编号	LOG-06			

序号	执行领域	执行领域负责人	处置措施/步骤	配合领域
1	LOG	物流中心能源保障主管	(1)尽快调用应急发电机,尽快恢复设施设备的供电 (2)向设施服务主任汇报,并由设施服务主任向物流中心运行副指挥长汇报相关情况	SEC
2	LOG	物流中心综合事务主任	物流中心综合事务主任向场馆物流主任做好解释工作,等待物流信息系统完成修复	VEM
3	LOG	场馆物流主任	场馆物流主任向各物资需求业务领域说明情况,并向设施和服务副指挥长汇报相关情况	物资需求业务领域、VEM
4	COM	新闻宣传主任	关注并及时应对媒体舆情	
5	LOG	物流中心综合事务主任	将事件处置信息录入事件系统	
6	VEM	场馆运行主任	将事件处置信息报送至 VEM,并录入事件系统	LOG

场景 2	受到黑客攻击物流信息系统无法正常工作			
对应风险编号	LOG-06			

序号	执行领域	执行领域负责人	处置措施/步骤	配合领域
1	LOG	物流中心物流系统主管	物流系统主管确定系统问题情况,向设施服务主任汇报,并由设施服务主任向物流中心运行副指挥长汇报	

续　表

序号	执行领域	执行领域负责人	处置措施/步骤	配合领域
2	LOG	物流中心物流系统主管	第一时间调试系统,同时向场馆物流主任做好解释工作,等待物流信息系统响应	TEC、VEM
3	LOG	场馆物流主任	若订单不能按时送达,场馆物流主任须及时向各物资需求业务领域说明情况,向设施和服务副指挥长汇报相关情况	物资需求业务领域、VEM、SPT
4	COM	新闻宣传主任	关注并及时应对媒体舆情	
5	LOG	物流中心物流系统主管	协同物流信息系统技术团队加强运维管理,建立安全规章制度,强化更新技术安全防火墙,并完善各项应急处置工作机制	TEC
6	LOG	物流中心综合事务主任	将事件处置信息汇总录入事件系统	
7	VEM	场馆运行主任	将事件处置信息报送至 VEM,并录入事件系统	LOG
说明(专有名词解释、特殊政策规定等)				

四、场馆物流风险对应处置方案

场馆物流风险见图 4-4。

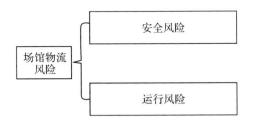

图 4-4　场馆物流风险

场馆物流安全风险对应处置方案见表 4-16。

表 4-16　场馆物流安全风险对应处置方案

应急预案名称	场馆物流环节突发安全事故			编号	CG-01
主责领域	LOG				
主责领域负责人	场馆物流执行主管				
涉及领域	MED、SPT、FIN、SEC、VEM、物资归口业务领域				
涉及利益相关方	全部				
场景 1	场馆物流区域突发火灾事故				
对应风险编号	LOG-05				

序号	执行领域	执行领域负责人	处置措施/步骤	配合领域
1	LOG	场馆物流执行主管	(1)工作人员发现火情后,通知场馆执行主管,场馆执行主管第一时间组织员工灭火 (2)将情况上报给场馆物流主任,由场馆物流主任向常务副指挥长汇报,事态严重时安保副指挥长上报给指挥长 (3)如火势较大难以控制,场馆执行主管将全体员工疏散到安全地带,由安保副指挥长及时协同安保业务领域协助提供技术、政策等指导	SEC
2	LOG	场馆物流执行主管	(1)对物资损坏程度进行初步研判,若易燃易爆或有害物资损毁需会同相关业务领域人员进行环境封锁及安全确认 (2)结合赛程决定是否告知场馆运行业务领域并启用备用物资,及时进行保险报案	MED、FIN、VEM、SPT、SEC
3	LOG	场馆物流主任	查明事故发生原因,加强对工作人员的安全培训,严格要求防火、防震,避免再次出现类似事故	
4	FIN	财务、保险主管	通知保险公司,收集、记录相关材料,启动保险索赔。配合保险公司进行事故调查,准备相关理赔资料,并跟进保险后续理赔事宜	LOG,物资归口业务领域
5	VEM	场馆运行主任	将事件处置信息录入事件系统	LOG
场景 2	场馆物流工作人员在作业过程中伤亡			
对应风险编号	LOG-05			

续　表

序号	执行领域	执行领域负责人	处置措施/步骤	配合领域
1	LOG	场馆物流执行主管	(1)现场人员通知场馆物流执行主管,场馆物流执行主管首先维护现场秩序,并向场馆物流主任上报,由场馆物流主任向常务副指挥长报告,事态严重时常务副指挥长上报给指挥长 (2)若事件发展到自身安保能力难以处理的程度,由常务副指挥长协调安保业务领域协助提供技术、政策等指导	SEC
2	LOG	场馆物流执行主管	(1)第一时间通知医疗保障团队对伤员实施紧急医疗措施,将严重的伤员立即安排至医院就医 (2)对伤员伤亡程度进行初步研判,并及时进行保险报案	MED、FIN
3	LOG	场馆物流主任	查明事故发生原因,加强对工作人员的安全培训,避免再次出现类似事故	
4	FIN	财务/保险主任	通知保险公司,收集、记录相关材料,启动保险索赔。配合保险公司进行事故调查,准备相关理赔资料,并跟进保险后续理赔事宜	LOG,物资归口业务领域
5	VEM	场馆运行主任	将事件处置信息录入事件系统	LOG
说明(专有名词解释、特殊政策规定等)				

场馆物流运行风险对应处置方案Ⅰ见表4-17。

表 4-17　场馆物流运行风险对应处置方案Ⅰ

应急预案名称	物资损毁	编号	CG-02
主责领域	LOG		
主责领域负责人	场馆物流执行主管		
涉及领域	物资归口业务领域、SEC、FIN、SUP、SPT、VEM、SPE、PHS、MED		
涉及利益相关方	全部		
场景1	人员暴力分拣或在装卸搬运过程中操作不规范,导致物资丢失或破损		
对应风险编号	LOG-12		

续　表

序号	执行领域	执行领域负责人	处置措施/步骤	配合领域
1	LOG	场馆物流执行主管	(1)现场人员第一时间通知场馆物流执行主管,场馆物流执行主管上报给场馆物流主任,由场馆物流主任向常务副指挥长进行汇报 (2)告知监审部、财务部派驻的监察员、资产管理监督员	物资归口业务领域、SUP、FIN
2	LOG	场馆物流执行主管	(1)场馆组织安保力量维持现场秩序,并保护现场,禁止人员私自触碰损坏物资 (2)若事件发展到自身安保能力难以处理的程度,安保业务领域协助提供技术、政策等指导	SEC
3	LOG	场馆物流执行主管	(1)对物资损坏程度和损坏原因进行初步研判,查找物流操作失误环节,明确责任人 (2)结合赛程安排,若丢失损毁的为管制物资,则会同竞赛管理、竞赛器材管理等业务领域相关人员与物资所属代表团共同处置。可以及时修复的,协助物资归口业务领域尽快修复;不可以及时修复的,协助物资归口业务领域调运备用物资,进行保险报案 (3)若丢失损毁的为易燃易爆或有害物资,则首先确定物资的安全性,随后会同竞赛管理、竞赛器材管理、安保、公共卫生、医疗服务等业务领域相关人员与物资所属代表团共同处置。可以及时修复的,协助物资归口业务领域尽快修复;不可以及时修复的,协助物资归口业务领域调运备用物资,进行保险报案	物资归口业务领域、SPT、VEM、SPE、PHS、MED、SEC
4	LOG	场馆物流主任	查明物流操作失误原因,加强对操作人员的安全培训,严格落实操作流程,避免再次出现操作失误	
5	FIN	财务、保险主任	通知保险赞助商,收集、记录相关材料,启动保险索赔。配合保险赞助商进行事故调查,准备相关理赔资料,并跟进保险后续理赔事宜	LOG、物资归口业务领域
6	VEM	场馆运行主任	将事件处置信息录入事件系统	LOG
场景 2			物资包装包材、流通加工等方面专业性不强,导致物资加工不当	
对应风险编号			LOG-14	

续 表

序号	执行领域	执行领域负责人	处置措施/步骤	配合领域
1	LOG	场馆物流执行主管	(1)现场人员第一时间通知场馆物流执行主管,场馆物流执行主管上报给场馆物流主任,由场馆物流主任向常务副指挥长进行汇报 (2)告知监审部、财务部派驻的监察员、资产管理监督员	物资归口业务领域、SUP、FIN
2	LOG	场馆物流执行主管	(1)场馆组织安保力量维持现场秩序,并保护现场,禁止人员私自触碰损坏物资 (2)若事件发展到自身安保能力难以处理的程度,安保业务领域协助提供技术、政策等指导	SEC
3	LOG	场馆物流执行主管	(1)对物资损坏程度和损坏原因进行初步研判,查找物流操作失误环节,明确责任人 (2)结合赛程安排,若损毁的为管制物资,则会同竞赛管理、竞赛器材管理等业务领域相关人员与物资所属代表团共同处置。可以及时修复的,协助物资归口业务领域尽快修复;不可以及时修复的,协助物资归口业务领域调运备用物资,进行保险报案 (3)若损毁的为易燃易爆或有害物资,则首先确定物资的安全性,随后会同竞赛管理、竞赛器材管理、安保、公共卫生、医疗服务等业务领域相关人员与物资所属代表团共同处置。可以及时修复的,协助物资归口业务领域尽快修复;不可以及时修复的,协助物资归口业务领域调运备用物资,进行保险报案	物资归口业务领域、SPT、SPE、VEM、PHS、MED、SEC
4	LOG	场馆物流主任	(1)查明加工操作失误原因 (2)编制或完善流通包装加工手册,明确不同物资的加工要求及标准,并落实岗前培训 (3)制定奖惩制度	
5	FIN	财务/保险主任	通知保险赞助商,收集、记录相关材料,启动保险索赔。配合保险赞助商进行事故调查,准备相关理赔资料,并跟进保险后续理赔事宜	LOG、物资归口业务领域
6	VEM	场馆运行主任	将事件处置信息录入事件系统	LOG
场景 3		物资保管条件不当导致物资损耗		
对应风险编号		LOG-15		

序号	执行领域	执行领域负责人	处置措施/步骤	配合领域
1	LOG	场馆物流执行主管	(1)现场人员第一时间通知场馆物流执行主管,场馆物流执行主管上报给场馆物流主任,由场馆物流主任向常务副指挥长进行汇报 (2)告知监审部、财务部派驻的监察员、资产管理监督员。事态严重时常务副指挥长上报给指挥长	物资归口业务领域、SUP、FIN
2	LOG	场馆物流执行主管	(1)场馆组织安保力量维持现场秩序,并保护现场,禁止人员私自触碰损坏物资 (2)若事件发展到自身安保能力难以处理的程度,安保业务领域协助提供技术、政策等指导	SEC
3	LOG	场馆物流执行主管	(1)对物资损坏程度和损坏原因进行初步研判,查找物流操作失误环节,明确责任人 (2)结合赛程安排,若损毁的为管制物资,则会同竞赛管理、竞赛器材管理等业务领域相关人员与物资所属代表团共同处置。可以及时修复的,协助物资归口业务领域尽快修复;不可以及时修复的,协助物资归口业务领域调运备用物资,进行保险报案 (3)若损毁的为易燃易爆或有害物资,则首先确定物资的安全性,随后会同竞赛管理、竞赛器材管理、安保、公共卫生、医疗服务等业务领域相关人员与物资所属代表团共同处置。可以及时修复的,协助物资归口业务领域尽快修复;不可以及时修复的,协助物资归口业务领域调运备用物资,进行保险报案	物资归口业务领域、SPT、VEM、PHS、MED、SPE、SEC
4	LOG	场馆物流主任	(1)明确物资种类,提前针对不同物资特性安排仓储储存条件 (2)根据天气情况适当调整仓储环境 (3)安排专人负责仓储储存的运维与巡查,并加强对操作人员的操作培训	
5	FIN	财务/保险主任	通知保险赞助商,收集记录相关材料,启动保险索赔。配合保险赞助商进行事故调查,准备相关理赔资料,并跟进保险后续理赔事宜	LOG、物资归口业务领域
6	VEM	场馆运行主任	将事件处置信息录入事件系统	LOG

续　表

应急预案名称	物资损毁		编号	CG-02
场景4	马匹等活体赛事物资受伤需救治			
对应风险编号	LOG-15、LOG-12			

序号	执行领域	执行领域负责人	处置措施/步骤	配合领域
1	LOG	场馆物流执行主管	(1)现场人员第一时间通知场馆物流执行主管,场馆物流执行主管上报给场馆物流主任,由场馆物流主任向常务副指挥长进行汇报 (2)告知监审部、财务部派驻的监察员。事态严重时常务副指挥长上报给指挥长	物资业务领域、SUP、FIN
2	LOG	场馆物流执行主管	(1)场馆组织安保力量维持现场秩序,并保护现场,禁止人员私自触碰活体动物,避免其受惊 (2)若事件发展到自身安保能力难以处理的程度,安保业务领域协助提供技术、政策等指导	SEC
3	LOG	场馆物流执行主管	(1)医疗服务人员对活体物资受伤患病原因进行初步研判及治疗 (2)结合赛程安排,可以及时治疗不影响赛程的,协助医疗业务领域尽快救治;影响赛程的话与物资归口业务领域协调解决方案 (3)场馆物流执行主管明确责任人	物资业务领域、MED、VEM、SPT
4	LOG	场馆物流主任	(1)查明活体物资受伤原因,惩处相关责任人 (2)优化库房设计,如增设百叶窗控制光照强度、对容易造成活体动物刮擦伤的裸露锐角等使用专业软包材料进行包裹 (3)加强操作人员操作培训	
5	FIN	财务/保险主任	通知保险赞助商,收集记录相关材料,启动保险索赔。配合保险赞助商进行事故调查,准备相关理赔资料,并跟进保险后续理赔事宜	LOG、物资归口业务领域
6	VEM	场馆运行主任	将事件处置信息录入事件系统	LOG
说明(专有名词解释、特殊政策规定等)				

场馆物流运行风险对应处置方案Ⅱ见表 4-18。

表 4-18　场馆物流运行风险对应处置方案Ⅱ

应急预案名称	场馆物流管理风险			编号	CG-03
主责领域	LOG				
主责领域负责人	场馆物流计划主管/场馆物流执行主管				
涉及领域	物资归口业务领域、PEM、SUP、SEC、SPT、VEM、TEC、AND				
涉及利益相关方	全部				
场景 1	场馆突发断电事故				
对应风险编号	LOG-17				

序号	执行领域	执行领域负责人	处置措施/步骤	配合领域
1	LOG	场馆物流计划主管	(1)全体员工暂停作业,安保业务领域负责维护现场秩序 (2)工作人员通知场馆物流计划主管,场馆物流计划主管上报给物流主任,由场馆物流主任向常务副指挥长汇报	SEC
2	LOG	场馆物流计划主管	第一时间启用备用电源,并排查断电原因,尽早排除故障恢复供电	SPT、VEM
3	LOG	场馆物流计划主管	(1)查明事故发生原因 (2)加强工作人员应急培训 (3)开展测试、应急演练	
4	VEM	场馆运行主任	将事件处置信息录入事件系统	LOG

场景 2	物资出入频率较高导致管理风险增大			
对应风险编号	LOG-16			

序号	执行领域	执行领域负责人	处置措施/步骤	配合领域
1	LOG	场馆物流执行主管	(1)场馆物流执行主管上报给物流主任,由物流主任向常务副指挥长汇报 (2)事态严重时,由常务副指挥长上报给指挥长	
2	LOG	场馆物流执行主管	(1)安排监督人员现场监督,并向操作人员强调严格按照要求作业 (2)根据实际情况提高仓容使用效能或安排机动人力	

序号	执行领域	执行领域负责人	处置措施/步骤	配合领域
3	LOG	场馆物流计划主管	(1)预测仓储出入库数量及频率,提早准备 (2)简化出入库登记流程,开展仓储员工培训,制订、落实标准化出入库流程 (3)开发仓储信息系统,对仓储信息形成数字化管理	TEC
4	VEM	场馆运行主任	将事件处置信息录入事件系统	LOG

场景 3	闭幕式后事务繁杂以及工作人员思想意识松懈,导致物资盘点及复运工作效率低下、管理混乱
对应风险编号	LOG-18

序号	执行领域	执行领域负责人	处置措施/步骤	配合领域
1	LOG	场馆物流执行主管	场馆物流执行主管上报给物流主任,由场馆物流主任向常务副指挥长汇报	
2	LOG	场馆物流执行主管	(1)严格根据主配送计划合理安排车辆 (2)会同场馆物流团队根据需求方信息,界定各种物资设备运出场馆的次序 (3)做好赛后物流服务总结工作和物流业务赛事遗产的移交工作 (4)做好暂时进境物资的复运出境工作	物资归口业务领域、SUP、VEM、AND
3	LOG	场馆物流计划主管	(1)制订、优化物资盘点及复运流程 (2)引导工作人员端正服务态度,提高其责任意识 (3)成立监督小组,保证盘点复运工作高效有序进行	SUP
4	VEM	场馆运行主任	将事件处置信息录入事件系统	LOG

场景 4	场馆物流运行人力机力不足
对应风险编号	LOG-21

序号	执行领域	执行领域负责人	处置措施/步骤	配合领域
1	LOG	场馆物流计划主管	由场馆物流计划主管上报给物流主任,由场馆物流主任向常务副指挥长汇报	
2	LOG	场馆物流计划主管	(1)启用备用机动人力,缓解物流运行压力 (2)对实际情况进行研判,必要时应对设施设备进行更新换代,提升作业效率	PEM

续　表

序号	执行领域	执行领域负责人	处置措施/步骤	配合领域
3	LOG	场馆物流计划主管	(1)预测场馆物流的数量及频率 (2)规划设计临时应急配送小组,与第三方运输公司合作,由其提供机动运力,制订运力机动方案,配合物资运输 (3)开展测试、应急演练	PEM
4	VEM	场馆运行主任	将事件处置信息录入事件系统	LOG
说明(专有名词解释、特殊政策规定等)				

第三节　物流风险应急演练方案

以"通清关—场馆""物流中心—场馆""场馆—物流中心"为主要演练场景,形成相应的应急预案及处置流程的演练方案。

一、口岸—竞赛场馆

以"杭州萧山国际机场—淳安界首体育中心"为例,将物资入境受阻、紧急运输、路况拥堵预计延时送达、缺安保封签等风险考虑在内,形成相应的应急演练方案。

(一)物资入境受阻

以应对缺少通清关单据凭证等情况为重点演练场景。该风险下主要参与方为杭州海关、物流中心通清关团队。具体而言,接到物资所有者或其代理的相关报告后,海关工作人员第一时间转知交通指挥中心、抵离指挥中心和物流中心指挥长、相关副指挥长、海关事务主任,随后海关启动容缺通关程序,协调相关部门提升通关查验优先级,协助办理相关证件或许可证,在保障赛事需要的前提下,尽快通关,随后做好记录,及时续报,录入日报。

（二）紧急运输

以紧急订单、调配运力、制订主配送计划等为重点演练场景。该风险下主要参与方为物流中心运输配送团队、场馆物流。具体而言，交通指挥中心根据赛事总指挥部指令，向物流中心发出紧急调配需求，物流中心制订主配送计划，通知配送调度主任针对该紧急订单优先配货、优先安排运输，随后做好记录，及时续报，录入日报。

（三）路况拥堵预计延时送达

以驾驶员报告、监控查看、协调交警疏导、调整主配送计划等为重点演练场景。该风险下主要参与方为交通指挥中心交通管理组和物流协调组、物流中心运输配送团队、交警、场馆物流。具体而言，驾驶员报告至相关物流管理人员，并逐级报告至场馆物流主任、配送调度主任、副指挥长、物流中心和相关场馆指挥长、交通指挥中心，随后协调公安交警疏导交通，或启用应急力量，力争按时送达。如实际已造成延误或变更运输车辆、人员的，及时告知场馆物流主任、安保主任、物资归口业务领域主任，尽快送达，随后做好记录，录入日报。

（四）缺安保封签

以驾驶员报告、视频倒查、现场安检、清点查验等为重点演练场景。该风险下主要参与方为物流中心运输配送团队、场馆安保。具体而言，发现人证、车证丢失后报告给物流中心指挥长、分管副指挥长、运输配送主任、动态监控岗和相关场馆指挥长、分管副指挥长、物流主任、物资归口业务领域主任、安保主任，核实人员、车辆信息和主配送计划，核实无误的，由物流中心指挥长向场馆指挥长反馈，缺证放行，随后及时注销丢失证件，申请补发新证，最后做好记录，录入日报。

二、物流中心—非竞赛场馆

以"物流中心—亚运村"为例，将物流中心失火、信息系统故障、人证或车证遗失、碰撞限高区域等风险考虑在内，形成相应的应急演练方案。

(一)物流中心失火

以新能源货车自燃后人员疏散、驻场消防扑救等为重点演练场景。该风险下主要参与方为交通指挥中心、消防、物流中心运输配送和仓储运行团队。具体而言,发现火情后相关人员立即开展初级火情扑救,如火势较大难以快速控制,尽力保护人员生命和赛事物资安全,必要时先逃生,随后拨打119,同时报告给交通指挥中心和其他相关专项指挥中心、物流中心和相关场馆指挥长、分管副指挥长、物流主任/物流中心仓储主任、安保主任、财务/保险主任,必要时报告给医疗卫生主任;开展善后处置,查明原因。在确保安全的前提下,恢复物流作业,随后做好事件记录,及时续报,录入日报。

(二)信息系统故障

以启用纸质单据和备用信息传递渠道、修复信息系统等为重点演练场景。该风险下主要参与方为ITCC(Information Technology Command Center)、物流中心信息化团队、亚运村。具体而言,发现异常后,报告给交通指挥中心、信息技术指挥中心、物流中心及相关场馆指挥长、分管副指挥长、物流综合事务主任、信息技术主任,其中网络安全事件还需同步报告给ITCC,在非赛时阶段8小时内、赛时阶段2小时内,由专业技术力量进行处置,严防事态扩大。同时,在受影响期间采取纸质单据等紧急应对措施,努力保证物流作业正常运转,随后做好记录,及时续报,录入日报。

(三)人证或车证遗失

以报告遗失、补制人证或车证等为重点演练场景。该风险下主要参与方为注册制证团队、物流中心运输配送团队。具体而言,发现人证、车证丢失后报告给物流中心指挥长、分管副指挥长、运输配送主任、动态监控岗和相关场馆指挥长、分管副指挥长、物流主任、物资归口业务领域主任、安保主任,核实人员、车辆信息和主配送计划,核实无误的,物流中心指挥长向场馆指挥长反馈,确证放行,随后及时注销丢失证件,申请补发新证,最后做好记录,录入日报。

(四)碰撞限高区域

以现场驳货、施救、舆情应对等为重点演练场景。该风险下主要参与方为交通指挥中心、新闻宣传指挥中心、物流中心运输配送团队、亚运村。具体而言,货车未按指定要求停放指定地点,直接进入地下室,发生限高碰撞事故后,首先,通报相关人员及新闻宣传指挥中心;其次,现场组织人员进行驳货施救;最后,新闻宣传领域专业人员进行舆情应对。

三、竞赛场馆—物流中心

以"淳安界首体育中心—物流中心"为例,将司机不安全驾驶、道路交通事故、物资收发错误、物流中心工作人员受伤等风险考虑在内,形成相应的应急演练方案。

(一)司机不安全驾驶

以车载智能视频监控装置自动报警、监控人员干预提醒等为重点演练场景。该风险下主要参与方为物流中心运输配送团队。具体而言,卫星定位装置或智能视频监控装置自动监测到超速、疲劳驾驶或其他不安全驾驶行为后,发出预警提醒,连续预警提醒3次以上司机仍未纠正的,动态监控岗等管理人员介入提醒,如司机仍未纠正,报告给交通指挥中心和物流中心指挥长、分管副指挥长,责令改正,并在事后严厉惩处,随后做好事件记录,及时续报,录入日报。

(二)道路交通事故

以报警、人员救治、调配运力、驳货、人车调配、调整主配送计划等为重点演练场景。该风险下主要参与方为淳安亚筹办、交警、物流中心运输配送团队等,同时属地协助驳货。具体而言,首先,报告给110、120、交通指挥中心、新闻宣传指挥中心及其他相关专项指挥中心、物流中心和相关场馆指挥长、分管副指挥长、物流主任、物流中心运输配送主任、安保主任、财务保险负责人。其次,立即抢救伤员。属于紧急运输任务的,立即调派应急人员和车辆驳货转运,并协调修改目的地场馆主配送计划,确保新人、新车顺利进入目的地场馆,在完成必要的调查取证后,尽快撤离现场,控制舆情,属于非紧急运输任务的,调整运输计划。最后,开展善后处置,查明原因,吸取教训,做好记录,及时续报,录入月报。

(三)物资收发错误

以物资入库、错误原因排查、纠正货差等为重点演练场景。该风险下主要参与方为物流中心仓储运行团队、场馆物流团队。具体而言,发现或收到物资收发错误报告后核实情况,随后报告给交通指挥中心、物流中心指挥长、分管副指挥长、配送调度主任和目的地场馆指挥长、分管副指挥长、物流主任、物资归口业务领域主任,紧急安排人员、车辆将送错物资如数收回/重新配送,协调公安交警疏导交通,提供通行便利,随后做好记录,及时续报,录入日报。

(四)物流中心工作人员受伤

以紧急救治、备岗人员替换上岗、物资报损、保险理赔等为重点演练场景。该风险下主要参与方为物流中心仓储运行团队、医疗卫生团队、财务保险。具体而言,发现亚运物资抵达物流中心仓库,驳货过程中货物砸伤物流工作人员后,对伤员实施先期紧急抢救,同时拨打120,随后报告给交通指挥中心、医疗卫生指挥中心和场馆指挥长、分管副指挥长、物流主任、医疗卫生主任、财物/保险主任,同时通知备勤人员顶岗,尽快恢复正常物流作业,最后做好事件记录,及时续报,录入日报。

第四节　物流运行保障措施

赛事物流风险管理应首先收集风险资料,辨识危害,判断风险点类型、影响因素及机制等,并将信息及时汇总,并上报。在分析明确事故发生的可能性及严重程度后确定风险值,划分风险等级,从而根据所制订的应急预案进行风险控制。在突发事件处理完毕后,应配合相关部门对突发事件进行调查处理,并落实相关责任人,同时对应急救援工作进行总结分析,针对存在的问题提出改进建议,并补充完善相应的应急预案。在应急风险管理过程中,应配套相应的保障措施,确保风险管理高效、顺畅。

一、组织保障

方案的执行与落实主要依托现有物流服务工作团队赛时阶段"一个中枢、三个平台"的组织架构模式①,以交通指挥中心为应急指挥中枢,以通清关运行团队、物流中心运行团队、场馆及服务场所物流业务领域为应急处置平台,实行扁平化应急管理模式。交通指挥中心主要负责研判风险事故应急处置工作的重要事项并做出决策,同时在风险事件超过各应急处置平台的处置能力时根据实际风险,指挥、协调外界应急力量处置风险,减少生命财产损失。通清关运行团队、物流中心运行团队、场馆及服务场所物流业务领域各自统筹海关、物流中心及场馆等物流作业场景的应急处置工作,负责就应急事件向交通指挥中心汇报以及确定现场指挥人员,组织指挥救援队伍实施救援行动。

在岗位职能方面,当低风险及一般风险(风险等级为绿色、黄色)发生时,由通清关运行团队、物流中心运行团队、场馆及服务场所物流业务领域等应急处置平台各自协调处置,各应急处置平台副指挥长安排辖内岗位根据筹备期间制订的风险防控方案及应急预案,按照责任分工,快速有效地进行处置。当高风险(风险等级为橙色)发生时,副指挥长应向所在业务场景的指挥长报告,接受指挥长的领导。与此同时,根据需要向对口的其他业务领域通报情况,必要时接受其业务指导。当事件超出处置能力范围或评估风险等级为红色时,由风险发生场景的指挥长向交通指挥中心汇报,由交通指挥中心协调外部资源共同处置。

二、通信与信息保障

确保交通指挥中心及各应急处置平台内部通信系统畅通、外部沟通机制顺畅。一方面,相关技术人员通过内部调试、定期维护等手段确保沟通工具正常运行,同时做好沟通工具的保障和管理工作。加强涉亚场馆及周边

---

① 资料来源:《杭州2022年亚运会和亚残运会物流业务领域运行计划》(第三版)。

区域的通信环境监测,努力为杭州亚运会创造良好的通信环境。另一方面,制订信息传递人员操作规范,务必保证信息传递人员通信畅通,确保及时联络沟通、及时赶赴现场。

三、应急物资装备保障

交通指挥中心、物流中心运行团队、场馆物流业务领域、通清关运行团队等应急处置平台,应根据应对不同类型风险事件的需要和自身职责,做好应急物资准备工作。依据杭州亚运会期间应对风险事件的实际需要,完善重要应急物资的监管、生产、储备、调拨和紧急配送体系,并建立与物资配送沿线地区物资调剂供应的渠道。

四、经费保障

设置应对风险事件专项资金,保障风险事件应对工作所需经费。通过引入监察团队加强对风险事件应对工作经费使用的监督。发生风险事件后,根据实际情况调整部门预算,集中财力应对风险事件;如确需动用风险事件专项准备资金,经交通指挥中心批准后启动。

五、人员培训保障

一方面,按照所制订的应急预案,对应急组织架构内部开展针对性的培训,主要包含物流保障应急流程、物流应急保障部门协同策略等。另一方面,结合杭州亚运会各物流相关业务领域的组织架构,按照人员类型分类分级,设置不同类型的培训,培训内容为物流保障风险管理与防范、物流保障应急情境与对策等。

六、医疗保障

在监管区域、物流中心和场馆物流区设置医疗区,派驻必要的医务人员直接参与医疗卫生方面的应急服务保障;市、区(县)疾病预防控制中心及卫生监督所、各级各类医疗机构、出入境检验检疫部门及其他相关部门负责做好疾病控制和卫生防疫准备,并严密组织实施。

七、交通保障

由交通指挥中心会同安保指挥中心、城市侧交通管理部门,共同研究制定杭州亚运会应急通行机制。赛时期间,采取交通限行措施,实施机动车限行,设置杭州亚运会专用车道,发放应急全通注册证件,确保对风险事件的应急处置能够及时高效。

第五章　杭州亚运会物流业务运行服务

杭州亚运会物流作业主要涉及物流中心、场馆物流及服务和通清关等 3 个主要运行模块,每个模块对应不同的业务场景,各个业务场景的正常运行为赛事各项物资在有效时间和空间内及时准确地运输、装卸搬运、储存、流通加工、配送和信息处理提供重要保障。

第一节　物流中心运行服务

赛事物流服务具有巨量性和突发性的特点,物流中心作为赛事物流服务保障的主要运行平台,其标准化运作与管理对赛事活动的顺利开展具有重要作用。

一、赛事物流中心运行概述

物流中心是杭州亚运会物流服务的主平台,为竞赛场馆、非竞赛场馆和独立训练场馆提供赛事物资的物流保障服务,包括但不限于计划制订、仓储配送、分拣理货、包装包材、流通加工、信息系统等。具体如下:

（1）编制赛事物资主配送计划,并制订相应配送车辆的调度计划。

（2）为赛事物资提供运输配送服务,执行不同起点—终点的主配送计划。

（3）为赛事物资提供仓储服务,包括赛事物资的入库出库、装卸搬运、分拣理货、加工包装等。

（4）为赛事物流活动提供信息系统服务,包括主配送计划、订单处理、仓储、运输配送等全流程物流活动的信息管理。

　　紧紧围绕杭州亚运会"绿色、智能、节俭、文明"的办赛理念,以绿色化、智能化、流程化、标准化等理念实现创新管理,提高物流中心物流服务效益。具体而言包括:(1)落实"绿色、高效、低碳"的理念,应用并推广节能减排技术、设施设备、方法等。(2)倡导智慧物流理念,应用并推广信息化和智能化技术、设施设备等。(3)实施作业流程标准化,提高物流作业效率。

二、赛事物流中心运行设计

　　赛事物流中心位于浙江省杭州市萧山区保税大道与宏业路交叉口以东400m,占地面积约为6.70万 m^2 ,总建筑面积为7.20万 m^2 ,包含3栋楼。物流中心运行布局包括总体平面布局、仓库平面布局、运行分区及流线设计等内容,为赛事物流中心的合理、高效运行提供硬件支撑。

　　从总体平面布局上看,根据物流中心各时期运行需求、物流中心建筑设计图纸、物流中心运行管理政策,遵循"绿色、智能、节俭、文明"的办赛理念,充分结合实际情况,满足物流中心的要求,满足持证货运车辆、工作人员的要求,确定安保封闭区,各类人、车出入口、通道和流线,仓储、办公运行分区,临时设施的点位布局,各类车辆停放位置,等等,从而解决物流中心运行、公共安全、医疗卫生、交通组织、清废等一系列问题。

　　从仓库平面布局上看,根据赛事活动运行需要,物流中心设置两个亚运仓,即2号亚运仓(见图5-1)和3号亚运仓(见图5-2),以满足赛事活动物资仓储需要。2号亚运仓除布局办公区、收货区、集货发货区、物资理货区、设备临时存放区、叉车充电区等常规功能区外,结合杭州亚运会赛事运行实际,还设置了境外物资存储区、逆向物资存储区、计时记分区、安检区等功能区。3号亚运仓除布局办公区、收货区、集货发货区、物资理货区、资料库区、叉车充电区等常规功能区外,还设置了常规物资存储区、逆向物资存储区、大批量物资存储区和PC工厂等功能区。

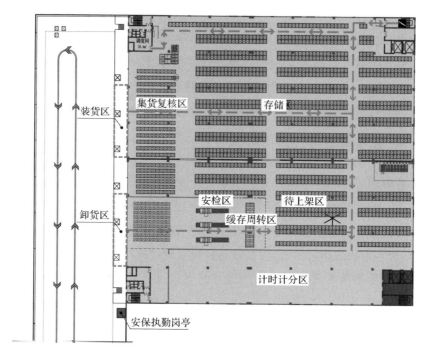

图 5-1　2 号亚运仓功能区布局

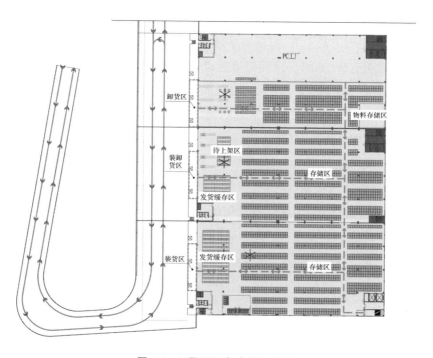

图 5-2　3 号亚运仓功能区布局

从物流中心运行分区及流线设计上看,根据物流中心各时期运行需求、物流中心建筑设计图纸、物流中心运行管理政策,充分结合实际情况,满足物流运行的要求,即"物流车—运行人员—安保人员"在基本空间需求满足的情况下,结合各业务口需求实际情况协调空间分配等原则,确定安保封闭区,各类人群出入口、通道和流线,综合楼和停车位置,等等,通过运行设计对赛时运行需求进行整合,以满足物流车司机、物流人员、运行人员、安保人员对活动空间的需求,明确永久设施和临时设施的功能标准与规模。

三、赛事物流中心作业流程及规范

物流中心作业流程是指根据赛事物流服务保障需要进行的订单处理、入库、装卸、搬运、储存、盘点、拣选、流通加工、出库、配送等一系列作业活动,主要包括订单处理、仓储作业和运输配送作业。

(一)订单处理流程及规范

订单处理是指对赛事物资配送订单的接收、确认、查询和归档操作,主要包括接收物流服务申请单,生成配送订单、运单、主配送计划等,提供订单履约过程的查询、调整、确认、追踪、异常处理等服务以及订单信息的数据整合,其流程见图5-3。订单处理流程中的单证主要包括物流服务申请单、物资明细、配送订单、运单(三联单)、主配送计划、出(入)库单、上架单、拣货单等,部分单证示例见表5-1至表5-5。

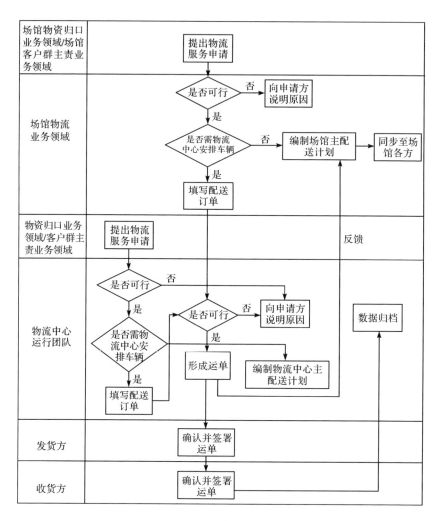

图 5-3　订单处理流程

表 5-1　物流服务申请单

物流服务申请单编号（例：业务领域-日期-申请人）

申请部门						申请日期		
服务类型	申请人		联系方式					
劳动力服务	□接收		发货时间	（选填）	发货人及联系方式			
			发货地点		详细地址			
			收货时间		收货人及联系方式			
			收货地点		详细地址			
	若无需物流中心安排车辆，则需填写此信息	车牌号码		车牌颜色		司机姓名		联系方式
设备租借	□暂存（物流仓库）							
	□领用							
	□馆内移动							
	□运出							
	设备名称							
	数量							
	使用时间							
	归还时间							

表 5-2　物资明细

序号	物资归属	品名	外包装规格	物资单位	数量	物资归口业务领域/客户群主责业务领域	是否为暂时进境物资	备注

物资归口业务领域/客户群主责业务领域
负责人签名：　　　　　　　　　　　　　　　　　　　　　经办人签名：
　　　　　　　　　　　　　　年　　月　　日　　　　　　　　　　　年　　月　　日

物流中心
负责人签名：　　　　　　　　　　　　　　　　　　　　　经办人签名：
　　　　　　　　　　　　　　年　　月　　日　　　　　　　　　　　年　　月　　日

填表说明：
　　关于物流中心的接收服务，请各物资归口业务领域/客户群主责业务领域至少提前 48 小时提交服务申请。每日接单时间为 9:00—15:00（此为示例时间，物流中心可根据实际情况确定具体时间）。

表 5-3 配送订单

场馆名称		下单人		联系方式		物流服务申请单编号	
发货/收货信息	发货时间		发货地点				
	发货人及联系方式		详细地址				
	收货时间		收货地点				
	收货人及联系方式		详细地址				

物资明细

序号	物资归属	品名	外包装规格/mm	物资单位	数量	物资归口业务领域/客户群主责业务领域	是否为暂时进境物资	备注
			时间窗					

下单人签字：

年 月 日

表 5-4　运单(三联单)

运单编号：
发货方存根联

收货信息	收货人					联系方式		
	收货详细地址					收货时间		
发货信息	发货人					联系方式		
	发货详细地址					发货时间		
承运信息	司机/联系方式					人证		
	车牌号码					车证		

物资明细

序号	品名	外包装规格/mm	型号、性质	重量/kg	单位	应送数量	实送数量	备注

发货人签字：　　　　　　　　　　　　　　　　　　年　月　日

司机签字：　　　　　　　　　　　　　　　　　　　年　月　日

续　表

收货信息	收货人				联系方式				运单编号：
	收货详细地址				收货时间				发货方存根联
发货信息	发货人				联系方式				
	发货详细地址				发货时间				
承运信息	司机/联系方式				人证				
	车牌号码				车证				

物资明细

序号	品名	外包装规格/mm	型号、性质	重量/kg	单位	应送数量	实送数量	备注

发货人签字：　　　　　　　　　　　　年　月　日

司机签字：　　　　　　　　　　　　　年　月　日

续　表

收货信息	收货人		联系方式							运单编号：发货方存根联
	收货详细地址		收货时间							
发货信息	发货人		联系方式							
	发货详细地址		发货时间							
承运信息	司机/联系方式		入证							
	车牌号码		车证							
物资明细										
序号	品名	外包装规格/mm	型号、性质	重量/kg		单位	应送数量		实送数量	备注

发货人签字：

收货人签字：

年　月　日

司机签字：

年　月　日

年　月　日

表 5-5　主配送计划

制单人		联系方式		制单时间		配送时间
主配送计划						
运单编号	时间窗	车牌号码	车牌颜色	订单编号/物流服务申请单编号	进场原因	

制单人签字：

年　月　日

填表说明：

若由非物流中心方安排车辆配送，可直接根据物流服务申请单中的信息生成主配送计划（MDS 中可不填运单、订单编号信息）。

注：所有单证样式仅供参考，可根据赛事物流中心运行实际进行调整。

订单处理的流程及规范,包括但不限于:

(1)物资运入或运出场馆时,由场馆物资归口业务领域/场馆客户群主责业务领域提前向场馆物流业务领域提交物流服务申请单。场馆物流业务领域结合场馆物流运行能力审核并确定申请单中的收货或发货时间,分配时间窗并填写配送订单,提交至物流中心运行团队进行审核。

物资运入或运出物流中心时,若为场馆与物流中心之间的物资运输,则参考前述要求;若为场馆以外地点与物流中心之间的物资运输,则由物资归口业务领域/客户群主责业务领域提前向物流中心运行团队提交物流服务申请单。物流中心运行团队结合物流中心仓储、运输能力审核并确定申请单中的收货时间,分配时间窗并填写配送订单。

(2)若由非物流中心方安排车辆配送,则物流服务申请单的提交方(如场馆物资归口业务领域)还需在物流服务申请单中写明司机姓名及其联系方式、车牌号码、车牌颜色等信息,场馆物流业务领域/物流中心运行团队无需填写配送订单,直接根据物流服务申请单中的信息生成主配送计划,并同步信息至各方(包括物流服务申请单的提交方、安保);若需物流中心安排车辆配送,则物流中心运行团队将结合物流中心仓储、运输能力审核并确认配送订单,生成运单并发送运单至配送订单提交方,由订单提交方编制主配送计划并同步信息至各方(包括物流服务申请单的提交方、安保)。

(3)对于由物流中心安排车辆的配送,发货方、收货方和司机须全部确认并签署运单(三联单),方可视为配送订单成功履约。

(4)物资配送完成后,需对单证数据进行归档,以便后续对数据进行统计、分析,为赛事的指挥和决策提供依据。

(5)订单处理还提供申请信息、运单信息、主配送计划等履约过程节点信息的查询、调整、确认、追踪和异常处理等服务。

(二)仓储作业流程及规范

仓储作业主要包括入库、储存、出库等操作,其流程见图 5-4。

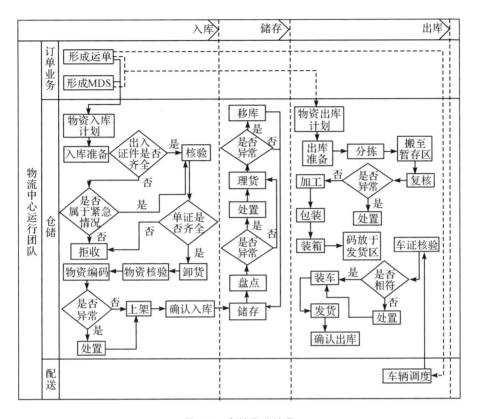

图 5-4　仓储作业流程

1.入库

物资入库是赛事物流中心作业流程的开始环节,主要包括装卸、验收、搬运、上架等活动。入库作业流程及规范,包括但不限于:

(1)结合主配送计划,制订物资入库计划,明确装卸月台、人力、设备等的安排,根据运单形成相应的入库单和上架单,做好入库准备。入库单内容包括物资明细、收货人、收货时间等信息,上架单内容包括物资明细、上架时间、上架人、对应货区货位等信息。

(2)根据物流中心车辆通行规定,核查主配送计划、安检证明、赛事车辆证件、司机认证等通行资质,并配合做好安检工作,确保物资运入及时、有序。

(3)车辆到达指定装卸月台后,核验运单等单证是否齐全无误,并按安检要求解封车。

(4)根据物资入库计划,按约定规范和物资包装上的指示标志进行卸货,并做到轻拿轻放,避免人为操作损坏。

(5)物流中心收货人员清点并核验物资与运单是否相符,确认无误后由物流中心收货人签署运单。若发现包装破损、质量异状、编码缺失、短装溢装等情况,应及时上报并交予专人处置。

(6)入库人清点入库物资与入库单是否相符,确认无误后由入库人、物流中心收货人签署入库单。入库人对物资进行编码,上架人根据上架单,按《仓储作业规范》(SB/T 10977—2013)中的搬运规范及物资包装上的指示标志,将物资搬运至相应的库区及货位。

(7)按照分区分类原则,进行物资分类上架,确保落位合理,防止物资间出现交叉污染。

(8)做好物资信息、货位信息采集及录入,建立物资资料档案,确保清晰、准确,物资上架无误后由上架人签署上架单,完成物资入库。

2. 储存

储存作业是指通过仓储对物资进行储藏、保管等的活动,其流程及规范,包括但不限于:

(1)根据物资特性对物资采取相应的保管方式与维护措施,做好仓库温度、湿度控制及防鼠、防虫害等工作,发现问题需及时处置并做好记录。

(2)根据物资储存实际,制订物资盘点计划和理货计划,统筹人力、设备等。

(3)根据物资盘点计划,按照初盘、复盘、查核、稽核的流程,对物资进行实盘实点,做好记录并形成盘点损益总结,确保账实相符。

(4)发现账实不符、物资损坏等库存损益情况向专人汇报并处置,确保盘点中的差错能及时得到核查、纠正。

(5)根据理货计划,对货架上的物资进行整理,确保码放整齐、标签完整等。

(6)对物资未在正确货位、已调离原库位等情况采取移库处置,确保物资储存准确、仓库使用高效。

3. 出库

物资出库是指根据物资需求订单,按时对物资进行分拣、搬运、分堆、复核、流通加工、装卸并完成发货交接手续的活动。出库作业流程及规范,包括但不限于:

（1）结合主配送计划，制订物资出库计划，明确拣货线路、装卸月台、人力、设备等的安排，根据运单形成拣货单和发货单，做好出库准备。拣货单内容包括物资明细、拣货时间、库区位、拣货人等信息，出库单内容包括物资明细、出库时间、出库人、物流中心发货人等信息。

（2）根据拣货单及拣货线路，开展分拣作业，并做到及时查验及纠错，确保分拣无差错、无浪费、无延迟等，确认无误后由拣货人签署拣货单。

（3）拣货完成后，按《仓储作业规范》(SB/T 10977—2013)中的规范及物资特性进行搬运操作，并按订单、类别、规格、型号等信息将物资搬运至出库暂存区。

（4）根据出库单，对物资进行清点核验，确认无误后由复核人签署发货单，若发现物资明细不符、物资污损等情况应及时上报并交专人处置，确保无差错。

（5）根据加工需求及物资特性，进行物资分割、计量、组装等流通加工作业，其中，计时记分设备、信息化专用设备等特定物资的流通加工由独立库中的专业团队根据物资特定操作要求完成。

（6）选择合适的包装包材，物资包装须整洁完好，符合环保、卫生、安全等的要求，便于识别、运输及物资保护。

（7）应在物资最外层包装表面的明显位置做必要标识（含品名、数量等），确保装箱外观完好、密封严实、无破损、字迹清晰等，并将装箱后的物资按运单码放于发货区，物流中心的发货人清点无误后签署出库单和运单。码放作业需符合按《仓储作业规范》(SB/T 10977—2013)中的要求。

（8）物资装车前需检查车况并确认车厢是否符合要求，按《仓储作业规范》(SB/T 10977—2013)中的规范装车，并做到轻拿轻放，遵循下重上轻、外急内缓原则，做好车厢内物资码放，避免损坏。针对暂时进境物资、易燃易爆物资等特定物资，应明确专人负责装车并做好保护工作。

（9）物资装车完成后，由物流中心发货人负责检查车厢和场地周围有无其他遗留物资，确认无误后，司机负责关好车门，加挂封签，完成物资出库。

（三）运输配送作业流程及规范

物资配送是指根据赛事活动需要，用设备和工具将物资按时送达指定地点的活动，配送作业主要包括接收物资、在途管理、交付物资等操作，其流程见图 5-5。

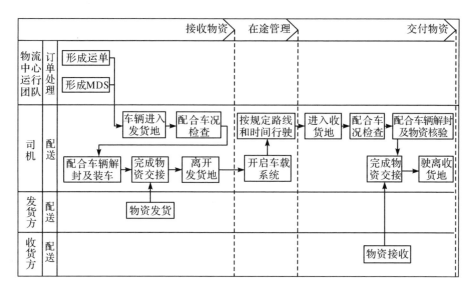

图 5-5　配送作业流程

1.接收物资

接收物资的流程及规范,包括但不限于:

(1)车辆出发前联系物流运行场所发货人,贴安保封签。司机根据运单信息以及赛事物流运行场所(始发地)的通行要求,备齐相关通行资质,进入场所并联系发货人。

(2)司机将车辆驾驶到指定装卸作业区。

(3)发货人负责车辆解封和装车作业。在装货作业过程中,发货人负责在货物最外层包装表面的明显位置做必要标识(含品名、数量)、签署运单、装车等。若物资的始发地为赛事物流中心,作业流程及规范参见出库作业流程。

(4)发货人负责检查车厢和场地周围有无其他遗留物资,确认无误后,司机负责关好车门,将车辆驶离赛事物流运行场所。

2.在途管理

在途管理流程及规范,包括但不限于:

(1)司机根据运单,在规定时间内发车,并开启车载卫星定位装置及其他应当开启的车载设施设备。

(2)司机按照调度规定的运行路线和运行时间行驶。

（3）赛事物流中心运行团队为物资运输配送提供全程运行保障，并监控运输配送过程，确保物资运输配送的安全运行。

3. 交付物资

交付物资流程及规范，包括但不限于：

（1）车辆出发前联系物流运行场所收货人，贴安保封签。司机根据运单信息以及赛事物流运行场所（目的地）的通行要求，备齐相关通行资质，进入场所并联系收货人。

（2）司机将车辆驾驶到指定装卸作业区。

（3）收货人负责车辆解封和卸货作业。在卸货作业过程中，收货人负责物资清点（以最大外包装件数为计量单位），确认无误后与司机一同签署运单，完成物资交接。若物资的目的地为赛事物流中心，作业流程及规范参见入库作业流程。

（4）物资卸货完成后，收货人负责检查车厢和场地周围有无其他遗留物资，确认无误后，司机负责关好车门，根据调度指令返回指定场地。

四、赛事物流中心运行的实施保障

（一）运行团队保障

物流中心需建立运行团队，通过对运行团队组织架构、人员组成及来源、工作职责及要求、人员权限等的规定，以确保物流中心的正常运行。此外，明确人员配置要求、人员培训内容等，相关信息介绍详见第六章第二节物流运行人力保障。

（二）公共卫生保障

物流中心应确保物流运行环境整洁、卫生，其内容包括但不限于：

（1）物流中心需规划公共卫生应急处置场地。

（2）物流中心应做好环境清洁工作，明确环境卫生要求，制订相应的环境保洁方案，并做好环境保洁记录，确保环境整洁、卫生。

（3）物流中心需配备作业卫生安全防护用品，未佩戴相应防护用品的人员不得上岗作业。

(三)设施设备保障

1.设施要求

物流中心的设施设置需合理、专业、科学,以支持物流中心高效、顺畅运行,设施要求应包括但不限于:

(1)物流中心规划设计需符合《物流中心分类与规划基本要求》(GB/T 24358—2019)的要求,应根据物资类型、流动频率规划布局设施,宜规划设置仓库、物流中心内道、装卸作业区、停车场、办公区(生活区)、配套设施等。部分设施设计要求见表5-6。

表 5-6 部分设施设计要求

序号	名称	设计要求
1	物流中心	(1)应进行可行性和安全评估,符合国家土地管理、规划、消防、安全等方面的规定 (2)物流中心占地面积不宜低于 0.1 km² (3)配套办公区(生活区)用地面积不宜超过物流中心总用地面积的 10% (4)物流中心容积率不宜低于 60%,建筑物层高超过 8.0 m 的,计算容积率时该层建筑面积加倍计算 (5)物流中心建筑密度应不低于 40% (6)应符合绿色物流的发展理念,倡导节地、节水、节电 (7)应统一规划消防、抗震、防洪除涝等安全设施,应规划仓库、物流中心内道、装卸作业区、停车场等
2	仓库	(1)应根据作业方式、货架类别及储存方式等因素确定仓库设计参数 (2)柱距和跨度设计应综合考虑造价、货架布置、库门位置及作业规划,单层库柱距宜为 9—12 m,跨度宜为 20—30 m (3)货架区域,从仓库地面至库房顶梁下的净高不宜小于 10.5 m (4)库内地面应确保平整、耐磨、不起尘、防潮、防滑、清洁、易清洗,地面厚度应根据静荷载、动荷载及客户要求综合计算确定,单层库、多层库及楼房库底层地面荷载应不小于 30 kn/m²,楼房库 2 层及 2 层以上地面宜为载荷 25 kn/m² (5)应根据气候条件、物资类型、进出频率、作业流程及方式等,选择库门类型,宜采用工业提升门、金属卷帘门,而宽度大于 4 m 的库门不宜采用普通卷帘门,库门尺寸应根据运输工具、物资类别等因素确定 (6)装卸站台高度应根据库区主要运输车辆地板高度确定,宜为 1—1.3 m,站台宽度应根据作业机械类型、回转半径及作业特点设计,宜不小于 4.5 m,库门或装卸站台应设立防雨篷,防雨篷伸出站台边缘的挑出长度不宜小于 2.5 m,距离地面最小净高宜不小于 5 m (7)屋面系统设计参数应根据气候条件、存储物资、作业采光和防火要求等因素确定,应采用防水性能好、有利于排水的材料或构件

续　表

序号	名称	设计要求
3	库外装卸作业区	(1)库外卸货作业区宽度和地面承重应根据运输车辆类型、作业方式等进行规划,应满足不小于 40 ft 集装箱卡车长度的作业要求。单侧装卸作业时,宽度(含车辆通道)应不小于 30 m;相向作业时,宽度(含车辆通道)应不小于 45 m (2)库外卸货作业区应满足车辆行驶及作业要求,并采取必要的防滑、排水措施
4	物流中心内道	(1)车行道路的宽度、承重、转弯半径应满足不小于 40 ft 集装箱卡车通行的要求,满足运输车辆和消防车辆通行的要求,宜设置成环形 (2)人行专用道宽度应不小于 1 m,并设有明确标识

(2)仓库规划设计需符合《通用仓库及库区规划设计参数》(GB/T 28581—2021)的要求。仓库应根据物资类型、作业流程、作业频率、业务操作需要等进行合理分类分区,在满足作业需要的同时提高仓库利用率,减少作业迂回,宜规划设置收货区、储存区、发货区等。

(3)仓库应根据信息化专用设备、计时记分设备等特定物资作业需要,设置相应的独立作业区,其规划设计需符合国家相关法规和标准规定。

2.专用设备要求

物流中心需为物流业务流程各业务操作提供所需专用设备,并确保设备配置合理、运行正常等,其内容包括但不限于:

(1)以满足物流中心物流运行需求为原则,配备符合各业务操作要求的装卸搬运设备、存储设备、分拣输送设备、运输设备、包装设备、耗材、物流工具、人员装备等物流专用设备,其配置标准详见第六章第三节"物流运行机力保障"部分。

(2)信息化专用设备、计时记分设备等特定物资的独立作业区应按作业操作要求配备相应的设备。

(3)对专用设备应进行标识,内容应包括设备名称、编号、状态、责任人等信息,并置于显著位置。

(4)应遵循操作要求,规范使用物流专用设备,并做好使用记录。

(5)定期对物流专用设备进行盘点,掌握设备运行情况,针对故障能及时处置。

(6)按设备养护内容和要求,并结合设备运行情况,定期对设备进行养护。

（7）设备维修应由专人负责,维修后应及时清理现场,确保后续作业正常进行。

（8）设备更新应根据赛事物流中心运行实际,并结合工艺改进及设备使用情况确定。

(四)信息保障

物流中心信息管理内容,包括但不限于:

（1）建立信息管理人员架构,配备人员,明确业务范围、岗位职责等。

（2）制定出入库物资信息编码规则,确保清晰、准确。

（3）明确信息录入、查询、更改等方面的权限及管理规定,并落实到人。

（4）强化物流中心信息安全,依规储存、处理各类信息资料,防止信息违规外泄。

（5）建立信息共享机制,便于相关方对物资储存、运输状态等进行查询、跟踪。

（6）搭建管理信息系统包括订单管理系统、仓储管理系统、运输管理系统等,提高信息化水平。

（7）明确信息自动识别技术(如条形码、电子标签等)的使用标准、规范等。

（8）建立信息设备和网络运维管理制度,定期开展检查、维护,确保正常、安全运行。

(五)安全保障

物流中心应做好安全管理,确保人员、实施设备、物资、信息系统等的安全,包括安全基础管理、专项安全管理、作业安全管理等内容。

1.安全基础管理

安全基础管理内容,包括但不限于:

（1）物流中心应设置安全管理组织机构,明确安全责任人,签订安全责任书。

（2）配置安全标识,放于醒目位置,并定期检查,安全标识宜包括道路交通标识、消防安全标识、设备安全标识、危险部位标识等。

(3)制定物流中心内部安全管理制度,明确管理要求及安全巡查制度。

2.专项安全管理

专项安全管理内容,包括但不限于:

(1)物流中心应具备抗风、抗雪、抗震、防雨、防雷、消防、防盗、防虫害等必备功能特性,并定期开展相关检查,明确相应的安全防范措施。

(2)配备物流中心运行所需技防、物防等安防基础设施,包括消防设施、视频监控设施、电子围栏、防虫害工具等,做好设施设备使用记录,定期检查设施设备功能,对设施设备要定期养护,发现问题要及时更换设施设备,以确保安全。

(3)建立物流中心网络信息安全管理制度,明确网络安全等级要求,配备网络安全设施,强化网络隔离、数据备份等安全措施。

(4)根据国家相关法律和标准,对暂时进境物资等特定物资实行全程监管,确保其安全性、完备性等。

3.作业安全管理

作业安全管理内容,包括但不限于:

(1)做好物流中心人员、车辆、物资等的通行管理,明确通行要求。

(2)作业前需检查作业现场环境、设施设备,必要时应设安全员进行安全指导。

(3)人员须做好作业安全防护,并按规范操作设施设备,确保作业安全。

(4)根据实际选择过程稽核、结果稽核等方式进行作业稽核反馈,确保按规范作业。

(六)应急管理保障

物流中心应做好应急管理,其内容包括但不限于:

(1)在梳理风险的基础上,编制针对不同类型风险的应急预案,做好应急物资、设备等的储备工作,并制订储备物资与设备、处置人员等的调配方案。

(2)针对不同类型风险,定期开展风险评估以判断风险大小,进而进行风险提示。

（3）定期或不定期开展应急预案的测试与演练，并根据测试与演练结果对预案的可实施性、有用性等进行评价和改进。

（4）针对风险突发状况，启动应急处理机制，风险处置完毕后应做好总结分析，进而完善相应的应急预案。

五、赛事物流中心运行的评价与改进

物流中心须定期对赛事物流中心运行与操作管理规范的执行情况开展评价工作，并结合评价结果进行持续改进，进而完善物流中心运行与操作管理规范，为物流中心的高效、顺畅运行提供支撑。

（一）评价目标设定

物流中心应设定评价目标，形成一套评价指标体系，定期对赛事物流中心运行与操作管理规范的执行情况进行评价，以检测是否达到规范的相关规定并得到有效保持，具体评价指标见表5-7。

表 5-7　赛事物流中心运行与操作管理规范评价指标体系

一级指标	二级指标	分值	指标说明	得分
物流中心运行基本情况（17分）	安全性	4	工作人员、设施设备、赛事物资、作业操作、信息系统与数据等的安全性（4分）	
	智能化	2	在物流中心运行中运用了智能技术（1分）；通过智能技术提高物流服务效率、效能（1分）	
	高质量	2	规范物流中心运作的每个环节（1分）；通过规范作业环境提高物流服务质量（1分）	
	创新性	1	以体制机制创新、业务流程创新等方式实现物流中心运营（1分）	
	绿色低碳	3	应用并推广节能减排技术、设施设备和方法（1.5分）；通过节能减排方式降低物流运营成本（1.5分）	
	满意度	5	服务对象对物流中心运行的评价得分，其中满意得5分，基本满意得3分，一般得1分，不满意得0分	
作业操作规范（48分）	订单处理	7	提前向赛事物流中心运行团队提出物资配送申请（1分）；根据订单形成配送订单（1分）；形成配送订单（1分）；物资从始发地发货时，发货方须确认并签署运单（0.5分）；物资到目的地收货时，收货方和司机所确认并签署运单（0.5分）；订单完成后，需对订单数据进行归档（0.5分）；提供信息的查询、调整、确认，追踪和异常处理等服务（2.5分）	
	入库	9	制订物资入库计划，并做好入库准备（1分）；车辆通行政策完备并得到有效落实（1分）；卸货前完成车况检查、单证核验，并按安检要求拆解车辆（1.5分）；装卸搬运规范依施，并做到轻拿轻放（1分）；清点、核验物资是否与收货单、运单相符，并对物资进行编码、完成物资核验（1分）；收货人签署收货单、运单（2分）；在核验过程中发现包装破损、质量异状、条码缺失等情况有效处置（1分）；对物资进行分区分类上架、物资落位合理（1分）；做好物资信息、货位信息采集及录入等工作（0.5分）；及时完成物资入库工作（0.5分）	
	储存	6	保存方式符合物资需求（0.5分）；维护保养措施合适、有效（0.5分）；制订物资储存计划，根据物资储存实际情况，制订物资储存计划、盘点计划和理货计划（1分）；根据盘点计划，对物资进行实盘点实，并做好记录和总结，确保账实相符（1分）；对物资盘点时发现账实不符、物资残次等物资存库存损益情况及时处置（1分）；对物资未在正确货位、已调离原库位等情况及时处置（1分）	

续表

一级指标	二级指标	分值	指标说明	得分
作业操作规范（48分）	出库	14	制订物资出库计划，并做好出库准备（1分）；根据拣货单及拣货线路，开展分拣作业，确保分拣无差错，无浪费，无延迟费，无延迟等（2分）；拣货完成后能有效处置（1分）；拣货中发现与需求加工需求不符，物资污损不符，物资明细不符等情况实施（3分）；根据加工需定物资加工需求进行加工（0.5分）；计时计分设备，信息化分设备，信息整洁完成定操作要求完成（1分）；物资包装完成须由专业团队根据物资特定物资加工需由专业团队根据物资特定物资加工需保护（1分）；物资装箱完成后须在醒目位置粘贴订单信息，物流标签，卫生，安全等要求，便于运输及物资保护（1分）；物资装箱完成后须在醒目位置粘贴订单信息，物流标签，装卸标识等，确保装箱后外观完好，密封严实，字迹清晰，完成物资出库（2.5分）；装车前检查车况，核验单证（0.5分）；物资装车完成后，发货人签署运单和发货单，完成物资出库（0.5分）	
	配送	12	根据运单，司机按赛事物流运行场所（始发地）的通行要求进入（0.5分）；司机将车辆驾驶到发货人指定的装卸月台，并配合车辆况检查（1分）；司机做好车辆装车作业（2分）；司机配合车辆解封，装车作业（1.5分）；司机按照调度规定的运行路线和运行时间内行驶，并开启全程车载综合信息化监控系统（1.5分）；物流中心运行全程运行保障，并监控运行过程，确保物资运输驾驶到物流运行场所（目的地）的通行要求进入（0.5分）；司机将车辆驾驶到指定的装卸货月台后，司机配合车辆况检查（1分）；车辆解封，卸货作业（2分）；物资卸货完成后，司机检查车厢和场地周围有无遗留物资并关好车门，返回指定场所（1分）	
运行与操作规范实施保障（35分）	运行团队管理	7	建立物流中心运行团队组织架构，科学设置岗位，并明确各部门门业务范围，并建立部门间沟通运行机制（2分）；科学设置的职业岗位，具备岗位要求的职业能力，可获得，且经过培训才能上岗，特种设备操作人员持证上岗（1.5分）；从业人员经过培训上岗，人员管理制度清晰，可获得（1分）；制订人员培训计划，搭建人员培训内容体系，及时开展培训，并根据培训效果进行改进（1.5分）	
	公共卫生管理	3	在安保封闭区对所有进出物流中心的人员，车辆，物资等进行安检及公共卫生安全处置（1分）；做好环境清洁工作，确保物流中心环境整洁，卫生（1分）；配备作业防护用品，并要求上岗佩戴（1分）	

续表

一级指标	二级指标	分值	指标说明	得分
运行与操作规范实施保障（35分）	设施设备管理	7	物流中心规划设计符合《物流中心分类与规划基本要求》(GB/T 24358—2019)的要求，并配置相应的设施（1分）；仓库规划设计符合《通用仓库及库区规划设计参数》(GB/T 28581—2021)的要求，并进行相合理分类分区（1分）；信息化专用设备，计时计分设备等特定分类物资配备相应的独立作业区，且符合进行标识，并置于显著位置（1分）；配备符合各业务操作要求的物流专用设备（0.5分）；对专用设备应至少一次对物流专用设备进行盘点，掌握设备运行情况（0.5分）；规范使用专用设备，并做好使用记录（1分）；每日至少一次对物流专用设备运行进行维护（0.5分）；设备维修由专人负责（0.5分）；根据物流中心运行实际进行设备更新（0.5分）	
	信息管理	5	信息管理人员架构合理（0.5分）；出入库物资编码清晰，准确，依规储存，处理各类信息安全（0.5分）；强化物流信息查询，跟踪（0.5分）；搭建管理信息系统（0.5分）；明确信息自动识别及使用标准、规范等（0.5分）；建立信息设备和网络运维管理制度，定期开展检查、维护（1分）；信息面的权限及管理机制，便于相关方进行信息录入，查询，更改等（0.5分）；明确各类信息资料（0.5分）；建立自动信息息共享各类信息资料（1分）	
	安全管理	9	安全责任明确（0.5分）；安全标识设置合理（0.5分）；安全管理制度清晰（0.5分）；配备物流中心安全基础设施，并明确相应的防范措施（2分）；抗震，防雨等必备功能，并依规使用（1分）；建立物流中心信息安全管理制度，对暂时进境物资等特定物资实行全程监管（0.5分）；作业前检查作业现场环境，设施设备（1分）；作业稽查反馈核实合理且有效执行（0.5分）；具备抗风、抗雪、抗风、物防等技防、物防等安全防基础（0.5分）；明确相应的安全措施，并明确到政策明确，并得到有效执行（1分）；物流中心通信安全（0.5分）；人员做好作业安全防护，并按规操作设备（0.5分）；制度有效执行（0.5分）	
	应急管理	4	编制针对不同类型风险点的应急预案（1分）；定期开展风险评估，并做好风险提示（1分）；定期进行应急预案的测试与演练，并根据结果进行改进（1分）；针对风险发生状况，有效启动应急处理机制（1分）	
关键性指标			服务对象对赛事物流中心运行的评价为"不满意"；赛事物流中心运行中出现重大安全事故，并造成人员伤亡；因物资配送影响赛事活动举办	

（二）评价实施

定期对物流中心运行与操作管理规范的执行情况进行评价，评价措施包括但不限于：

（1）建立评价实施方案，包括坚持公正、公开、客观、发展等评价原则，明确评价实施主体，并按照评价指标通过现场观察、资料查阅、人员访谈等方式进行评价。

（2）根据评价实施方案开展评价实施，确保评价过程公正、公开、透明。

（3）及时反馈评价结果并给出相应改进意见，报送相关管理人员采取措施给予改进，并对改进情况进行跟踪调查。

（三）改进

物流中心应根据建立的运行与操作管理规范体系及评价结果，积极整改，加强防范，并结合日常作业活动及环境的变化对建立的运行与操作管理规范体系进行动态调整和完善，以确保规范体系的有效性、充分性，并将改进结果形成文档。

第二节　场馆物流运行服务

一、赛事场馆物流运行概述

赛事场馆物流是指在特定场馆区域内为确保赛事正常运行而进行的一系列物流作业活动。其运行流程主要包括计划、接收、暂存、领用、回收、运出及物流服务等方面。赛事场馆物流运行的核心在于保障竞赛活动所需物资及时、准确地进入场馆特定区域，为赛事活动提供支撑，同时为场馆各业务领域提供场馆内相关的人力、机力物流服务。赛事场馆物流是赛事活动中物流服务的重要一环，是场馆服务保障体系的重要组成部分。通过科学制定并落实赛事场馆物流运行规范，制定合规、严谨的物流服务工作制度与业务流程，可以贯彻杭州亚运会"绿色、智能、节俭、文明"的办赛理念，建立协同、高效的赛事场馆物流服务运行机制和管理模式,安全、高效、顺畅、专业地为场馆内有物流服务需求的业务领域提供优质的物流服务。

二、赛事场馆物流作业流程及规范

(一)总流程

赛事场馆物流作业流程主要包括计划、接收、暂存、领用、回收、运出及物流服务等环节,具体内容见图5-6。

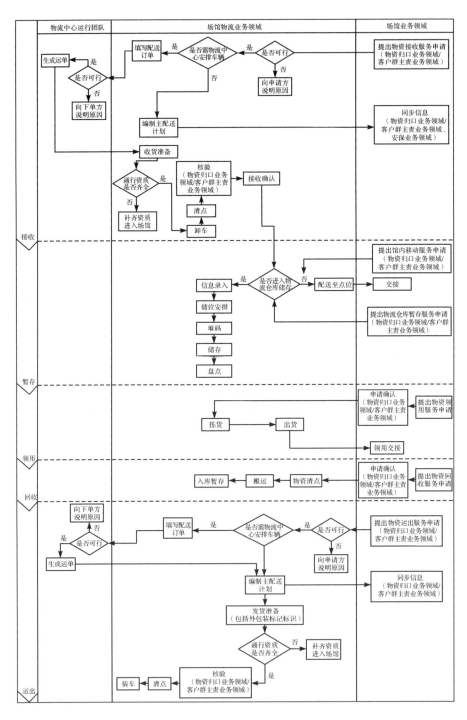

图 5-6　赛事场馆物流作业流程

(二)主配送计划

场馆物流业务领域应做好主配送计划场馆方面的工作,其内容应包括但不限于:

(1)明确赛事场馆配送时间信息、物流运行流线、物流装卸作业区位等物流运行能力信息及场馆物流对外联系人信息,并汇总、同步至物流中心运行团队。

(2)物资运入或运出场馆时,由场馆物资归口业务领域/场馆客户群主责业务领域提前向场馆物流业务领域提出物流服务申请。场馆物流业务领域结合场馆物流运行能力审核并确定申请单中的收货或发货时间,分配时间窗,物流服务申请单见表5-8。

(3)若需物流中心安排车辆配送,则场馆物流业务领域应根据物流服务申请单和收发货时间的可行性,分配时间窗并填写配送订单,提交至物流中心运行团队审核。物流中心运行团队将审核并确认订单,生成运单后发送至场馆物流业务领域,由场馆物流业务领域编制主配送计划并同步信息至各方(包括场馆物资归口业务领域/场馆客户群主责业务领域、场馆安保业务领域),配送订单和主配送计划见表5-9、表5-13。

(4)若由非物流中心方安排车辆配送,则物流服务申请单的提交方须在物流服务申请单中写明司机及其联系方式、车牌号码等信息,场馆物流业务领域直接根据物流服务申请单中的信息生成主配送计划,并同步信息至各方(包括场馆物资归口业务领域/场馆客户群主责业务领域、场馆安保业务领域)。

(三)赛事物资接收

场馆物流业务领域应做好场馆运入物资的接收工作,其内容应包括但不限于:

(1)场馆物资归口业务领域/场馆客户群主责业务领域提出物资接收服务申请,形成物流服务申请单。场馆物流业务领域根据物流服务申请单做好主配送计划场馆方面的工作,具体内容参照"(二)主配送计划"中的第(2)—(4)点。

（2）根据场馆物资归口业务领域/场馆客户群主责业务领域（非物流中心安排车辆）或物流中心运行团队反馈的运单形成交接单，统筹卸货位、人力、机力等，同时联络场馆物资归口业务领域/场馆客户群主责业务领域派出验收人员，做好物资收货和交接的准备工作。物资交接单见表5-10。

（3）场馆安保锁闭后，进入场馆的货运车辆应确认主配送计划、安检证明、赛事车辆证件、司机认证等通行资质，并配合做好安检工作。[①] 其中，主配送计划以场馆物流业务领域同步的信息为准。

（4）场馆物流业务领域负责卸货作业。在卸货作业过程中，按物资包装上的指示标志进行卸货操作，并做到轻拿轻放。易碎、易损物资的卸货工作应由专人负责，并做好保护措施。

（5）场馆物流业务领域清点物资数量（以最大外包装件数为计量单位），确认无误后与司机一同签署运单和物资交接单。场馆物资归口业务领域/场馆客户群主责业务领域核验物资，确认无误后签署物资交接单中的验收意见，完成物资交接。物资核验时发现异常应交由专人明确原因，并进行后续处置。

（6）物资卸货完成后，场馆物流业务领域检查车厢和场地周围有无其他遗留物资，确认无误后，司机负责关好车门。物资接收结束后应对装卸作业区进行全面清理，不得留有废弃物。作业后应对危险品操作过程中使用的设备进行彻底清洗，并妥善保管。

（四）赛事物资暂存

赛事物资接收后，需直配至点位的应将其直配至点位；需进入场馆物流仓库暂存的应进行暂存操作，暂存环节应包括但不限于：

（1）场馆物资归口业务领域/场馆客户群主责业务领域提出场馆物流仓库暂存服务申请，形成暂存服务申请单。

（2）场馆物流业务领域根据暂存服务申请单统筹物资储备、人力、机力等。

（3）对物资进行编码、建档，并配备识别标记和登记卡。登记卡应包括

---

① 资料来源：《2022年第19届亚运会物流服务保障总体工作方案》（亚筹方案〔2021〕2号）。

物资名称、编号、货主、物资归口、存放货位、入库日期、储存要求、管理责任人、动态记录等内容,其示例见表5-11。

(4)物资储位安排应结合物资特性,并考量物资使用顺序、周期等因素,尽可能提高收发货效率,提升仓库使用效能。

(5)按照类别、规格型号、批次等对赛事物资进行物资堆码和管理,堆码应符合《仓储作业规范》(SB/T 10977—2013)中6.4的规定。

(6)根据物资特性对存储物资采取相应的保管方式与维护措施,确保物资完好。

(7)应做好物资日常进出库管理,并形成物资进出库登记表。物资进出库登记见表5-12。

(8)应以日盘的形式对物资进行实盘实点,做好记录并形成盘点损益总结,确保账实相符。发现库存不准、物资残次等异常情况时,应及时核查、纠错。

(五)赛事物资领用

为满足赛事活动需要,对进入场馆物流仓库暂存的物资进行领用操作,其内容应包括但不限于:

(1)场馆业务领域提出物资领用服务申请,形成物资领用服务申请单,示例详见表5-8。

(2)场馆物资归口业务领域/场馆客户群主责业务领域确认领用服务申请单,场馆物流业务领域根据场馆物资归口业务领域/场馆客户群主责业务领域确认的物资领用服务申请单统筹人力、机力等。

(3)根据物资领用服务申请单规划拣货路径,并按最优路径开展拣货作业。对拣货过程中出现的漏拣、错拣等异常情况应及时查验、纠错,确保拣货无差错、无延迟。

(4)根据物资领用服务申请单对物资进行复核,对待出货赛事物资进行离仓操作。

(六)赛事物资回收

赛事活动结束后,从场馆物流仓库出库的可继续利用的赛事物资若需

重新进入物流仓库,可对其进行回收操作,其内容应包括但不限于:

(1)场馆业务领域提出回收服务申请,形成回收服务申请单。

(2)场馆物资归口业务领域/场馆客户群主责业务领域确认回收服务申请单,场馆物流业务领域根据场馆物资归口业务领域/场馆客户群主责业务领域确认的回收服务申请单统筹人力、机力等。

(3)根据回收服务申请单提前将赛事物资分类码放,并进行清点。发现数量种类异常、质量异状等情况应交由专人核实,明确原因,并进行后续处置。

(4)赛事物资回收过程中的搬运装卸操作应符合《仓储作业规范》(SB/T 10977—2013)中6.3的规定。

(5)物资交接时应再次核验回收服务申请单,无误方可入库。物资暂存操作规范详见"(四)赛事物资暂存"。

(七)赛事物资运出

赛事活动结束后,对赛事物资进行运出操作,其内容应包括但不限于:

(1)场馆物资归口业务领域/场馆客户群主责业务领域提出物资运出服务申请,形成物流服务申请单。场馆物流业务领域根据物流服务申请单做好主配送计划场馆方面的工作,具体内容参照"(二)主配送计划"中的第(2)—(4)点。

(2)根据场馆物资归口业务领域/场馆客户群主责业务领域(非物流中心安排车辆)或物流中心运行团队反馈的运单形成交接单,统筹发货位、人力、机力等,同时联络场馆物资归口业务领域/场馆客户群主责业务领域派出验收人员,做好物资发货和交接的准备工作,交接单示例详见表5-10。

(3)场馆安保锁闭期内,进入场馆的货运车辆应确认主配送计划、安检证明、赛事车辆证件、司机认证等通行资质,并配合做好安检工作。其中,主配送计划以场馆物流业务领域同步的信息为准。

(4)对有包装需求的赛事物资进行包装。在货物最外层包装表面明显位置贴上必要标识(含品名、数量)。精密设备、易碎品、大型器件等应进行加固包装,物资包装设计应符合《包装设计通用要求》(GB/T 12123—2008)的规定。

（5）车辆到达后，场馆物资归口业务领域/场馆客户群主责业务领域对物资进行核验，确认无误后签署物资交接单中的验收意见。场馆物流业务领域清点物资数量（以最大外包装件数为计量单位），确认无误后与司机一同签署运单和物资交接单，完成物资交接。场馆物流业务领域负责装车作业。在装车作业过程中应轻拿轻放，车厢内码放应遵循不同订单位置区隔、下重上轻、外急内缓的原则，以提高作业效率及安全性。

（6）物资装车完成后，场馆物流业务领域应检查车厢和场地周围有无其他遗留物资，确认无误后，司机负责关好车门。物资运出场馆后，应对装卸作业区进行全面清理，不得留有废弃物。作业后应对危险品操作过程中使用的设备进行彻底清洗，并妥善保管。

（八）物流订单服务

应根据场馆业务领域物流需求，为其提供相应物流服务，其内容应包括但不限于：

（1）场馆物流服务范围应包括搬运、装卸等劳动力服务及物流专用设备租借服务等。

（2）场馆物流服务流程应包括场馆业务领域申请服务、场馆物流业务领域确认并提供服务等。

（3）场馆业务领域完成物流服务申请。

（4）场馆物流业务领域按照物流服务申请单提交的先后顺序进行确认，明确物流服务次序，有效组织人力、机力开展物流服务。

（5）使用叉车、搬运车、集装箱正面吊运机等物流专用设备进行装卸、搬运操作的人员应持合格、有效的操作证件，且作业前应检查相关设施设备，确保其安全可用。装卸搬运操作应符合《仓储作业规范》（SB/T 10977—2013）中6.3的规定。

（6）服务结束后应及时做好机力回收及清扫、检查、消杀、登记工作，确保后续服务正常开展。

表 5-8 物流服务申请单

物流服务申请单编号（例：场所—日期—申请人）

申请部门					申请日期
服务类型	**申请人**	**联系方式**			**申请日期**
劳动力服务	□接收	发货时间	（选填）	发货人及联系方式 详细地址	
		发货地点			
		收货时间		验收人及联系方式 详细地址	
		收货地点			
	若无需物流中心安排车辆，则需填写此信息	车牌号码	车牌颜色	司机姓名	联系方式
	□暂存（场馆物流仓库）				
	□馆内移动				
设备租借	□运出	始发地		目的地	
		发货时间	（选填）	验收人及联系方式 详细地址	
		发货地点			
		收货时间		收货人及联系方式 详细地址	
		收货地点			
	若无需物流中心安排车辆，则需填写此信息	车牌号码	车牌颜色	司机姓名	联系方式
	设备名称				
	数量				
	使用时间				
	归还时间				

续　表

申请部门		申请人		联系方式		申请日期	

物资明细

序号	物资归属	品名	外包装规格	物资单位	数量	场馆物资归口业务领域/场馆客户群主责业务领域	是否为暂时进境物资	备注

场馆服务申请业务领域
负责人签名：　　　　　　　　　　经办人签名：　　　　　　　　　年　月　日

场馆物资归口业务领域/场馆客户群主责业务领域
负责人签名：　　　　　　　　　　经办人签名：　　　　　　　　　年　月　日

场馆物流业务领域
负责人签名：　　　　　　　　　　经办人签名：　　　　　　　　　年　月　日

填表说明：
（1）关于接收、运出服务，请各业务领域至少提前48小时提交服务申请，每日接单时间为9：00—15：00（此为示例时间，各场馆可根据各自实际工作情况确定具体时间）。
（2）关于其他类别情况服务，请各业务领域至少提前24小时提交服务申请，每日接单时间为99：00—15：00（此为示例时间，各场馆可根据各自实际工作情况确定具体时间）。
（3）若服务申请业务领域即场馆物资归口业务领域/场馆客户群主责业务领域本身，则只需在场馆物资归口业务领域/场馆客户群主责业务领域处签字。

表 5-9　配送订单

场馆名称		下单人	联系方式		物流服务 申请单编号
发货/收货信息 （注：若收货方为物流中 心，则发货、收货 信息二选一填写即可； 否则，需全部填写）	发货时间		发货地点		
	发货人及联系方式		详细地址		
	收货时间		收货地点		
	收货人及联系方式		详细地址		

物资明细

序号	物资归属	品名	外包装规格	物资单位	数量	场馆物资归口业务领域/ 场馆客户群主责业务领域	是否为暂时 进境物资	备注

时间窗

下单人签名：

年　月　日

表 5-10　物资交接单

编号：　　　　　　　　　　　　　　　　交接日期：年　月　日

物资交接地点	运单编号		验收人及联系方式	
发货方	发货人及联系方式		发货地址	
收货方	收货人及联系方式		收货地址	
司机派出单位	司机姓名及联系方式		车牌号/车牌颜色	

物资明细

序号	品名	外包装规格	单位	场馆物资归口业务领域/场馆客户群主责业务领域	是否为暂时进境物资	应收数量	实收数量	验收人员意见及签名（场馆物资归口业务领域/场馆客户群主责业务领域）	备注

司机签名（只对最大外包装件数进行确认）：

　　　　　　　　　　　　　　　　　　　年　月　日

收货/发货人员（场馆物流业务领域）签名：

　　　　　　　　　　　　　　　　　　　年　月　日

表 5-11 物资登记卡

入库日期		编号	
品名		外包装规格	
数量		存放货位	
是否为暂时进境物资		特殊储存要求	
场馆物资归口业务领域/场馆客户业务领域联系人及联系方式		货主及联系方式	
入库人及联系方式		物流仓库管理责任人及联系方式	

动态记录

序号	时间	入库					出库					库存	备注
		外包装规格	数量	单位	办理人	联系电话	外包装规格	数量	单位	办理人	联系电话		

表 5-12　物资进出库登记

序号	时间	入库						出库						库存	备注
		品名	外包装规格	数量	单位	办理人	联系电话	品名	外包装规格	数量	单位	办理人	联系电话		

表 5-13 主配送计划

制单人		联系方式		制单时间		配送时间	
				主配送计划			
运单编号	时间窗	车牌号	车牌颜色	订单编号/物流服务申请单编号		进场原因	

制单人签名：

年 月 日

填表说明：

若由非物流中心方安排车辆配送，可直接根据物流服务申请单中的信息生成主配送计划（主配送计划中可不填运单、订单编号）。

三、赛事场馆物流运行的实施保障

(一)环境保障

赛事场馆物流业务领域应确保物流运行环境整洁、有序、卫生。

(1)赛前阶段,应为赛事场馆物流功能区提供至少一次整体、全面保洁服务,达到环境清洁、物品保养的目的。

(2)赛时阶段,根据场馆运行要求,宜以日为单位,为赛事场馆物流各功能区提供保洁服务,保障各项赛事顺利进行。

(3)赛后阶段,应为赛事场馆物流功能区提供至少一次集中保洁服务,保障赛后各场馆物流的日常运行。

(4)环境保洁后应详细记录保洁日期、保洁对象、操作人等信息,形成作业记录并整理归档。

(二)安全保障

1.操作安全

赛事场馆物流业务领域应确保各作业环节人员、设施设备等的操作安全,其内容应包括但不限于:

(1)操作人员上岗前应经过培训,操作叉车、搬运车、集装箱正面吊运机等物流专用设备的人员应持有合格、有效的操作证件。

(2)作业前需检查作业现场环境,必要时应安排专人进行监督。

(3)应选择适合、无损的机械设备,并在设备设计负荷内按规作业,确保设施设备操作安全。

(4)合理选择过程稽核、结果稽核等方式进行操作流程稽核反馈,确保各作业环节按规操作。

2.安防管理

赛事场馆物流业务领域应做好赛事场馆物流运行区域内的安全防护,其内容应包含但不限于:

(1)根据场馆安防规定,配备场馆物流运行所需视频监控系统、安防报警系统等技防、物防设施,并依规使用。

（2）根据场馆消防安全要求，围绕场馆物流仓库、装卸作业区等重点功能区，定期组织开展防火检查，发现火情须严格落实消防操作规程，确保人身、财产安全。

（3）赛前、赛中、赛后等阶段应对仓库虫害情况进行检查，如发现有虫害活动痕迹应立即处理，并对该区域进行消杀。如使用杀虫剂，须遵从相关的使用方法和用途规定并进行登记。

（4）根据场馆公共卫生要求，落实赛前、赛中、赛后等阶段中赛事物资消杀、物流人员安全防护等工作，防范和控制公共卫生风险。

（5）明确赛事场馆物流信息安全管理要求，强化信息安全技术，依规建档、储存、处理各类信息，防止物流信息违规外泄。

（三）场地与设施设备保障

1. 场地要求

赛事场馆物流业务领域应科学规划赛事场馆物流场地，场地要求应包括但不限于：

（1）物流车行流线应尽量保证人车分流，通道应预留足够的回车空间。

（2）停靠卸货点应尽量避免与客用机动车停车场以及人流通道等公共空间共用，且应提供足够的空间供货物装卸，有条件时宜设置台阶或坡道供卸货人员及设施设备使用。

（3）赛事场馆内应划设仓库、办公厅、休息区和作业区等功能区。赛事场馆功能区规划与设计要求见表5-14。

（4）马术、帆船帆板、赛艇、皮划艇等特定赛事竞赛场馆以及运动员村、主媒体中心等非竞赛场馆，按需设置专用的集装箱堆场。堆场中的集装箱箱位之间应留有必要的间距，设置标志标线，配备满足集装箱装卸、堆码、搬运等作业要求的设施设备，有条件的宜采取加装顶棚等措施，为集装箱堆放提供防雨、防晒的良好环境。

表 5-14　赛事场馆功能区规划与设计要求

序号	场地名称	功能描述	设计要求
1	仓库	承担物资临时周转、通用物资补给、物流专用物资存储等功能	(1)仓库位置应邻近卸货区以便装卸物资,宜安排在一层。如安排在负一层或二层,需无缝接驳货运电梯和车辆通道 (2)仓库地面单位面积的承重应小于土建单位面积的承重,防止地面变形、裂缝、局部损坏 (3)应根据货物存储温湿度要求、当地气候条件和仓库结构确定仓库通风系统,优先选择自然通风 (4)仓库消防应按国家有关消防设计规范要求设计、规划消防通道,并配备相应消防设施,墙面应张贴严禁吸烟、禁止明火等消防警示标识 (5)仓库规划应根据当地地质、地理、气候等条件,进行防盗、防虫、防潮、防灾设计
2	办公区	物流工作人员办公场所	按需设置办公室、会议室等区域。根据场馆实际,可分设或合设在场馆运行办公室
3	休息区	满足物流作业人员轮班运转的休息需求	物流工作人员休息区应明确落位,满足物流作业人员轮班运转的休息需求。为集约化使用场地,可设置运行保障工作人员综合共用休息区,供有关业务领域的工作人员共用
4	作业区	用于对赛事物资进行装卸、包装等操作的区域,主要包括装卸作业区、物流操作作业区	(1)装卸作业区:位置尽量紧邻道路,并且不应距离场馆主体建筑过远,满足货车临时停放和装卸作业需求。宽度及地面承重应根据运输车辆类型、作业方式等进行规划,应根据当地气候条件,采取必要的防雨、防雪等措施 (2)物流操作作业区:根据赛事场馆物流流程及物资类型划分分拣区、包装区等操作区域

2.专用设备要求

赛事场馆物流业务领域应配备物流专用设备,确保其配置合理、运行正常等,主要要求应包括但不限于:

(1)配备符合各项业务操作要求的装卸搬运设备、存储设备、分拣输送设备、信息采集与处理设备、包装设备、耗材、物流工具、人员装备等物流专用设备,推荐配置标准详见第六章第三节"物流运行机力保障"部分。

(2)对物流专用设备进行标识,标识内容包括设备名称、编号、状态、维保周期、责任人等信息,并设置于显著位置。

（3）应遵循操作规程，规范使用物流专用设备进行作业，并填写使用记录。

（4）安排专人每日至少进行一次设备盘点，核验设备运行情况，并及时处理故障。

（5）以维持、保护设备性能为原则，在规定保养时间间隔内，按规定的保养内容和要求，结合设备使用情况，对物流专用设备进行维护。

（6）物流专用设备的维修应由专人负责，并使用专业维修设备，维修后应及时清理现场，确保后续作业效率。

（7）设备的更新应根据赛事场馆物流运行实际结合工艺改进和设备技术情况确定，宜采用技术性能先进的设备。

（四）组织及人员保障

场馆运行团队需建立物流业务领域，通过对业务领域组织架构、人员组成及来源、工作职责及要求、人员权限等的规定，保障赛事场馆物流的正常运行。

（五）应急保障

1. 预案管理

应围绕物流环境及作业环节制订相应的应急预案，其内容应包括但不限于：

（1）明确赛事场馆物流运行过程中涉及的风险点及其分类，主要包括但不限于：突发疫情等公共卫生风险；人力机力不足、信息传递有误、物资损毁、仓库管理混乱等运行风险；火灾、人员伤亡等安全事故风险；发生台风、地震等不可抗力风险等。

（2）根据不同类型风险点制订应急预案，明确应急物资、设备等的储备，并建立相应的调配机制。赛事场馆物流运行风险处置方案见表5-15。

表 5-15　赛事场馆物流运行风险处置方案

风险场景	对应风险类型	处置方案
突发疫情	公共卫生风险	首先,安排医疗服务人员迅速封锁现场;其次,及时上报给指挥层及防疫相关部门;再次,根据防疫方案进行物资处置及环境消杀;最后,根据处置方案合理安置人员
人力、机力不足	运行风险	首先,启用备用机动人力,缓解物流运行压力;其次,对实际情况进行研判,必要时应对设施设备进行更新换代,提升作业效率
信息传递有误	运行风险	首先,确定信息沟通主体,对信息进行确认,及时对错误信息进行纠偏。若无法确认信息,应及时上报给指挥层;其次,根据正确信息及时调整后续物流作业;最后,在事后查找失误环节,并明确责任人
物资储位安排不当导致仓库管理混乱	运行风险	首先,应结合物资特性、使用顺序、周期等因素,及时调整物资储位;其次,按照类别、规格、型号、批次等对物资进行堆码和管理;最后,确保库内物资堆码有序、稳固,便于出库
物资损毁	运行风险	首先,保护现场,禁止人员私自触碰损坏物资;其次,对物资损坏程度和损毁原因进行初步研判;再次,协助场馆物资归口业务领域调运备用物资;最后,在事后明确损毁原因,加强相应培训
火灾	安全事故风险	首先,在第一时间组织灭火,如火势较大难以控制,及时向公安消防请求救援,并将全体员工疏散到安全地带;其次,在火情控制后应对物资损坏程度进行研判,并结合赛程决定是否启用备用物资;最后,事后应查明事故发生原因,加强相应培训
人员伤亡	安全事故风险	首先,应第一时间对人员伤亡程度进行初步研判,通知医疗保障团队对伤员实施紧急医疗措施,并送往医院救治;其次,启用备用人力,确保物流运行正常;最后,事后应查明事故发生原因,加强相应培训
发生台风、地震等灾害	不可抗力风险	首先,与相关业务领域确认灾害情况,明确风险;其次,及时对实际情况进行研判,并与相关业务领域共同制订合理的处置方案;最后,在保证人员安全的前提下确保赛事场馆物流运行正常

2. 演练与测试

应根据所制订应急预案开展测试与演练,其内容应包括但不限于:

(1)根据应急预案组织人力、机力,开展各项处置方案的测试与演练,以检查和测试应急架构体系的应急能力和应急预案的可靠性,提高工作人员实际应急技能及熟练程度。

(2)根据测试与演练结果,对现有应急预案的完备性、可用性作出客观评价与总结,并对应急预案进行更新完善,确保预案先进性、可用性。

3. 应急处置

应建立完善的应急处置机制,其内容应包括但不限于:

(1)与相关部门建立风险事件信息收集系统,收集、汇总风险事件信息和其他重要敏感信息,做好相关信息的分析、研判工作,建立赛事场馆物流风险预警机制。

(2)根据风险事件信息收集系统提供的信息,甄别风险事件,确定风险点及其所属分类,并根据风险事件监测结果和可能造成的危害程度、发展趋势和紧迫性等因素,确定风险等级。

(3)根据风险等级明确信息发布级别、流程,并及时上报风险信息,其内容应包括但不限于风险点、对应风险类型等。

(4)结合上报反馈,按照对应的应急预案进行风险处置。当事件超出所在场馆团队及其他业务领域处置能力时,可报请相关部门协助处置。

(5)风险处置完毕,应配合相关部门对突发事件进行调查处理,并落实相关责任人。同时对应急救援工作进行总结分析,并补充完善相应应急预案。

(六)文档保障

做好赛事场馆物流文档的归档、保管、整理、销毁等工作,且文档管理应符合保密制度。其内容应包括但不限于:

(1)归档文件类型应包括但不限于:用于向赛事场馆外部及内部提供关于作业活动的文档;用于表述与作业相关的法律法规和标准等规范要求的文档;用于指导作业方法、建议、标准、指南、流程等指导性的文档;用于记录作业过程相关事项的文档;等等。

（2）应对归档文件进行科学分类，按时间结合事由排列及编号，依据档号顺序编制归档文件目录。编目应准确、详细，便于检索。

（3）文档的保管应由专人负责，定期对纸质文档、电子文档进行整理，确保信息有序化，并实施有效控制。

（4）文档的销毁应经过审核，并在场馆物流业务领域领导及相关业务领域领导的共同监督下销毁，防止泄密事件发生。

四、赛事场馆物流运行的评价与改进

（一）评价目标设定

围绕赛事场馆物流运行过程设定评价目标，建立评价体系，定期对赛事场馆物流运行与操作管理规范的执行情况进行评价，以确保各项作业活动有效实施，具体评价指标见表5-16。

表 5-16　赛事场馆物流运行评价指标体系

一级指标	二级指标	分值	评分标准
赛事场馆物流总体运行情况（28分）	经济性	7	物流资源整合科学、合理，不存在资源浪费现象（3分）；物流服务效益及利益相关方效益提高（4分）
	环保性	7	赛事场馆物流运行中使用节能减排技术、装备和方法（3分）；赛事场馆物流运行中清废、消杀等环节做到环境友好（4分）
	智能化	7	赛事场馆物流运行中运用了智能技术（3分）；通过信息技术手段推动赛事场馆物流运行实现降本提效（4分）
	满意度	7	赛事场馆物流服务对象对物流运行总体评价满意得7分；基本满意得5分；一般得3分；不满意得0分
赛事场馆物流操作及服务水平（44分）	场馆配送计划水平	4	能够及时将物流运行能力信息及场馆物流对外联系人信息汇总，同步至物流中心运行团队（2分）；能够及时将场馆物资归口业务领域/场馆客户群主责业务领域的物流服务申请汇总，填写收发货时间窗，形成物资配送订单，并同步信息至物流中心运行团队（2分）
	接收水平	5	能按物资包装上的指示标志进行物资卸货，做到轻拿轻放。特定物资的卸货工作能由专人负责，并做好保护措施（2分）；能及时配合场馆物资归口业务领域/场馆客户群主责业务领域核验物资并完成交接（2分）；物资接收后能对装卸作业区进行全面清理（1分）

续　表

一级指标	二级指标	分值	评分标准
赛事场馆物流操作及服务水平(44分)	暂存水平	5	物资暂存申请及确认规则完备,申请处理及时、高效(1分);暂存物资编码并配备识别标记和登记卡,并建立物资资料档案(1分);物资储位安排能结合物资特性,考量物资使用顺序、周期等,并按照类别、品种、规格、型号、批次等对赛事物资进行堆码和管理,确保库内堆码整齐、稳固(1分);储存物资能采取科学的保管方式与养护措施(1分);日常进出库记录完善,定期进行盘点并能及时处理异常情况(1分)
	领用水平	5	物资领用申请及确认规则完备,申请处理及时、高效(1分);能按最优路径开展拣货作业,做到拣货无差错、无浪费、无延迟(2分);能顺畅完成物资出货及交接(2分)
	回收水平	5	物资回收申请及确认规则完备,申请处理及时、高效(1分);能高效、科学地进行物资清点,做到物资数量无差错、物资完好(1分);物资搬运高效、准确(2分);物资交接及入库及时、规范(1分)
	运出水平	5	物资运出申请及确认规则完备,申请处理及时、高效(1分);物资包装合理(1分);物资装车时,在车厢内码放能轻拿轻放,遵循下重上轻、外急内缓的原则,作业效率及安全性有保障(1分);物资交接及时、顺畅(1分);物资装车结束后能对装卸作业区进行全面清理(1分)
	服务水平	5	服务申请、确认规则完备,确认审批及时、高效(1分);操作人员持合格、有效的操作证件,并能提供专业物流服务(1分);服务结束后能及时对设施设备进行消杀、清扫、检查、回收(1分);服务申请方对服务评价满意(2分)
	运行安全	10	能够选择适宜、无损的设施设备进行操作(1分);操作人员经专业培训,且操作专业设施设备时能做到人员持证上岗,在作业过程中能做到按规操作,确保物资无损(2分);对操作过程实施流程稽核反馈(1分);配置场馆物流运行所需安防物防基础设施并能正确使用(1分);能对仓库虫害情况进行检查并及时处置(1分);能够按照规定进行赛事物资消杀及人员安全防护(1分);配备消防设施设备并定期组织开展防火检查(1分);依规妥善建档、储存、处理各类信息,确保信息安全(1分);围绕暂时进境物资、管制物资等特定物资能做到全程监管,确保其安全性(1分)

一级指标	二级指标	分值	评分标准
赛事场馆物流运行支撑水平（28分）	环境支撑	4	赛前、赛中、赛后等阶段的保洁服务及时、有效，支持赛事场馆物流活动顺利开展（3分）；环境保洁后详细记录保洁日期、保洁对象、操作人等信息，形成作业记录（1分）
	场地支撑	4	场馆内车辆运行流线能做到人车分流；回车和装卸货留有足够空间（1分）；区分停靠卸货点与客用机动车停车场及人流通道等，能够提供足够的空间供货物卸载及理货（1分）；场馆物流运行涉及的功能区划分合理，功能规划与设计能满足运行要求（1分）；专用集装箱堆场集装箱箱位间留有间距，设置标志标线，配置相关设施设备，并能视实际情况加棚（1分）
	设施设备支撑	4	设施设备配置合理、运行正常，标识完整并设置于显著位置，且能做到安排专人每日至少进行一次设备盘点，记录物流专用设备的运行及故障情况（1分）；在规定保养时间内，按规定的保养内容和要求对物流专用设备进行养护（1分）；专人负责专用设备的维修，并使用专业维修设备，维修后及时清理现场，确保后续作业效率（1分）；设备的更新能结合物流运行实际，并起到降本增效的作用（1分）
	组织支撑	4	建立场馆物流运行组织架构，科学设置相关部门，明确组织内各部门的责任范围，并建立部门间运行联络、信息报送机制（2分）；科学设置岗位，并明确各岗位职责（2分）
	文档支撑	4	建立完善的过程文档体系（1分）；文档能进行科学分类、排列、编号，编制归档文件目录，编目准确、详细，便于检索（1分）；文档由专人负责保管并定期整理，能做到信息有序化，并实施有效控制（1分）；文档销毁流程科学、合规，且未发生泄密事件（1分）
	培训支撑	4	培训计划清晰、合理、科学，并能有效落实（1分）；培训记录真实、详尽（1分）；能做到跟踪反馈培训效果，定期回访、考察培训对象，提升培训有效性的同时更新培训计划，优化培训内容（2分）
	应急管理	4	应急预案制订合理、完善（2分）；应急演练与测试开展顺利，并能对预案的完善起到支撑作用（1分）；应急处置流程科学、高效、合理（1分）
关键性指标（只要一项符合便为"不合格"）			（1）赛事场馆物流服务对象对物流运行总体评价为"不满意" （2）因赛事场馆物流运行造成赛事活动延误 （3）赛事场馆物流运行中因主观原因引发重大安全事故

（二）评价实施

评价实施的过程应包括但不限于：

（1）制订评价实施方案，以客观、整体、公平、指导、发展等为评价原则，委托第三方评价机构和体育、物流领域专家，对照评价指标，采用现场检查、资料查阅等方式，围绕赛事场馆物流的运行与操作管理进行判断及评定。

（2）根据评价实施方案开展评价实施，确保评价过程公正、公开、透明。

（3）明确评价结果及意见，并及时反馈至场馆物流业务领域，督促其采取措施、给予改进，并补充、完善相应运行规范。

（三）改进

应建立一套改进程序，根据评价结果及意见在规定期限内积极改进，并在整改完毕后接受评价主体复评。此外，应结合日常作业活动及环境的变化，对规范持续改进，以确保其有效性、充分性，不断提高赛事场馆物流的服务能力和运行效率。

第三节　物资通清关运行服务

物资通清关业务是指杭州亚组委同中国海关等政府主管部门制定暂时进境物资的管理政策和操作程序，并成立专门团队为利益相关方的相应物资通关和运输提供协助的一系列流程。[①]

一、物资通清关运行概述

（一）通关管理内容

依照《中华人民共和国海关法》及国家进出口管理的有关法律、行政法规和规章的要求，进出口货物的收发货人、受委托的报关服务商应在规定的

---

① 资料来源：《杭州第19届亚运会通关和货运指南（第二版）》（亚筹方案〔2023〕26号）。

期限、地点，采用电子数据报关单或者纸质报关单形式，向中国海关报告实际进出口货物情况，并接受中国海关的审核。

进出口货物的收发货人可以自行向海关申报，也可以委托报关服务商向海关申报。向海关办理申报手续的进出口货物的收发货人、受委托的报关服务商应当预先在海关依法办理备案。

报关服务商接受进出口货物收发货人委托办理报关手续的，应当与进出口货物收发货人签订有明确委托事项的委托协议，进出口货物收发货人应当向报关服务商提供委托报关事项的真实情况。报关服务商接受进出口收发货人的委托，办理报关手续时，应当对委托人所提供情况的真实性、完整性进行合理审查。

进口货物的收货人、受委托的报关企业应当自运输工具申报进境之日起十四日内向海关申报。出口货物发货人、受委托的报关服务商应当在货物运抵海关监管区后、装货的 24 小时以前向海关申报。超过规定时限未向海关申报的，海关按照相关法律法规征收滞报金。申报日期是指申报数据被海关接受的日期。不论以电子数据报关单方式申报或以纸质报关单方式申报，海关以接受申报数据的日期为接受申报的日期。

准许进出口的货物、进出境物品，由海关依法征收关税。进口货物的收货人、出口货物的发货人、进出境物品的所有人是关税的纳税义务人。进出口货物的完税价格由海关以该货物的成交价格为基础审查确定。成交价格不能确定时，完税价格由海关依法估定。

进口货物的完税价格包括货物的货价、货物运抵中华人民共和国境内输入地点起卸前的运输及其相关费用、保险费；出口货物的完税价格包括货物的货价、货物运至中华人民共和国境内输出地点装载前的运输及其相关费用、保险费，但是其中包含的出口关税税额，应当予以扣除。进出境物品的完税价格，由海关依法确定。

（二）通关管理机构

（1）中国海关。海关总署负责全国海关工作、海关监管工作、进出口关税及其他税费征收管理、出入境卫生检疫和出入境动植物及其产品检验检疫、出入境食品检验检疫、进出口商品法定检验等工作。

（2）杭州海关。杭州海关是直属于海关总署的国家进出关境监督管理机关,管辖浙江省(除宁波市以外)的各项海关管理工作。基本任务是进出境监管、征收关税和其他税费、查缉走私、出入境检验检疫、编制海关统计,并承担口岸管理、保税监管、海关稽查、知识产权海关保护、国际海关合作等职责。

(三)进出境口岸

赛事组委会指定以下口岸作为赛事官方物资进出境口岸:空运口岸为杭州萧山国际机场,海运口岸为宁波舟山港。

二、物资通清关运行流程及规范

(一)不同类型物资进出境要求

杭州亚运会筹备及赛时期间,杭州亚组委根据《亚奥理事会章程和规则》《主办城市合同》等各项协议和有关义务约定及亚运会惯例,为保证赛事顺利运行提供"安全、高效、顺畅、专业、优质"的物流服务,为利益相关方的物资、设备进出境提供通关服务,确保各项赛事所需物资依法、合规、高效通关。

（1）暂时进境物资。暂时进境物资是指经海关批准暂时进入我国关境,在海关规定的期限内,除因正常使用而产生的折旧或损耗外,应按原状复运出境的赛事物资。根据《中华人民共和国海关暂时进境管理办法》,通常情况下,货物通过暂时进境相关程序进入中国,需向中国海关支付相当于应纳税款的保证金或海关依法认可的其他担保,并在复运出境后核销结案,根据实际征免情况,办理保证金退转手续。暂时进境物资办理流程一般包括申报、检查与放行、复运出境、延期、暂时进境结案和展后留购六个部分。杭州亚运会物资可使用杭州亚组委税款担保、ATA 单证册及非赛事专用等方式办理暂时进境流程,具体详见下节。

（2）免税进境物资。免税进境物资是指进入国内关境,免征税款的赛事物资。免税进境物资主要包括个人物品。个人携带一般生活物品进境,应当遵循"自用、合理数量"的原则,中国海关按规定予以免税放行(酒精饮料、烟草等除外);超出"自用、合理数量"范围的,按照相关规定办理通关手续。

(3)一般贸易进境物资。除准予暂时进境和按规定可以免税进境的赛事物资之外,其他进境物资应按照现行一般贸易货物进口规定办理进口手续并交纳税款。

(4)依法需要特别批准的进出境物资。进出境物资中属于依法需要特别批准的,应提交国家有关主管部门出具的相关证明文件(见附录B表4)。

(5)除上述货物规范外,禁止进境物资如下:鸦片、吗啡、海洛因、大麻及其他能使人成瘾的麻醉品、精神药物;各种武器、仿真武器、弹药及爆炸物品;带有危险性病菌、害虫及其他有害生物的动物、植物及其产品等;对中国政治、经济、文化、道德有害的印刷品、音像制品、计算机存储介质及其他物品;各种烈性毒药;有碍人畜健康的、来自疫区的及其他能传播疾病的食品、药品或其他物品;伪造的货币及伪造的有价证券;中国法律法规规定禁止进境的其他货物、物品。

综上可知,物资进出境流程大致可以划分为申报、提交凭证、查验、缴纳税金、放行等环节,而不同物资在查验、缴纳税金等环节存在些许差异。具体而言,在查验环节,对依法需要特别批准的进出境物资,需进行特殊品的专项查验;在缴纳税金环节,暂时进境物资可以税款担保代替税金缴纳,在规定期限内复运出境,并可根据实际选择不同方式办理相应的手续,而免税进境物资可依据相应的政策免缴税金或办理相应的退税。不同类型物资进境流程见图5-7。

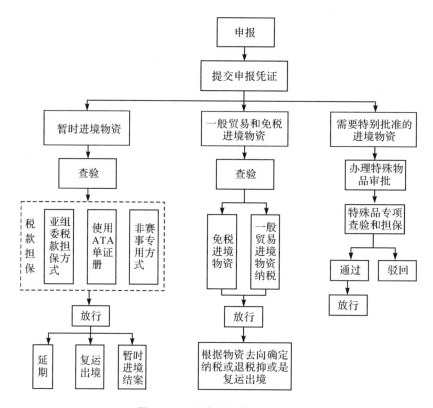

图 5-7 不同类型物资进境流程

(二)暂时进境物资进出境流程

杭州亚运会期间,将有大量比赛器械、医疗器械、通信设备、转播设备等物资通过各口岸入境,且大部分物资涉及暂时进出境等需特殊审批的海关业务,故下文将对暂时进境物资进出境流程进行详细阐述。各国家(地区)奥委会可选择使用杭州亚组委税款担保、使用 ATA 单证册和非赛事专用方式办理暂时进境物资进出境流程,其中,使用杭州亚组委税款担保方式的前提是各国家(地区)奥委会需与杭州亚组委预先签订《杭州 2022 年亚运会暂时进境物资税款保函使用承诺》(见附录 B 表 1),并选择杭州亚组委推荐的报关代理服务商,由该服务商统一办理暂时进境物资通关手续,方可使用担保额度。

1.使用杭州亚组委税款担保方式办理暂时进境物资进出境流程

杭州亚组委税款担保方式是由杭州亚组委统一开立银行保函提供给杭

州海关作为税款总担保,意在代表利益相关方向杭州海关承诺暂时进境物资在规定的时间内将会被全数原状复运出境,杭州海关免于收取关税保证金,从而为各利益相关方办理物资暂时进境提供了时间、程序和经济上的便利。可以使用杭州亚组委税款担保办理的杭州亚运会暂时进境物资包括但不限于:各种体育器材、比赛用品、技术设备、医疗设备、安保设备、通信设备、电视转播设备、新闻报道设备等。上述部分物资办理暂时进境时,需向中国相关主管部门提前申请办理证明材料。

使用税款担保方式办理暂时进境物资进出境流程见图 5-8。

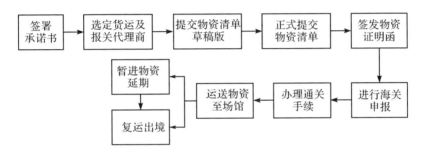

图 5-8　使用税款担保方式办理暂时进境物资进出境流程

(1)签署承诺书。利益相关方若选择使用税款担保方式,需要最少提前3 个月与杭州亚组委取得联系并签署保函使用承诺书,承诺相关物资会在规定的时间内全数原状复运出境,如果未按时复运出境,所产生的所有税费由利益相关方全额承担。

(2)选定货运及报关代理商。利益相关方自行选择货运及报关代理服务商,但是如需要使用杭州亚组委出具的海关依法认可的担保,则必须选择杭州亚组委推荐的报关代理服务商,并且由该服务商统一负责暂时进境物资进口和复运出境报关业务。选定货运及报关代理服务商后,应由保函承诺书中确认的指定联系人最少提前 3 个月将相关详细信息通过电子邮件方式发送给杭州亚运会通清关运行团队备案。

(3)提交物资清单草稿版。为了确保各利益相关方的暂时进境物资能够顺利通关,利益相关方应最少提前 3 个月由保函承诺书中确认的指定联系人将物资清单草稿版发送给杭州亚运会通清关运行团队进行预审。

(4)正式提交物资清单。不晚于暂时进境物资起运前 14 天,利益相关方应由与签发保函使用承诺书一致的授权签字人签发最终版物资清单,并由利益相关方、货运代理或报关代理服务商的指定联系人将扫描件正式提交至杭州亚运会通清关运行团队进行审核。

(5)签发物资证明函。杭州亚运会通清关运行团队对利益相关方提交的最终版物资清单进行审核,签发物资证明函,证明函将包含税款担保银行保函编号、物资清单编号等相关信息。

(6)进行海关申报。利益相关方的报关代理服务商将物资证明函和物资清单复印件连同其他报关申请材料,按照海关的要求办理暂时进境物资备案及完成海关申报流程。

(7)办理通关手续。物资到达口岸后,由报关代理服务商办理通关手续,配合海关按照相关要求和系统指令完成卫生检疫、包装检验、动植物检疫等相关检验检疫工作。

(8)运送物资至场馆。杭州亚运会暂时进境物资办理完所有海关手续被海关放行后,杭州亚组委将指定物流服务商提供物资官方进出境口岸到竞赛场馆、有关非竞赛场馆的国内运输服务与物流中心的仓储存放服务。

(9)暂进物资延期。暂时进境物资如果不能按时复运出境,报关代理服务商应在到期前1个月按照海关相关政策程序要求向海关申请办理暂进货物延期手续,如果未能在到期前办理成功,暂进物资需按原定期限复运出境。成功办理延期后,暂进物资在延长期届满前应当复运出境。

(10)复运出境。利益相关方需在中国海关批准的暂进期限届满前或在延长期届满前按照原状复运出境。

杭州亚运会暂时进境物资复运出境后,利益相关方或其报关服务商应当向海关申请办理担保结案手续。办理担保结案手续时应提供暂时进境报关单和复运出境报关单及海关认为有必要提供的其他材料,海关审核无误后,对杭州亚运会暂时进境物资予以担保结案。

无论是否办理延期手续,利益相关方使用税款担保方式办理入境的杭州亚运会暂时进境物资,建议在杭州亚运会结束当年年底前全部复运出境,逾期后赛事官方物流服务商将不再提供免费的仓储和运输服务。

2.使用ATA单证册办理暂时进境物资进出境流程

ATA单证册是国际通用的海关文件,它是世界海关组织为暂准进口货物而专门创设的。暂准进口货物可凭ATA单证册在各缔约方海关享受免税进口和免予填写报关文件等通关便利。各利益相关方使用 ATA 单证册时,需先了解 ATA 单证册在中国的适用范围。目前中国海关接受"展览会及交易会货物""专业设备""商业样品"和"体育器材"四种用途的暂时进境物资使用 ATA 单证册。

使用 ATA 单证册办理暂时进境物资进出境流程见图 5-9。

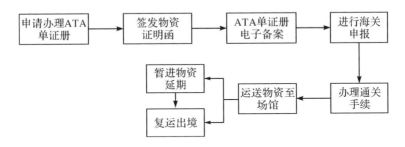

图 5-9　使用 ATA 单证册办理暂时进境物资进出境流程

(1)申请办理 ATA 单证册。各利益相关方向所在国或地区的担保商会申请办理 ATA 单证册。签发 ATA 单证册时,需注意使用英文或者中文填写 ATA 单证册,同时在第一页 C 栏"货物用途"处填写四种用途之一,例如"体育器材"或"专业设备"等。

(2)签发物资证明函。各利益相关方将所在国或地区的担保商会签发的 ATA 单证册的扫描件通过电子邮件方式发送至杭州亚运会通清关运行团队,经过审核,向各利益相关方签发杭州亚运会物资证明函。

(3)ATA 单证册电子备案。在利益相关方或其授权代理服务商持 ATA 单证册向海关申报杭州亚运会暂进物资时,应向中国国际贸易促进委员会(中国国际商会)申请 ATA 单证册电子备案。

(4)进行海关申报。利益相关方或其授权代理服务商将物资证明函复印件和 ATA 单证册连同其他报关申请材料按照海关的要求办理暂时进境物资备案及海关申报手续。

(5)办理通关手续。物资到达口岸后,由报关代理服务商办理通关手续,配合海关机构按照相关要求和系统指令完成卫生检疫、包装检验等相关工作。

(6)运送物资至场馆。物资被海关放行后,杭州亚组委将指定物流服务商提供物资官方进出境口岸到竞赛场馆、有关非竞赛场馆的国内运输服务与物流中心的仓储存放服务。

（7）暂进物资延期。ATA 单证册项下的杭州亚运会物资如果不能按期复运出境，持证人或其报关服务商需注意延长 3 个期限：第一，海关给予的合法停留期限；第二，外国海关给予的合法停留期限；第三，ATA 单证册有效期。

（8）复运出境。对于使用 ATA 单证册方式的杭州亚运会暂时进境物资，需在海关批准的暂进期限届满前或在延长期届满前按照原状复运出境。利益相关方使用 ATA 单证册方式办理入境的杭州亚运会暂时进境物资，最晚应在杭州亚运会结束后 1 个月内全部复运出境。杭州亚运会暂时进境物资复运出境后，利益相关方或其报关代理商应当向办理暂时进境备案手续的海关申请办理担保结案手续。ATA 单证册项下的杭州亚运会暂时进境物资未能按照规定复运出境的，ATA 单证册核销中心将向中国国际贸易促进委员会（中国国际商会）提出追索。

3.使用非赛事专用方式办理暂时进境物资进出境流程

使用非赛事专用方式办理暂时进境物资进出境流程见图 5-10。

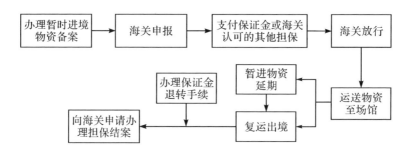

图 5-10　使用非赛事专用方式办理暂时进境物资进出境流程

如果各利益相关方选择杭州亚组委推荐外的其他企业为其提供报关业务服务，且暂时入境的杭州亚运会物资不在 ATA 单证册使用范围内，则需各利益相关方自行向海关（或申报地海关）支付相当于应纳税款的保证金或海关依法认可的其他担保，然后由其报关代理服务商按照海关规定的一般流程办理暂时进境物资备案、海关申报及通关手续，办理完所有海关手续被海关放行后，自入境口岸运输至各竞赛场馆或非竞赛场馆的运输应由利益相关方自行负责。

暂时进境物资如果不能按时退运出境,报关代理服务商应在到期前一个月按照海关相关政策程序要求向杭州亚组会申请办理暂进货物延期手续。在延长期届满前应当复运出境。暂时进境物资复运出境后到暂时入境备案海关办理担保结案,根据实际征免情况,办理保证金退转手续。

如果利益相关方通过自行向申报地海关支付相当于应纳税款的保证金或采用海关依法认可的其他担保方式办理暂时进境物资手续,需在海关批准的暂进期限届满前或在延长期届满前按照原状复运出境。杭州亚运会物资全部复运出境后,利益相关方或其报关业务服务商凭暂时进境报关单、复运出境报关单及海关认为有必要提供的其他材料向办理暂时进境备案手续的海关申请办理担保结案手续。

三、物资通清关运行的实施保障

(一)组织运营保障

为确保赛事物资顺利进出境,建立物资通清关运行团队,明确业务领域组织架构、岗位职责等,具体组织架构详见第六章第二节"物流运行人力保障"有关内容。通清关运行团队的运行流程包括:接受客户委托,操作制单报关,海关清关处理,客服通知客户付税,通知客户放行,货物提取或发运等。同时,根据各利益相关方物资类型、是否选择杭州亚组委推荐的物流服务商提供相应的服务。此外,通清关运行团队通过报关系统录入制单、复核、确认,发送到单一窗口并向海关申报,报关系统自动获取海关放行信息,通清关运行团队完成通清关流程并通知客户,以实现不同主体间的沟通协调。

为保障团队的高效运营,提升通清关服务质量,通清关运行团队建立业务操作流程 SOP(Standard Operating Procedure),遵守海关法律法规,保证操作合规,根据业务运行情况设立运营管理、客服管理、资源网络管理等通清关上下游岗位,在提供服务的同时具备全面的响应能力。此外,建立单证复核纠错及整改制度、进出口单证管理制度、报关单填制规范、信息系统等,提高通清关业务标准化、信息化程度,以提升物资通清关效率。

（二）应急管理

风险管理是运行管理的重要一环，为提高物资通清关效率，降低通清关运行中的风险，通清关运行团队需建立对应业务模式的操作规范及流程SOP，并要求运行的过程都要符合业务操作 SOP 的标准流程。

首先，根据通清关业务运行流程，识别可能存在的风险点，并建立相应的风险应急预案；其次，在业务实际运行过程中，监督管理每个风险点，且各个运行步骤都需要符合企业风险管控制度的各项要求，从合规的角度避免风险的发生；最后，当风险发生时，相关运行团队根据风险应急预案，第一时间进行相应处理，与利益相关方、海关等相关人员协调解决，将损失减到最低。同时，在业务运行前，开展风险应急演练，提升团队应对风险的能力。

（三）税款担保

如前所述，杭州亚运会暂时进境物资可选择杭州亚组委税款担保方式办理暂时进出境流程。杭州亚组委税款担保方式是由杭州亚组委统一开立银行保函提供给海关作为税款总担保，意在代表利益相关方向海关承诺暂时进境物资在规定的时间内将会被全数原状复运出境，海关免于收取关税保证金，从而为各利益相关方办理物资暂时进境提供了时间上、程序上和经济上的便利。

杭州亚组委研究制定《银行保函管理办法》，明确了保函的申请、开立、修改、撤销、追索、核销等方面的内容，并于约定时间正式通过执行。杭州亚运会开幕前，大量物资集中入境，包括转播设备、媒体器材、计时记分设备、比赛器材、代表团自用物品等，物资通关工作迎来高峰考验。杭州亚运会期间，通清关运行团队协助各利益相关方办理物资通关手续。杭州亚运会闭幕后，大量物资集中复运出境，通清关运行团队协助各利益相关方办理出境手续，做好银行保函的核销工作。

（四）专道专窗保障

为确保赛事物资通清关效率，在杭州亚运会赛时期间，杭州亚组委在官方指定口岸为赛事设置礼遇通道、进境赛事物资报关专用窗口和查验专用通道，优先办理申报、查验、抽样、检测等海关手续，实行即查即放。

第六章 杭州亚运会物流运行保障

第一节 物流运行财力保障

杭州亚运会物流运行资金预算编制主要从杭州亚运会物流需求出发，基于相关统计与预测，以实际工作模块的形式体现预算，即将预算与预算执行相关联，将与物流运行所涉及的工作内容和任务分类相关联，财权需体现事权。因此，在预算编制过程中，将预算科目编制成物流业务运行项目的名称，即项目管理（如物流中心选址论证项目、物流风险管理项目等）、物流关务、物流信息管理系统（如系统开发与维护等）、物流中心运行（如安保设备、物流设备、办公运行、仓储运行、人员经费等）、物流运输（如物流运输安全保障等）、物流寄递（如国内外寄递费用等）等工作模块，以明确资金需求，编制物流运行预算。

在预算编制后，杭州亚运会主要采取"财政支持＋市场赞助"的模式为物流运行提供财力保障。如在财政支持的基础上，遴选圆通速递为杭州亚运会官方物流服务赞助商，为赛事活动提供杭州亚组委自有物资通清关和赛事物资的仓储管理、货物运输、物资配送、场馆物流、物资回收等现金等价服务，并依托圆通速递牵头承建的物流信息互通共享技术及应用国家工程实验室整合开发物流管理系统，为杭州亚运会打造物流运作及控制信息系统，提高物流服务的信息化、智能化水平。

此外，杭州亚运会赛时物流服务秉持"节俭"的办赛理念，科学整合物流资源，避免资源浪费。

第二节   物流运行人力保障

一、运行整体架构

为圆满完成杭州亚运会物流服务各项工作任务，结合工作实际，将物流服务工作分为场馆化前阶段、场馆化后及赛时阶段，相应的组织架构和职责见图 6-1 和图 6-2。

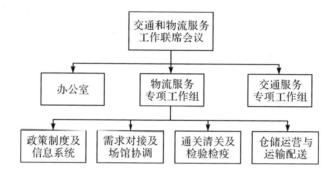

图 6-1   场馆化前阶段组织架构和职责

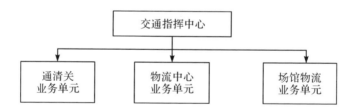

图 6-2   场馆化后及赛时阶段组织架构

二、业务单元运行架构

(一)物流中心运行团队

为保障赛时物流中心正常运行,搭建物流中心运行团队,明确组织架构和职责、运行机制和要求、人员职责和权限等,具体内容包括但不限于:

(1)形成由杭州亚组委后勤保障部、广播电视和信息技术部、组织和人力资源部、杭州市交通运输局、萧山区公安部门、物流服务商、属地及业主等相关单位共同参与组成的物流中心运行团队,为物资提供仓储配送服务、安检场所,为杭州亚运会提供物资通关、检验检疫服务,负责各种物资、各类货运车辆的计划编制和运行调度,配合财务业务领域和物资归口业务领域做好物资追踪、资产管理工作,负责物流中心风险防范及突发事件应急处置等工作,完成交办的其他事项,团队工作职责清晰、明了。

(2)物流中心运行团队向上接受交通指挥中心的统一指挥和协调,将各业务团队一般工作事项报告给分管副指挥长,酌情报请指挥长决策,物流中心运行团队不能处理的问题,上报至交通指挥中心协调解决。

(3)物流中心运行团队的组织架构的层级包括指挥层和执行层。指挥层包括物流中心指挥长、(协调)副指挥长、(运行)副指挥长、(仓运)副指挥长和(专项)副指挥长;执行层包括业务主任、项目主管和一般工作人员,还包括综合事务、协调事务、海关事务、设施服务、监管管理、安保、境内物资仓储、境外物资仓储、保税仓储、配送调度、PC 工厂运行团队、计时记分设备管理团队、制服管理团队等业务部门。具体内容见附录 C 图 1。

(4)由于制服、计时记分设备、信息化专用设备等特定物资仓储运行的特殊性,需要建立制服管理、计时记分设备管理、PC 工厂运行等独立专项工作团队,由专项副指挥长协调领导,保障物资安全、运行顺畅。制服管理由组织和人力资源部负责,计时记分设备管理和 PC 工厂运行由广播电视和信息技术部负责。

(5)各部门工作职责明确。例如,综合事务负责物流中心的人、财、物和其他行政事务工作,协调事务负责与各客户群、各部门、各场馆的联络对接协同工作,海关事务负责通清关、查验、物资复运出境等作业,设施服务负责物流中心的交通、餐饮、通信、医疗等工作,监督管理负责货物安检、资产管理、防疫防控管理等工作,安保负责安检、安保、交通安全、消防安全等工作,物资仓储负责境内外物资的存储与出入库工作,配送调度负责物资的配送、调度工作,PC 工厂运行团队负责 PC 工厂运行团队的整体运行、管理、日常工作安排,计时记分设备管理团队负责计时记分设备团队的整体运行、管理、日常工作安排,制服管理团队负责制服团队的整体运行、管理、场馆对接、日常工作安排。

(6)此外,明确物流中心各部门各岗位的名称及工作职责、岗位层级及类型等,确保清晰、科学。具体内容见附录 C 表 1。

(二)场馆物流业务领域

为确保赛事场馆物流高效运行,需对相关机构职责和要求、人员职责和权限等进行明确规定。赛事场馆需配备由场馆属地、业主或归口业务领域牵头组成的业务领域,对赛事场馆物流业务进行统筹协调。一般情况下,各竞赛场馆物流业务领域设物流主任,下设物流主管,分管仓储、配送事项。场馆物流业务领域组织架构见图 6-3。

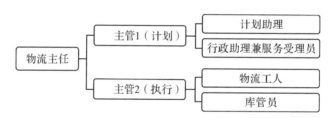

图 6-3 场馆物流业务领域组织架构

(注:以上岗位和组织架构为当前计划,实际情况会按需调整。)

场馆物流业务领域岗位设置和职责见附录 C 表 2。

(三)通清关运行团队

为确保利益相关方物资和装备顺利进出境,组建通清关运行团队,以物流赞助服务商为主体,为杭州亚运会各类客户群所有符合条件与定义的进出境物资提供通清关服务。通清关运行团队组织架构见图 6-4。

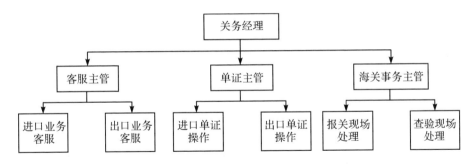

图 6-4　通清关运行团队组织架构

通清关运行团队由关务负责人领导指挥,下设 3 个业务主管,负责各业务领域相关工作。客服主管负责进出口业务客服人员及业务的管理,下设进口业务客服和出口业务客服。客服主要负责在接受通清关委托过程中与客户的沟通联络,收集完整的单证资料和报关信息,跟踪和通知申报状态,与客户确认通清关环节的各种事项等。单证主管负责进出口单证操作人员及业务的管理,下设出口单证操作和进口单证操作。单证操作人员主要负责报关放行前的所有报关数据的录入、核对及申报等操作工作。海关事务主管负责海关事务的管理,包括报关现场处理、查验现场处理等相关人员,负责外场所有通清关相关的事务,如海关现场大厅单证处理、查验点查验处理、办证及现场审批等。

三、人员需求预测

鉴于杭州亚运会和亚残运会在赛事运行阶段,物流业务领域的大部分人力需求体现在赛事场馆物流服务员及物流中心 2 个业务场景,故下文主要对场馆物流服务人员及物流中心的人员需求预测进行阐述。

(一)场馆物流服务人员需求预测

场馆物流服务人员需求预测需要考虑不同场馆类型和其运行规模和特点。场馆物流服务人员需求预测逻辑如下:首先,考量承办各项赛事场馆的占地面积、承办赛事数量、物流服务人数等因素,按照需求人数由多到少将其划分为 A—G 7 个分段。通过举办测试赛,确定部分场馆的人员配置,确保其合理性。以该场馆为基准,将其主任、主管、行政助理、计划助理、物流工人、库管员等岗位的人员配置进行标准化赋值。其次,综合考量场馆类型、承接赛事数量及频次、服务人群、参赛人数等不同因素,参照基准场馆,将不同场馆的运行情况进行量化,如同一场馆承接多个项目,每多一个项目,系数进行相应调整,进而确定场馆运行的规模系数。再次,通过量化指标,并与基准场馆赋值进行对比,确定各场馆的人员配备需求。最后,人为考量马术、帆船帆板、游泳等特定场馆及开闭幕式场馆等的特殊情况,对系数进行相应修正,最终确定赛时阶段不同场馆的人员需求。

(二)物流中心人员需求预测

物流中心是杭州亚运会和亚残运会物流运行的重要平台,其人员需求预测逻辑如下:(1)参照大型物流中心的组织特点,结合其他赛事的经验及特点,明确设置的岗位及职责;(2)通过剖析物流中心岗位特点,结合类似赛事物流运行保障经验,最终预测出赛时阶段物流中心人员需求。物流中心的岗位包括以下3种:第一种为管理行政岗,主要负责物流中心整体运行的统筹与管理;第二种为运行岗,主要包括仓储岗位、运输岗位、海关岗位等,负责各业务场景的物流运行保障;第三种为专项岗,如计时记分设备岗位等,主要对特殊物资的物流运行进行统筹及管理。

四、人员培训

为提升赛事物流工作人员业务能力,保障赛事物流活动顺畅、高效运行,结合各赛事物流岗位职责、人员要求等,需对物流工作人员开展培训。物流业务领域培训分为通用培训、业务培训、专家培训,具体培训计划见表6-1[①]。

表6-1　培训项目计划

项目名称	培训对象	培训内容	培训形式	完成时间
物流服务通用培训	赛事物流赛时工作人员	(1)赛事物流业务通识技术 (2)物流保障安全通识培训	线上为主	2023年

① 资料来源:《杭州2022年亚运会和亚残运会物流业务领域运行计划》(第三版)。

项目名称	培训对象	培训内容	培训形式	完成时间
物流服务业务培训	赛事物流主管及以上的工作人员	(1)杭州亚运会/亚残运会总体工作方案与运行计划 (2)杭州亚运会/亚残运会物流政策与程序 (3)物流保障风险管理与防范 (4)物流保障应急情境与对策 (5)场馆配送货物流线与标识 (6)场馆物流设施设备与服务保障	线上培训线下实操	2023年
物流服务专家培训	赛事物流主任及以上的工作人员	(1)杭州亚运会/亚残运会总体工作方案与运行计划 (2)杭州亚运会/亚残运会物流政策与程序 (3)物流保障风险管理与防范 (4)物流保障应急情境与对策	线上线下相结合	2023年

第三节　物流运行机力保障

一、通用设施设备保障

为保障赛事物流活动顺利开展,结合各物流业务场景运行需要,物流业务领域应配备相应的通用设施设备,如家具白电、通用办公耗材等,其配置标准可参照表6-2。通用设备配备完毕后,应对其进行合理标识,包括设备名称、编号、状态、维保周期、责任人等信息,并设置于显著位置,同时制定通用设施设备使用记录、养护、维修、更新等管理规定。

表 6-2　赛事物流通用设施设备配置清单

物资名称	主要规格	数量上限
中型折叠条桌	1600 mm×500 mm×750 mm,规格型号可视实际情况调整	用于工作人员及外部客户群。主任级按 1:1 配置,其他工作人员按 2:1 配置,外部客户群按业务需要配置
非软垫折叠椅	450 mm×470 mm×790 mm,规格型号可视实际情况调整	用于工作人员及外部客户群。工作人员按 1:1 配置,外部客户群按业务需要配置
双门铁文件柜（带锁）	860 mm×400 mm×1800 mm,规格型号可视实际情况调整	工作人员 6:1 配备;多于 6 人少于 12 人,仍按 1 个配备,部门共享;业务领域不足 6 人的,配置 1 个
推柜	390 mm×535 mm×600 mm,规格型号可视实际情况调整	指挥长级、主任级按 1:1 配置
双门铁文件柜（带锁）	860 mm×400 mm×1800 mm,规格型号可视实际情况调整	工作人员 6:1 配备;多于 6 人少于 12 人,仍按 1 个配备,部门共享;业务领域不足 6 人的,配置 1 个
中型折叠条桌	1600 mm×500 mm×750 mm,规格型号可视实际情况调整	用于工作人员及外部客户群。主任级按 1:1 配置,其他工作人员按 2:1 配置,外部客户群按业务需要配置
非软垫折叠椅	450 mm×470 mm×790 mm,规格型号可视实际情况调整	用于工作人员及外部客户群。工作人员按 1:1 配置,外部客户群按业务需要配置
中型折叠条桌	1600 mm×500 mm×750 mm,规格型号可视实际情况调整	用于工作人员及外部客户群。主任级按 1:1 配置,其他工作人员按 2:1 配置,外部客户群按业务需要配置
塑料圆凳		按照人员峰值 2:1 配置
冰箱	商用冷藏柜单门透明冷柜	
微波炉		
饮水机	冷水加热水	原则上配置在公共办公区域
注:联想牌台式机	注:具体型号或长宽高规格可根据实际进行调整	注:区域或人员相应的数量上限

二、专用设施设备保障

按照杭州亚运会和亚残运会物流业务领域运行计划,为满足各物流业务场景运行需要,需配备符合各项物流业务操作要求的装卸搬运设备、存储设备、分拣输送设备、包装设备、耗材、物流工具、人员装备等物流专用设备，其配置标准可参照表6-3。不同物流专用设备的配置要求如下：

（1）物流作业区域装卸设备的配备标准要考虑物资的数量和种类及特殊需求（如某些区域基于环保的考虑使用电瓶车）。

（2）搬运设备的配备标准要考虑物资的数量和种类、仓库面积的大小、作业区间的距离，满足该区域的搬运需要。

（3）存储设备的配备标准要考虑物资的转运、存储及调拨。

（4）分拣输送设备的配备标准要考虑物资的分类、输送、出库等需求。

（5）信息采集与处理设备的配备标准要考虑物资的智能管理需求，满足物资信息的准确采集、后台同步和有效管控。

（6）包装设备的配备标准要考虑物资的数量和种类、搬运距离等因素，满足包装需求。

（7）物流工具的配备标准要考虑作业及测试需求。

（8）人员装备的配备标准要满足工作人员安全作业需求。

对物流专用设备应进行标识，标识内容应包括设备名称、编号、状态、维保周期、责任人等信息，并设置于显著位置。在使用专用物流设备时应遵循操作规程，规范使用物流专用设备进行作业，并做好使用记录。应安排专人每日至少进行一次设备盘点，明确设备运行情况，并及时处理故障。同时，应以维持、保护设备性能为原则，定期在规定保养时间内，按设备规定的保养内容和要求，结合设备使用情况，对物流专用设备进行养护。物流专用设备故障时的维修应由专人负责，并使用专业维修设备，维修后应及时清理现场，确保后续作业效率。此外，设备的更新应根据赛事场馆物流运行实际，结合工艺改进和设备技术情况确定。原则上应用技术性能先进的设备更换技术性能落后且无法修复、改造的老设备。

表 6-3　赛事物流专用物资配置清单

设备类别	设备名称	规格型号	配置标准	备注
装卸搬运设备	手动液压叉车	1150 mm×540 mm×85—200 mm（提升）	3000 m² 以下：最高 5 台；3000 m² 以上：1 台/500 m²	承载能力 1.6—3.0 t，主要用于仓库内的水平搬运
	电动托盘搬运车	1650 mm×740 mm	托盘货位区：1 台/2500m²；托盘货位区少于 2000 m² 无需配置	承载能力 1.6—3.0 t，作业通道宽度一般为 230—280 mm，货叉提升高度一般在 210 mm 左右，主要用于仓库内的水平搬运及货物装卸
	电动堆高车	1700 mm×1000mm×3000 mm（提升）	仓库横梁式货架 3 层及以下时，横梁货架区面积 3000 m² 配置 1 台；无重型货架的无需配置	承载能力 1.0—2.5 t，作业通道宽度一般为 230—280 mm，货叉提升高度在 480 mm 内，主要用于仓库内的货物堆垛及装卸
	电动前移式叉车	2300 mm×1000 mm×2580 mm（提升）	仓库横梁式货架 3 层以上时，横梁货架区面积 3000m² 配置 1 台；无重型货架的无需配置	承载能力 1.0—2.5 t，门架可以整体前移或缩回，缩回时作业通道宽度一般为 270—320 mm，提升高度最高可达 1100 mm，可用于仓库内中等高度的堆垛、取货作业
	电动平衡重式叉车	1150 mm×540 mm×85—204 mm（提升）	按需配置，1 台/5000 m²	承载能力 1.6—3.0 t，作业通道宽度一般为 230—280 mm，货叉提升高度一般为 210 mm，主要用于仓库内的水平搬运及货物装卸
	集装箱正面吊运机（10—30 t）	12600 mm×2550 mm×3550 mm；支腿跨距：640 mm（横）×518 mm（纵）	每个仓库配置专用停车场时，按特殊货量合理调度，按需配置	用于 6 m、12 m 集装箱装卸作业
	周转箱	600 mm×400 mm×315 mm	按需配置	用于五金、电子、机械零配件的储存和运输
	塑料托盘	1200 mm×1000 mm×150 mm	按需配置	用于集装、堆放、搬运和运输，放置作为单元负荷的货物和制品

续 表

设备类别	设备名称	规格型号	配置标准	备注
装卸搬运设备	横梁式货架	立柱高度：3900 mm；立柱高度：5700 mm；立柱高度：7500 mm；立柱高度：9300 mm；	按需配置，具体型号规格可根据实际进行调整（无规划图不得配置）	储存较重的物品，既适用于多品种小批量物品，又适用于少品种大批量物品。多用于高位仓库和超高位仓库
	轻型隔板式货架	1500 mm(外)×500 mm×2200 mm；1500 mm(外)×1000 mm×2200 mm；2000 mm(外)×700 mm×2400 mm	按需配置，具体型号规格可根据实际进行调整	单元货架每层载重量不大于 300 kg，总承载一般不大于 5000 kg，主要适用于存放轻、小物品
	叠储式笼车	850 mm×650 mm×1660 mm	按需配置，如 1 个/5000 m²	每车能存放 100 票左右
存储设备	横梁式货架	立柱高度：3900 mm/5700 mm/7500 mm/9300 mm	按需配置，具体型号规格可根据实际进行调整（无规划图不得配置）	储存较重的物品，既适用于多品种小批量物品，又适用于少品种大批量物品。多用于高位仓库和超高位仓库
	轻型隔板式货架	1500 mm(外)×500 mm×2200 mm；1500 mm(外)×1000 mm×2200 mm；2000 mm(外)×700 mm×2400 mm	按需配置，具体型号规格可根据实际进行调整	单元货架每层载重量不大于 300 kg，总承载一般不大于 5000 kg，主要适用于存放轻、小物品
	叠储式笼车	850 mm×650 mm×1660 mm	按需配置，如 1 个/5000 m²	每车能存放 100 票左右
分拣输送设备	收货/包装/出库工作台（线棒工作台）	直径 28 mm 的精益管（覆塑管）配连接件、台面板、排插等	按需配置，日订单 100 单/1 台	工作台适合装配、包装、收货、出库、生产办公等各种生产用途

设备类别	设备名称	规格型号	配置标准	备注
分拣输送设备	校验工作台（线棒工作台）	直径 28 mm 的精益管（覆塑管）配连接件、台面板、排插等	按需配置，日订单 400 单/1 台	工作台适合检测、维修、生产办公等各种生产用途
	线棒拣货车	1350 mm（内）×450 mm（外）×1400 mm×5 层；每层的拣货筐可根据运营物资的大小更换	按需配置，日订单 250 单/1 台	适用于边拣边分模式
	皮带机	长度 3 m/6 m/9 m/12 m/15 m；单条长度不可超过 15 m	按需配置	适用于水平和倾斜方向输送散粒物料和成件物品，也可用于进行一定工艺操作的流水作业线
	平板车	900 mm×600 mm×900 mm	按需配置，日订单 400 单/1 台	可灵活作为体积较大、重量超 5 kg 的拣货车使用
	商超拣货车	800 mm×510 mm×940 mm；920 mm×590 mm×990 mm	按需配置，日订单 400 单/1 台	适用于播种模式（适用播种模式的服装、3 C 小日百仓）
	胶框拣货车	820mm×580mm×410 mm	按需配置，日订单 400 单/1 台	适用于播种模式
运输设备	轻型载货汽车（3 t）	4500mm×1800 mm×2000 mm	每个仓库配置专用停车场时，按货量合理调度，按需配置；具体型号规格可根据实际进行调整	用于物资运输配送
	电动/轻型载货汽车（3 t）	4500 mm×1800 mm×2000 mm	每个仓库配置专用停车场时，按货量合理调度，按需配置；具体型号规格可根据实际进行调整	用于物资运输配送
	电动/轻型载货汽车（8 t）	9600 mm×2300 mm×2000 mm	每个仓库配置专用停车场时，按货量合理调度，按需配置；具体型号规格可根据实际进行调整	用于物资运输配送

续　表

设备类别	设备名称	规格型号	配置标准	备注
运输设备	集装箱板车	16000 mm×2300 mm×2400 mm	每个仓库配置专用停车场时,按货量合理调度,按需配置;具体型号规格可根据实际进行调整	用于物资运输配送
信息采集与处理设备	有线扫描终端		根据收货、校验工作台数量进行配置;按需配置,可按照包装台各 1 个,收货台各 1 个	条码识别,在物资入库、分类、出库、盘点和运输时进行条形码管理
	无线扫描终端(拣货)		具体型号规格可根据实际进行调整,按需配置;根据当班班次库控、拣货岗位的 70%配置	条码识别,信息存储和处理
	中端充电器		具体型号规格可根据实际进行调整,按需配置	
	备用电池		具体型号规格可根据实际进行调整,按需配置	
	条码打印机		具体型号规格可根据实际进行调整,按需配置;每个校验台配置 1 台,收货可增加 1 台	打印条码、标签、电子面单
	运单扫描仪		按需配置,每个仓库 1 台	扫描运单等单据
	图腾网络机柜		按需配置,具体型号规格可根据实际进行调整	满足网络建设需求,为物流管理信息系统的有效运行服务
	UPS 断电保护器		按需配置,具体型号规格可根据实际进行调整	满足网络建设需求,为物流管理信息系统的有效运行服务
	交换机		按需配置,具体型号规格可根据实际进行调整	满足网络建设需求,为物流管理信息系统的有效运行服务
	防火墙		按需配置,具体型号规格可根据实际进行调整	满足网络建设需求,为物流管理信息系统的有效运行服务

续　表

设备类别	设备名称	规格型号	配置标准	备注
信息采集与处理设备	无线 AP 路由器		按需配置,具体型号规格可根据实际进行调整	满足网络建设需求,为物流管理信息系统的有效运行服务
	AP 电源适配器		按需配置,具体型号规格可根据实际进行调整	满足网络建设需求,为物流管理信息系统的有效运行服务
	AP 安装架		按需配置,具体型号规格可根据实际进行调整	满足网络建设需求,为物流管理信息系统的有效运行服务
	无线控制器		按需配置,具体型号规格可根据实际进行调整	集中化控制无线 AP
包装设备	捆扎机	1300 mm×1500 mm×1200 mm	按需配置,参考岗位数量;仓库配置专用区域或库进行存储	满足物资的包装需求
	塑膜缠绕机	2500 mm×1700 mm×2300 mm	按需配置,参考岗位数量;仓库配置专用区域或库进行存储	满足物资的包装需求
耗材	包装箱	1♯－12♯	按需配置,参考岗位数量;仓库配置专用区域或库进行存储	满足物资的包装需求
	胶带	45 mm×200mm	按需配置,参考岗位数量;仓库配置专用区域或库进行存储	满足物资的包装需求
	扎带	3.6mm×250 mm	按需配置,参考岗位数量;仓库配置专用区域或库进行存储	满足物资的包装需求
	填充气泡膜	50 mm(宽)	按需配置,参考岗位数量;仓库配置专用区域或库进行存储	满足物资的包装需求
	珍珠棉泡沫垫	1000 mm(宽)	按需配置,参考岗位数量;仓库配置专用区域或库进行存储	满足物资的包装需求
	PE工业缠绕膜	50 mm(宽)	按需配置,参考岗位数量;仓库配置专用区域或库进行存储	满足物资的包装需求
	蜂窝板	1200 mm×2400 mm×30 mm	按需配置,参考岗位数量;仓库配置专用区域或库进行存储	满足物资的包装需求

续　表

设备类别	设备名称	规格型号	配置标准	备注
耗材	自封袋	350 mm×450 mm	按需配置,参考岗位数量;仓库配置专用区域或库进行存储	满足物资的包装需求
	打包木板	30 mm×1200 mm×70 mm	按需配置,参考岗位数量;仓库配置专用区域或库进行存储	满足物资的包装需求
物流工具	组合工具(锤子、钳子、改锥、电钻、壁纸刀、封箱带枪)	500 mm×500 mm	按需配置,参考岗位数量;仓库配置专用区域或库进行存储	
	书踏		根据实际需求,书踏和登高梯,二选一	
	登高梯	与货架配套使用尺寸	根据实际需求,书踏和登高梯,二选一	
	工业地秤	1500 mm×2000 mm;5000 kg	按需配置	
	电子磅秤	300 kg	按需配置,如:20000 m² 以内配置1台,20000 m² 以上配置2台	
	电子台秤	30 kg	按需配置,如:校验工位配置1台/工位,校验工作台10台以上可有10%备用	
人员装备	对讲机		5000 m² 以上仓可选配	
	安全帽、手套、口罩		按需配置,参考岗位数量;仓库配置专用区域或库进行存储	
	工作服、防砸鞋		按需配置,参考岗位数量;仓库配置专用区域或库进行存储	
	反光马甲		按需配置,参考岗位数量;仓库配置专用区域或库进行存储	
	工牌		按需配置,参考岗位数量;仓库配置专用区域或库进行存储	

续　表

设备类别	设备名称	规格型号	配置标准	备注
安全设备	安检门		按需配置	
	监控设备主机		按需配置,参考监控数量	满足对物流工作过程的监控需求
	监控设备硬盘	容量4T左右	具体型号规格可根据实际进行调整,按需配置,参考监控数量	满足对物流工作过程的监控需求
	监控设备	网络高清数字摄像头	具体型号规格可根据实际进行调整,按需配置	满足对物流工作过程的监控需求
	金属探测仪	手持探测器	按需配置	
	安防设备	大LED显示屏、主机、触发开关、腕表、信号放大器、线棒移动工作台	按需配置	

三、运输车辆运行保障

物流运行为大型体育赛事活动的高效、顺畅运行提供强有力的支持,而运输车辆配置对物流配送环节而言至关重要。为保证杭州亚运会和亚残运会高效、安全、有序进行,需结合不同赛事阶段的运行特点,明确各阶段运输要求、用车原则。

(一)赛事阶段划分

根据赛事活动安排和物资需求,将整个赛事分为3个阶段:赛前阶段,赛中阶段和赛后阶段。

(1)赛前阶段主要指赛前5个月到3个月。主要涉及通清关物资运入及物流中心物资运入。

(2)赛中阶段主要指赛前2个月到赛事结束。主要涉及场馆物资的运入及运出。

(3)赛后阶段主要指赛事结束到赛后2个月。主要涉及物资回运。

(二)运输要求

赛事物流对物流运输的条件和要求都很高,具体而言,有以下几个方面。

从运输成本上看,一是确保运输的低成本,充分发挥管理与技术优势,综合考量出发地、目的地等位置信息和物资需要时间等因素,确保运输组织方式、服务方式的科学合理,从而有效降低成本;二是确保运输成本的稳定性,在一定时间和空间范围内,使成本的波动在合理的、不影响物流总成本的范围内,确保物流系统的稳定性;三是确保运输成本可调节性,为应对物资运输过程中可能出现的风险,应确保运输成本在紧急状态下的可调节性,从而保障物资在途运输的顺畅、及时和安全。

从运输时间上看,主要体现在对运输时间的准确性要求上。赛事物流服务的时效性是赛事活动顺利开展的基础,这就要求物资在途运输过程中克服可能出现的各种偏差,在规定的时间段(如天、小时)内完成运输任务。

从运输效率上看,一是确保运输管理的合理性,即要求运输服务组织调度科学、合理,适应或符合赛事运行需求,确保运输的高效性;二是保证运输衔接的顺畅度,在完成运输的过程中,往往要求不同运输方式之间、运输与节点作业之间的衔接尽可能节省时间,以确保运输效率。

从运输安全上看,一是确保物流工作人员的安全,要求相关人员必须经培训考核,持证上岗,且在正常状态下进行在途运输,严禁酒后及疲劳状态下的作业;二是确保物资在途的安全,赛事物资种类繁多,需采取不同的保护措施,车辆在途中需平稳驾驶,确保物资安全。

(三)用车原则

为保证运输服务和成本最优化,结合不同赛事阶段运行特点及需求,采用租车、订单等不同模式为赛事活动提供运输服务。租车模式指车辆按一定周期租赁使用权,在租车期内全天候服从安排;订单模式指车辆按运输趟次结算,有运输则结算,无运输则不结算。在用车过程中,可根据货量的起伏变化确定加车。在加车类型方面,一般租赁车辆以运行短线路、多趟次优先,订单车辆以长线路优先。

第四节　物流运行信息保障

一、物流管理系统概述

物流管理系统是为杭州亚组委会各业务领域、场馆及赞助商或供应商提供物资管理保障服务,对物流运行过程进行信息化管理,由杭州亚组委物流业务领域(后勤保障部物流处)提出建设,杭州亚组委各场馆物流业务领域在赛前、赛中和赛后整个过程使用的信息化系统。

按照杭州组委物流各项工作政策,结合大型赛事物流在物流管理过程中线路繁复、集中配送、物资件数多、服务要求安全高效、物资管理严谨、场馆多样等特点,以及物流管理过程中需要提供的各场馆物资需求、物流中心物资存储、各场馆物资配送等数据,将物流管理系统分为订单管理子系统、仓储管理子系统、运输管理子系统和主配送计划管理子系统4个子系统。

在设计物流管理系统开始时,首先需要编写与确认需求规划,然后开发订单管理子系统、仓储管理子系统、运输管理子系统和主配送计划管理子系统4个信息系统主体模块,并对系统云运算和云方案进行专家评审。在评审完成后,申请网络安全等级保护备案。完成云部署,并经过信息系统网络安全检测、信息系统安全等级保护测评、网络安全检测、三级等保测评和安全等级保护备案证明,物流管理系统阶段性验收经确认无误后系统上线,正式运行。物流管理系统总体业务架构见图6-5。

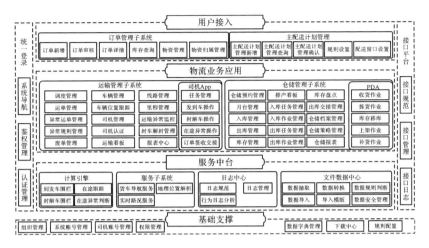

图 6-5　物流管理系统总体业务架构

从系统架构上看,物流管理系统技术架构分为表现层、应用层和数据层,采用比较成熟的前后端分离技术,使用流行的开发语言 HTML、Java 和 Python 开发,均方便后续系统的更新迭代和维护优化。物流管理系统技术架构见图 6-6。

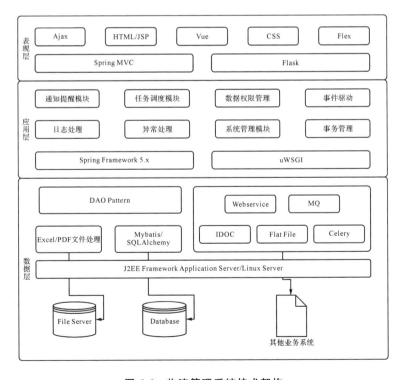

图 6-6　物流管理系统技术架构

在业务流程运行方面,各业务领域在物资进境的不同时期都需要对物资负责,其业务流程主要包括境外运输、订单管理子系统、运输管理子系统干线、仓储管理子系统、运输管理子系统城配和结算。物流管理系统业务流程见图 6-7。

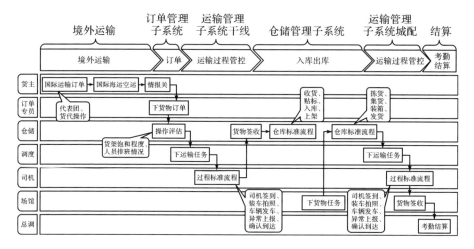

图 6-7　物流管理系统业务流程

为实现物流管理系统的信息保障和服务安全,在设计云部署架构时借助杭州亚组委信息技术部提供的专有云资源支持,充分考虑到系统安全性、管理规范性、业务扩展性和系统运行高效性,结合用户所在位置,物流管理系统在用户接入时通过负载均衡来控制连接到对应的 ECS(Elastic Compute Service)应用服务器,在 ECS 上通过冗余部分服务器保障系统的可用性,在服务器上通过主从备份保障应用的安全可靠,在信息安全上通过添加 DDoS(Distributed Denial of Service)防护、应用防火墙、态势感知和安骑士等云安全服务保障信息数据的安全可靠。

二、物流管理系统子系统

物流系统是一个完整的系统组合,它是包括多个子系统在内紧密结合起来的一个整体系统。物流系统需要子系统的支持,缺少了物流管理子系统会影响整个物流系统的正常运转。完整的物流系统一般包含配送子系统、运输子系统、装卸搬运子系统、仓储子系统、包装加工子系统、物流信息子系统等。而在杭州亚运会赛事物流中,这些子系统的职责和任务分配在四大物流管理子系统中,即订单管理子系统、仓储管理子系统、运输管理子系统和主配送计划管理子系统。四大子系统各自功能相辅相成,共同维护运行物流管理系统。订单管理子系统主要实现场馆物资需求订单提交、履约过程管理、场馆物资运输调拨,物资库存查询、物资基础信息维护、订单调度管理等功能;仓储管理子系统主要实现物资出入库管理、库存数量查询、仓储空间查询、库存盘点、物流中心预约等功能,并按照不同的物流操作流程生成仓储报表;运输管理子系统主要实现物资提送货管理、运输分配管理、车辆和司机管理、物资交接管理和车辆在途监控管理等功能,并按照不同的流程生成相关报表;主配送计划管理子系统主要实现配送计划的申请录入、审核、编排和验证等功能。各子系统详细功能介绍如下。

(一)订单管理子系统

订单管理子系统是在杭州亚运会举办期间,对利益相关方物资运输及调拨的运力需求进行在线下达及调运的信息管理系统。订单管理子系统可实时监控、更新物资库存状态,为合理的物资调拨及运输提供依据。订单管理子系统的用户对象包括客服部门、物流国内运输调度团队、各场馆物资归口业务领域,以及需要向场馆递送和提取货物的利益相关方,如杭州亚运会各参赛代表团、各类赞助商、体育器材供应商和转播机构以及为杭州亚组委采购的服务商等。

订单管理子系统的功能主要包括基础数据管理、订单管理和调度管理。基础数据管理模块的操作对象为客服,物资归属及物资明细统一由客服进行日常维护,包括物资归属管理、物资管理、物资库存查询;订单管理模块的操作对象为客服及下单专员,下单专员对下达订单进行操作,客服对已下达的订单进行审核,包括订单搜索查询、订单新增及批量导入、订单审核、订单批量导出及明细导出;调度管理模块的操作对象为物流国内运输部门的调度专员及客服,其中调度专员主要负责创建运单,客服主要对司机已完成运输但无法完成签收确认的订单进行签收及异常处理操作,包括待调度订单和已调度订单的查询、创建、拆分、导出。综上所述,订单管理子系统主要由订单专员和仓储管理人员负责,进行下货物订单和操作评估(包括货架饱和程度、人员排班情况等)。系统涉及人员包括运营人员、客服、下单专员、仓库运营人员、调度专员和司机,结构复杂但流程简便。

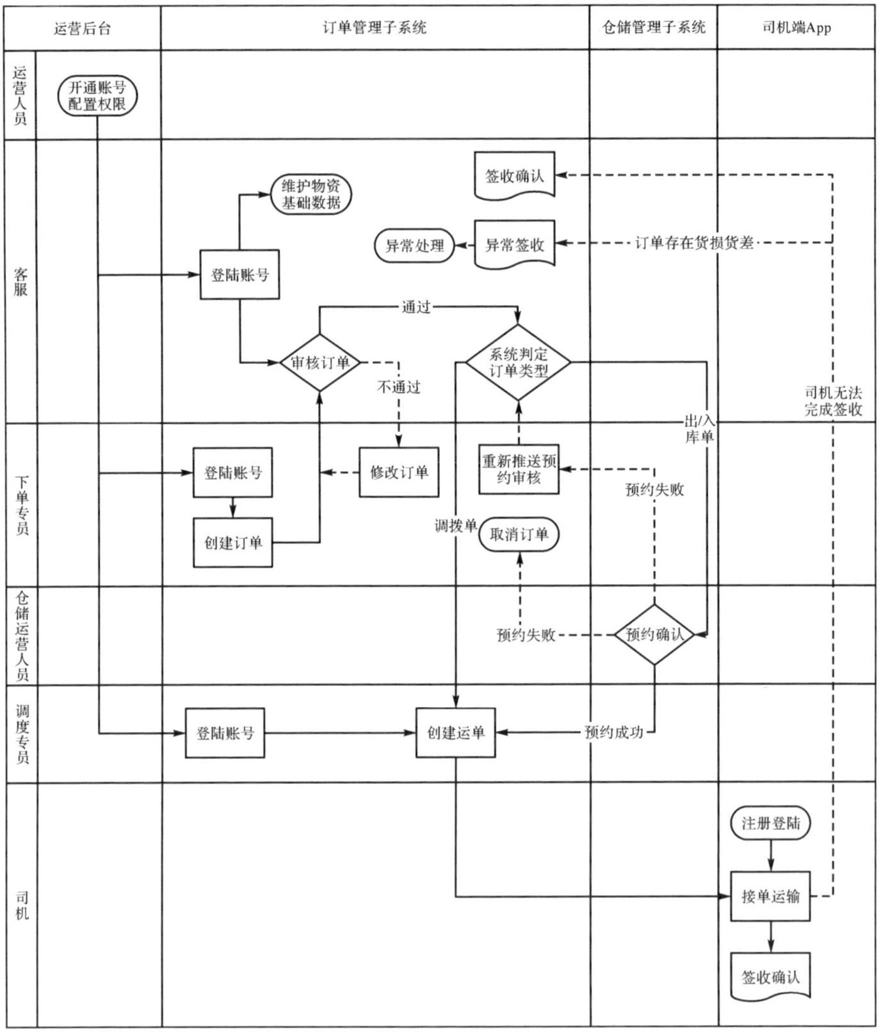

图6-8 订单管理子系统功能及流程

(二)仓储管理子系统

仓储管理子系统主要实现物资出入库管理、库存数量查询、仓储空间查询、库存盘点、物流中心预约等功能,并按照不同的物流操作流程生成仓储报表,具体内容见图6-9。根据操作对象的不同,仓储管理子系统所能实现的功能存在差异,主要包括 PC 端功能和 PDA 端功能。

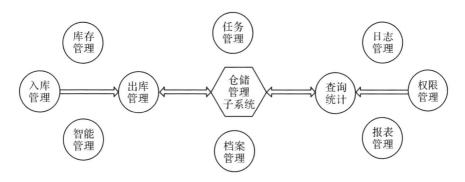

图 6-9 仓储管理子系统功能及流程

从 PC 端来看:第一,实现核心档案、仓库档案管理,其中核心档案包括货主管理、点位管理、品类管理、物资管理四个方面,且相关信息均由上游订单管理子系统推送,部分信息可进行适当编辑和维护;第二,实现入库、库存和出库作业管理,且在不同作业环节中依据规则实现智能化作业,以提高作业效率,其中智能化策略包括上架策略、审单策略、分配策略、拣货策略、周转策略等,各作业环节按作业流程实现物资入库、库存和出库操作,确保作业流程的顺畅、高效;第三,实现系统设置、信息策略导入、智能报表等功能。

从 PDA 端来看:支持仓库作业人员执行所有主要和许多次要仓库任务作业,包括收货任务、上架任务、拣货任务、搬运复核、复核任务、交接任务、库内移动、盘点任务等。

(三)运输管理子系统

运输管理子系统是在杭州亚运会举办期间,为物流国内运输部门提供车辆基础数据、承运商资料、线路、频次、里程、时效、时速、运单、异常工单、运单报表下载的信息管理系统,其用户对象为杭州亚运会物流国内运输的管理及调度人员。运输管理子系统可支持物流国内运输部门在线监控,管理杭州亚运会期间的车/线及运单信息,实时掌握各线路运输的车辆所产生的运单量及运单状态,并监控锁定异常运单,为这部分异常运单提供线上化管理跟踪入口,为亚运全网调运业务提供标准基础数据,并保障运单管理和信息的及时互通。

从车辆基础数据来看,运力资源车辆基础数据支持对亚运物流国内运输承运商的车辆审查、变更等信息的线上审批,提高准入审查效率,并对审查过程留痕。从承运商资料管理上看,运力资源资料管理支持对亚运物流国内运输承运商资质审查,完成承运商信息审核、准入等信息的线上审批。

从线路管理上看,线路管理对杭州亚运调运网络进行统一线路管理,赋能"运输管理""订单管理""数据中心"等,为亚运全网调运业务提供标准基础数据,提高数据透明性、准确性。从频次管理上看,用户可实现对线路进行频次创建,设置线路的频次个数,进行频次查询、修改、注销、导出等操作。线路管理系统操作流程见图 6-10。

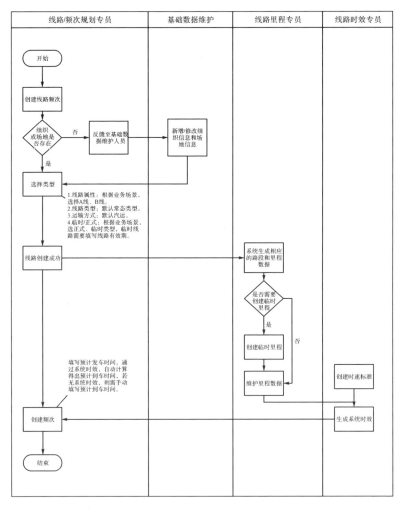

图 6-10　线路管理系统操作流程

从路段管理上看,线路创建成功后,系统会自动生成相应路段信息,用户可通过路段管理入口,对路段进行查询。从里程管理上看,创建线路后,系统会自动生成相关节点的正式里程和时效里程,用户可通过正式里程管理和时效里程管理入口,对正式里程和时效里程进行查询、维护及审核。从时效管理上看,当时效人员不认同系统时效作为时效考核标准,或者路段缺少系统时效时,时效专员可以维护一条自定义时效时,时效系统优先取自定义时效考核运单的时效。从时速管理上看,用户可创建时速标准,进而实现时速管理。此外,运单管理、异常工单管理等模块可实现对所有运单信息的查询,对废单的查询、审核、处理,对异常工单进行跟踪、审核,以便及时处理。而运单报表模块便于用户对实际运输情况进行复盘分析,为运输方案的完善提供支撑。

(四)主配送计划管理子系统

主配送计划管理子系统是在杭州亚运会举办期间,物流车辆能够有序地进出物流中心和场馆,避免产生拥堵,对该期间需要进出物流中心和场馆的车辆进行时间编排的信息管理系统。

主配送计划管理子系统有利于有序安排物资高效运转,科学管控物流中心和场馆的卸货区和安检设施等,保证各类物资按计划有序运入物流中心和场馆。主配送计划管理子系统的服务对象为各竞赛场馆和非竞赛场馆,适用于所有需要进出物流中心和场馆的车辆。

根据物流服务申请来源不同,主配送计划管理子系统业务流程包括2个方面:(1)物资运入或运出场馆时,场馆物资归口业务领域/场馆客户群主责业务领域需提前向场馆物流业务领域提交物流服务申请单,场馆物流业务领域结合场馆物流运行能力审核并确定收发货时间,分配时间窗并形成配送订单,提交配送订单至物流中心团队审核。若需物流中心安排车辆,则物流中心运行团队审核并确认配送订单、生产运单,并发送运单至配送订单提交方,由配送订单提交方编制主配送计划,并同步信息至各方;若无需物流中心安排车辆,则物流服务申请提交方须在物流服务申请单中明确司机及其联系方式、车牌号等信息,场馆物流业务领域/物流中心运行团队根据物流服务申请单中的信息直接生成主配送计划,并同步信息至各方。(2)物资运入或运出物流中心时,物资归口业务领域/客户群主责业务领域需提前向物流中心运行团队提交物流服务申请单,物流中心运行团队结合物流中心仓储、运输能力审核并确定收货时间,分配时间窗并形成配送订单。后续是否需要物流中心安排车辆,相应的流程与前述一致。主配送计划管理子系统业务流程见图 6-11。

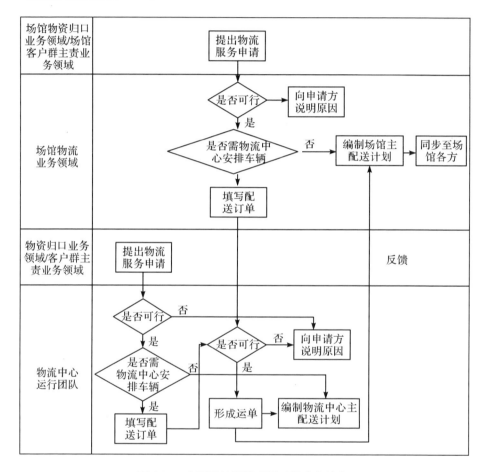

图 6-11　主配送计划管理子系统业务流程

三、运输安全管控

　　为保障杭州亚运会物流运输车辆安全运行,实现运输过程可视化、动态化监控的目的,通过租赁卫星定位装置、视频监控设备的方式,为所有保障杭州亚运会的物流运输车辆安装符合有关技术标准的卫星定位装置、视频监控设备,并加装安保铅封,以实现有效监控调度,实时监控车辆行驶轨迹,获取实时路况信息。

从卫星定位装置和视频监控设备的功能上看,卫星定位装置支持接收智能调度主机上报的行车数据,以及主动安全防御和驾驶行为分析报警数据,支持不同的报警信息级别、分数设定,能够生成驾驶员违规情况报表,并支持实时监控、历史轨迹回放、报警提示等功能;视频监控设备利用人工智能深度学习技术、北斗定位、高清移动视频监控技术、抗恶劣环境存储技术、4G 无线通信技术等手段,实现驾驶员驾驶行为和高级智能辅助驾驶的实时监控,当监测到驾驶员出现不安全驾驶行为或不规范驾驶行为时,主动安全防范智能终端生成告警信息,通过本地语音播报提醒驾驶员,并将对应的预警、报警数据、图片和视频传输到后端平台,从而实现实时监控。

从监控调度上看,搭建符合三级等保要求的监控调度平台,并实现该平台与赛事物流管理信息系统、交通指挥中心、物流中心运行团队的对接互联,共享司机信息、车牌号、车牌颜色、所属单位、运单信息、时间、速度、定位数据、车载视频等信息,从而实现实时监控、轨迹回放、视频监控、分路段限速、驾驶员打卡记录、报警信息查询与处理、形成各项统计报表及台账、电子围栏等功能,进而保障车辆运输的安全、稳定。

第五节　物流运行绿色保障

一、绿色物流的内涵及意义

绿色物流是以促进资源节约、减少环境污染为主要目的,利用较为前沿的物流技术,通过对物流系统进行分析规划,并使物流作业环节绿色化、科学化、环保化的控制与管理的过程。它是针对当下资源环境问题提出的,力图促进实现经济利益、社会利益和环境利益的统一,推动可持续发展战略的实施。在赛事运行背景下,绿色物流主要以支撑赛事正常运行为目的,聚焦赛事物资流转过程中如何使物流作业环节绿色化、科学化、环保化这一问题。

　　在推进碳达峰、碳中和的时代背景下,发展绿色物流是建设现代流通体系的题中应有之义,也是推进物流行业高质量发展的必然要求,符合社会发展趋势,也符合人类社会的根本利益。具体而言,绿色物流可以为体育赛事节约物流成本,降低环境污染,优化配置各类体育资源,最大限度地发挥各类体育资源的社会经济效益。同时,绿色物流是实现体育赛事可持续发展的客观选择。体育赛事物流一般包括赛前规划、物资供应或仓储、物流信息平台支持等方面的内容,各个物流环节的衔接效率和资源利用程度越高,就越能降低外部环境的影响,实现体育赛事运行的绿色化。特别是在我国2008年北京奥运会上提出"绿色奥运"观念后,绿色物流已成为体育赛事关注的焦点之一。

二、杭州亚运会的绿色物流保障实践

　　近年来,绿色物流正在不断发展并逐渐融入体育赛事,为体育赛事活动的低碳、高效运作提供支撑,但总体而言,绿色物流在我国体育赛事中的应用依然处于初级阶段,当下我国体育产业中绿色物流的发展仍面临诸多问题,绿色物流深入落实任重道远。具体而言:首先,绿色物流观念淡薄,支持力度不足;其次,绿色物流协调管理缺乏规范性,造成资源浪费;最后,绿色物流技术研发与应用较为落后,相关专业人才缺乏。作为推动我国体育产业中绿色物流发展的重要一环,杭州亚运会如何实施绿色物流对践行"绿色"的办赛理念具有重要意义。

(一)实践背景

　　"绿色"是杭州亚运会的办赛理念之一。杭州始终坚持绿色和可持续发展理念,努力将其贯穿于杭州亚运会筹备、举办和赛后利用的全过程、各领域、各环节中。作为国际级的大型赛事,杭州亚运会作出"绿色、智能、节俭、文明"的承诺,处处彰显低碳理念。

　　物流中心根据亚运赛事需求灵活调配场地、人力等资源,实现按需调度,合理利用现有资源,实现物流运行的绿色低碳。圆通亚运物流中心将为杭州亚运会提供包括仓储、运输、关务、信息系统开发应用等在内的系列物流赛事保障服务,并且配套打造了杭州亚运会物流信息系统,实现物流运行管理的绿色化、智能化。此外,为落实杭州亚运会"绿色、智能、节俭、文明"的办赛理念,助力杭州亚运会和亚残运会实现"碳中和",圆通亚运物流中心积极推动实现低碳环保的亚运绿色物流运行,在物流设施设备使用、物流运行管理等方面积极践行绿色化、智能化的理念。

(二)创新举措

1.绿色能源先行,助力低碳亚运

能源与人类的发展休戚与共,随着杭州亚运会在可持续发展的道路上阔步前行,圆通亚运物流中心作为保障赛事的重要一环,更应该在低碳理念下积极作出表率。以圆通亚运物流中心光伏发电项目为例,该项目于 2022 年 10 月正式开工建设,建设规模达 1.19 MW,1845 块高效单晶硅组件采用自发自用、余电上网的并网运行方式,接入亚运物流中心的低压配电系统,预计年发电量超过 132 万 KW·h。作为杭州亚运会重要保障的非赛事场馆,通体亚运配色的物流中心因光伏设备的安装,又披上了一身"绿色亚运装"。截至 2022 年 12 月,中心 2 号库屋顶面支架系统、光伏组件安装等工作已经全部竣工验收,并首次完成并网发电。圆通亚运物流中心光伏全部投入使用后,年发电量可达 132 万 KW·h,所发电量除优先供应物流中心使用外,余电可以并网销售,将有效降低用电成本,预计每年可节约标准煤 376 t,减少二氧化碳排放 1032 t,有效降低烟尘及废水排放,助力打造低碳环保的绿色物流。

此外,这一项目也将以碳排放精细化管理为目标,进一步探索建设物流中心指挥能源管理系统,将碳排放监视、管理和控制打通,不断提高亚运物流中心能源利用效率和管理效能。未来,圆通速递还将在浙江、上海、广东、山东等 7 个省市筹备多个光伏发电项目,不仅为清洁能源赋能亚运添一份力,也能持续推进绿色物流不断落地。

2.打造绿色物流全链条,践行低碳物流

亚运物流的"绿"不仅出现在赛事场馆上,同时也通过多维度发力,积极践行绿色亚运的办赛理念。以杭州亚运会、亚残会的官方物流服务商圆通速递为例,圆通速递依托 2021 年成立的快递绿色化联合实验室,在绿色运输和绿色包装等方面着力实现低碳、高效,助力绿色亚运。从绿色运输上看,圆通速递将为亚运物流投入纯电动车、混合动力车等节能、清洁能源车辆，在支线运输环节，圆通速递积极推广纯电动物流车，并探索应用氢燃料电动物流车、新能源无人支线运输车。从绿色包装上看，圆通速递将严格规范过度包装行为，持续加大包装减量与可循环快递箱的投入力度。与此同时，结合杭州亚运会物流运行实践，圆通速递将推出亚运绿色快递包装，该包装采用可回收降解材料制成，材料本身具有防水、耐热、抗压、防震功能，整个箱体无需胶水、胶带即可一体化成型封箱，且100％可循环利用，可实现破损之后回收再生，过程中不产生废气废水，在大幅减少外包装油墨污染的同时，提高包装再利用效率。此外，圆通速递也将以低碳、绿色为准则，积极推进物流运行。

与此同时，杭州亚运会通过搭建物流管理信息系统、优化物流仓储策略等方式推进绿色物流发展。从物流管理信息系统上看，科学配置相关物流资源，优化物流线路及车辆，建立物流共同配送体系，提高物流车辆使用效率。在依托物流管理信息平台实现运输线路优化的同时，创新物资组配方式，降低物资配送过程中的资源消耗，推动实现降本增效。从绿色物流仓储上看，在仓储运行过程中，杭州亚运会将结合赛事活动运行实际，在对赛事物资预测的基础上，制订相应的仓储计划，对各类赛事物资实行分类管理，合理划分储存区域，避免空间浪费，提高仓储资源的利用率，从而推进绿色、节能的仓储管理。

附　录

附录 A　术语及定义

1　赛事物流基础术语

1.1　赛事物资(games-related goods)

赛事活动中需要的实体流动的物质资料,包括赛事通用物资、专用物资和特殊物资。

注:改写《物流术语》(GB/T 18354—2021)(简称 GB/T 18354—2021),定义 3.1。

1.1.1 赛事通用物资(general goods)

赛事活动中需要的实体流动的一般性物质资料。如通用家具白电、通用办公耗材等。

注:改写 GB/T 18354—2021,定义 3.1。

1.1.2 赛事专用物资(dedicated goods)

赛事活动中需要的实体流动的专用物质资料。如信息技术设备、媒体运行器材、体育器材、颁奖仪式专用物资、安保(检)器材设备、物流专用设备、餐饮设备物资、服装等。

注:改写 GB/T 18354—2021,定义 3.1。

1.1.3 赛事特殊物资(special goods)

赛事活动中需要的实体流动的特殊物质资料。如食材、药品及耗材、奖牌(杯)、比赛用的枪支弹药等。

注:改写 GB/T 18354—2021,定义 3.1。

1.1.4 暂时进境物资(goods under temporary admission)

经海关批准暂时进入我国关境,在海关规定的期限内,除因正常使用而产生的折旧或损耗外,应按原状复运出境的赛事物资。

1.2　赛事物流(games logistics)

根据赛事活动需要,将赛事物资及时、准确地从赛事客户群所在国(地区)转移到赛事物流运行场所,再回运或就地处置的整个实体流动过程。根据实际需要,实现通清关、运输、储存、装卸、搬运、包装、流通加工、配送、信息处理等基本功能的有机结合。

注:改写 GB/T 18354—2021,定义 3.2。

1.2.1 赛事场馆物流(event venue logistics)

为保障赛事正常运行而在场馆进行的物流作业活动。

1.2.2 赛事多温共配物流(multi-temperature join distribution logistics)

按照赛事活动需求,在同一运输工具上对两种以上不同温控需求的赛事物资进行共同配送的物流活动。

注:改写 GB/T 18354—2021,定义 4.39。

1.2.3 赛事活体动物物流(live animals logistics)

根据赛事活动需要,针对马匹、服务犬、伴侣动物等活体动物进行的物流活动。

1.2.4 赛事危险品物流(dangerous goods logistics)

根据赛事活动需要,针对比赛用的枪支弹药、锂电池等危险品进行的物流活动。

1.2.5 赛事特种运输物流 special transportation logistics

根据赛事活动需要,针对超大、超重、超长等特殊赛事物资进行的物流活动。

1.2.6 赛事应急物流(emergency logistics)

为应对赛事活动中出现的突发事件提供赛事物资供应保障的物流活动。

1.3　赛事场馆业务领域(venue functional area)

为完成规定赛事任务而设置的,有权管辖某业务领域事务的团队。

1.3.1 赛事场馆物资归口业务领域(venu goods owner functional area)

赛事场馆运行团队中,根据物资类别和专业管理的需要,对物资实行主责归口管理的业务领域。

1.3.2 赛事物流业务领域(games logistics functional area)

为保障赛事顺利开展,推动实现赛事物流各环节正常、有序、高效运转的运行团队。如赛事物流中心运行团队、赛事通清关运行团队和赛事场馆物流业务领域等。

1.3.2.1 赛事物流中心运行团队(logistics center operation team)

为保障赛事活动顺利开展,在赛事物流中心负责计划制订、仓储管理、分拣理货、装卸搬运、包装包材、流通加工等各项具体业务的运行团队。

1.3.2.2 赛事通清关运行团队(event customs clearance operation team)

为保障赛事顺利开展,为赛事物资提供通清关服务的运行团队。

1.3.2.3 赛事场馆物流业务领域(venue logistics functional area)

赛事场馆运行团队中,为完成赛事物流服务而设置的业务领域。

1.4　赛事物流运行场所(games logistics operation site)

能够实现赛事物流各环节功能,支撑赛事物流活动顺利完成的活动处所。包括但不限于赛事物流指挥中心,赛事物流中心,赛事物资推荐进出境口岸,赛事物资官方进出境口岸,赛事场馆,物流办公区、作业区、休息区、仓库等。

1.4.1 赛事物流指挥中心(games logistics command center)

协调、指挥、调度赛事物流所有活动的场所。

1.4.2 赛事物流中心(games logistics center)

具有完善的物流基础设施及信息网络,可便捷地连接外部交通运输网络,物流功能健全,集聚辐射范围大,存储、吞吐能力强,为赛事活动的开展提供专业化物流服务的场所。

注:改写 GB/T 18354—2021,定义 3.13。

1.4.3 赛事场馆(games venue)

保障赛事活动正常运行的场馆。

1.4.3.1 竞赛场馆(competition venue)

承接竞赛,为竞赛活动顺利开展提供支持的场馆。

1.4.3.1.1 赛事场馆物流功能区(venue logistics functional area)

赛事场馆中因物流运行需要而划分的具备特定用途的区域。

1.4.3.1.2 赛事场馆物流办公区(venue logistics working area)

赛事场馆中用于赛事场馆物流业务领域进行计划制订、调度及多部门协同的区域。

1.4.3.1.3 赛事场馆物流作业区(venue logistics operation area)

赛事场馆中用于对物资进行装卸、包装等操作的区域,主要包括装卸作业区、物流操作作业区。

注:改写《物流中心分类与规则基本要求》(GB/T 24358—2019),总体要求 5.5。

1.4.3.1.4 赛事场馆物流休息区(venue logistics rest area)

赛事场馆中用于满足物流作业人员休息需求的区域。

1.4.3.1.5 赛事场馆物流仓库(venue logistics warehouse)

赛事场馆中具有承担物资临时周转、通用物资补给、物流专用物资存储等功能的区域。

1.4.3.2 非竞赛场馆(non-competition venue)

不承接竞赛,但因保障赛事正常运行而提供非竞赛功能的场馆,如运动员村、主媒体中心等。

1.4.3.2.1 运动员村(athletes village)

为参加赛事的运动员、教练员及随队官员等提供休息及居住的区域。

1.4.3.2.2 主媒体中(心 main media center)

赛事期间为主播机构、持权转播商、文字记者、摄影记者和非持权转播机构人员提供的主要工作场所,支持赛事活动的传播和报道。

1.4.3.3 训练场馆(training venue)

用于运动员在赛前和赛期进行训练的场馆。

1.4.3.4 场馆群(venue cluster)

由同一物理区域内邻近的若干场馆组成、共用外围安保封闭线、需进行统一管理的场馆集合。

1.4.3.5 赛事场馆物流运行流线(venue logistics operation flow line)

包括物流货运车辆从进入场馆至指定物流装卸作业区位的车行路线，以及赛事物资从场馆装卸作业区位至目的点位的移动流线。

1.4.4 赛事物资官方进出境口岸(official entry/exit port of Games-related goods)

赛事组委会指定的享受赛事相关便利性政策的赛事物资进出境口岸。

1.4.5 赛事物资推荐进出境口岸(recommended entry/exit port of Games-related goods)

赛事组委会认可并推荐使用的赛事物资进出境口岸。

1.5　**赛事客户群(games logistics client groups)**

赛事物流服务的对象，比如各参赛代表团、媒体等。

1.6　**赛事物流服务商(games logistics service provider)**

为赛事活动的开展提供专业物流服务保障的组织。

2　赛事物流作业服务术语

2.1　**赛事物资运输(games-related goods transport)**

为满足赛事需要，利用载运工具、人力和机力等运力资源，使赛事物资在较大空间上产生位置移动的活动。

注：改写 GB/T 18354—2021，定义 4.1。

2.1.1 整车运输(full-truck-load transport)

一批属于同一发(收)货人的赛事物资且其重量、体积、形状或性质需要以一辆(或多辆)货车装运，并据此办理承托手续、组织运送和计费的运输活动。

注：改写 GB/T 18354—2021，定义 4.13。

2.1.2 零担运输(less-than-truck-load transport)

一批赛事物资的重量、体积、形状和性质不需要单独使用一辆货车装运，并据此办理承托手续、组织运送和计费的运输活动。

注：改写 GB/T 18354—2021，定义 4.14。

2.1.3 门到门运输(door to door transport)

承运部门在托运部门指定的地点接收赛事物资,负责将赛事物资运抵收货人指定地点的一种运输组织活动。

注:改写 GB/T 18354—2021,定义 4.8。

2.1.4 直达运输(through transport)

赛事物资由发运地到接收地,采用同一种运输方式、中途不需要中转的运输组织活动。

注:改写 GB/T 18354—2021,定义 4.9。

2.1.5 中转运输(transfer transport)

赛事物资由发运地到接收地,中途经过至少一次落地或换装的运输组织活动。

注:改写 GB/T 18354—2021,定义 4.10。

2.1.6 多式联运(multi modal transport)

赛事物资由两种或两种以上运输方式连续运输,并进行相关运输物流辅助作业的运输活动。

注:改写 GB/T 18354—2021,定义 4.17。

2.1.7 赛事物资搬运(games-related goods handling)

以人力或机械方式对赛事物资进行空间移动的作业过程。

注:改写 GB/T 18354—2021,定义 4.47。

2.1.8 赛事物资装卸(games-related goods loading and unloading)

以人力或机械方式对赛事物资进行载上载入或卸下卸出的作业过程。

注:改写 GB/T 18354—2021,定义 4.46。

2.1.9 赛事物资储存(games-related goods storage)

为满足赛事需要,对赛事物资进行贮藏、保护及管理的活动。

注:改写 GB/T 18354—2021,定义 4.23。

2.1.9.1 赛事应急物资储备(games-related emergency goods reserving)

为应对突发事件而对赛事物资进行备用储存的活动。

2.1.9.2 存储单元(stock keeping unit)

依据赛事物资特点确定,便于对赛事物资进行存放、保护、管理的相对独立的规格化单位。

注:改写 GB/T 18354—2021,定义 4.35。

2.1.10 赛事物资分拣(games-related goods sorting)

将赛事物资按一定目的进行分类、拣选的作业活动。

注:改写 GB/T 18354—2021,定义 4.30。

2.1.11 赛事物资加工(games-related goods processing)

根据赛事活动需要,对物资实施简单加工的作业活动,如包装、分割、计量、分拣、刷标志、拴标签、组装等。

注:改写 GB/T 18354—2021,定义 4.54。

2.1.11.1 赛事物资分割(games-related goods division)

在赛事物资存储期间和出库前对各类赛事物资整体进行人为分割,将整体分割为若干部分的作业活动。

2.1.11.2 赛事物资计量(games-related goods metering)

利用技术和法制手段实现各类赛事物资单位统一和量值准确可靠的测量。

2.1.11.3 赛事物资组装(games-related goods assembling)

在存储期间和出库前对各类赛事物资进行的加工操作,多为把零件组合起来构成部件,或把零件或部件组合起来构成器械或装置。

2.1.11.4 赛事物资加固(games-related goods securing)

为保证稳定性、完好性和运行安全而将赛事物资合理固定的作业活动。

注:改写 GB/T 18354—2021,定义 4.48。

2.1.11.5 赛事物资包装(games-related goods packaging)

为在流通过程中保护赛事物资、方便储运,按一定技术方法而采用的容器、材料及辅助物等的总体名称。也指为了达到上述目的而采用容器、材料和辅助物的过程中施加一定技术方法等的操作活动。

注:改写 GB/T 18354—2021,定义 4.50。

2.1.12 赛事物资换装(games-related goods transshipment)

赛事物资由一运输工具上卸下,再装到另一运输工具上的物流衔接作业。

注:改写 GB/T 18354—2021,定义 4.31。

2.1.13 赛事物资配载(games-related goods load matching planning)

根据载运工具和赛事物资的实际情况,确定应装运赛事物资的品种、数量、体积及其在载运工具上的位置的活动。

注：改写 GB/T 18354—2021,定义 4.49。

2.1.14 赛事物资组配(games-related goods grouping allocation)

根据赛事物资需求、流向及品类,对赛事物资进行组合、配货,以便合理安排装载的作业。

注：改写 GB/T 18354—2021,定义 4.45。

2.2 赛事场馆物流作业流程(games-venue logistics operation process and specification)

为确保赛事场馆活动正常运行,对赛事场馆的物资及物流服务进行的一系列作业活动。

2.2.1 赛事物资接收(games-related goods receiving)

为满足赛事活动需要,对运入场馆的赛事物资进行卸货、交接等物流作业活动。

2.2.2 赛事物资暂存(games-related goods temporary storage)

对进入场馆的赛事物资进行暂时性存储及管理的物流作业活动。

2.2.3 赛事物资领用(games-related goods requisition)

根据场馆业务领域的物资领用申请,对进入物流仓库的赛事物资进行分拣、出货等物流作业活动。

2.2.4 赛事物资回收(games-related goods recycling)

将从物流仓库出库的、后续赛事活动中可继续利用的赛事物资运回至场馆物流仓库暂存的物流作业活动。

2.2.5 赛事物资运出(games-related goods transportation)

赛后或赛事物资使用后,将物资运出场馆的物流作业活动。

2.2.6 赛事物流服务(games logistics service)

根据场馆业务领域物流需求,安排人员提供装卸、搬运、物流设备租借等服务的物流作业活动。

2.3 赛事物流中心作业流程(games logistics centre operation process)

根据赛事物流服务保障需要,在赛事物流中心进行的订单处理、入库、装卸、搬运、储存、盘点、拣选、流通加工、出库、运输配送等一系列作业活动。

2.3.1 订单处理(order processing)

对赛事物资配送申请的接收、确认、查询和归档的操作,主要包括接收物资配送申请订单,生成运单、主配送计划,提供订单履约过程的查询、追踪以及订单信息的数据整合。

2.3.2 入库(inbound)

赛事物流中心作业流程的开始环节,主要包括装卸、验收、交接、搬运、上架等活动。

2.3.3 储存(storing)

通过仓库对赛事物资进行储藏、保管等活动。

注:改写 GB/T 18354—2021,定义 4.23。

2.3.4 出库(outbound)

根据物资需求订单,按时对物资进行分拣、搬运、分堆、复核、流通加工、装卸并完成发货交接手续的活动。

2.3.5 配送(delivery)

根据赛事活动需要,用设备和工具按时将物资送达指定地点的活动。

注:改写 GB/T 18354—2021,定义 3.3。

3　赛事物流技术与设备设施术语

3.1　赛事物流搬运设备(games logistics industrial equipment)

满足赛事物资水平位移的设备,如电瓶车、电动托盘搬运车、手动液压搬运车(地牛)和小推车等。

3.2　赛事物流装卸设备(games logistics loading and unloading equipment)

满足物资竖直位移的设备,如叉车、吊车和升降台等。

3.3　赛事物流存储设备(games logistics storage device)

满足赛事物资临时存储的设备,如托盘和轻型货架等。

3.4 **赛事物流分拣设备**(games logistics sorting and picking equipment)

用于完成赛事物资分类、拣选等相关作业的设备,如皮带机、拣货车等。

注:改写 GB/T 18354—2021,定义 5.31。

3.5 **赛事物流工具**(games logistics tool)

赛事物流作业所需器具,如锤子、钳子、改锥和电钻等。

3.6 **赛事物流包装设备**(games logistics packaging equipment)

满足赛事物资基础包装的设备工具,如捆扎机和塑膜缠绕机等。

3.7 **赛事物流包装耗材**(games logistics packaging consumables)

直接接触或可能接触赛事物资的包装材料和容器。

注:改写《奥运会食品安全包装、贮运执行标准和适用原则》(DB 11/Z 445—2008),术语和定义 3.1。

3.8 **赛事物流信息采集与处理设备**(games logistics Information collection and processing equipment)

对赛事物流信息进行采集和处理的设备,如运单扫描仪、条码打印机等。

4 赛事物流信息术语

4.1 **赛事物流信息**(games logistics information)

反映赛事物流各种活动内容的知识、资料、图像、数据等的总称。

注:改写 GB/T 18354—2021,定义 3.24。

4.2 **赛事物流管理信息系统**(games logistics information management system)

通过对赛事物流相关信息的收集、存储、加工、处理以便实现对赛事物流的有效控制和管理,并提供决策支持的人机系统。

注:改写 GB/T 18354—2021,定义 6.15。

4.3　赛事物流订单管理系统(games logistics order management system)

接收赛事物流需求订单,并能实现后续订单的查询、履约过程以及相关信息整合的管理系统。

4.4　赛事物流运输管理系统(games logistics transport management system)

在赛事物资运输作业过程中,进行配载作业、调度分配、线路规划、行车管理等多项任务管理的系统。

注:改写 GB/T 18354—2021,定义 6.19。

4.5　赛事物流仓储管理系统(games logistics warehouse management system)

对赛事物资入库、出库、盘点及其他相关仓库作业,仓储设施与设备,库区库位等实施全面管理的信息管理系统。

注:改写 GB/T 18354—2021,定义 6.22。

4.6　赛事物流主配送计划系统(games logistics main delivery schedule system)

为确保各类货运车辆有序进入场馆,防止场馆周边及入口出现拥堵,对进入赛事物流运行场所的车辆进行计划编排的信息管理系统。

4.7　赛事物流智能报表系统(games logistics intelligence reporting system)

通过信息技术手段集成赛事物流过程中的数据,快速准确地提供报表,并为赛事物流指挥中心决策提供决策依据的信息系统。

5　赛事物流管理术语

5.1　赛事物流常规管理(gameslogistics general management)

由赛事物流业务领域对赛事物流服务保障工作进行统筹协调、监督管理和指导运行的活动。

5.1.1 赛事物流业务领域总体工作方案(logistics functional area overall work programme)

为确保赛事顺利开展,通过对赛事物流业务领域的工作进行科学、合理的统筹、规划、设计及安排而形成的工作方案。

5.1.2 赛事物流业务领域运行计划(logistics functional area operation plan)

依据物流业务领域总体工作方案,对赛事物流服务保障工作进行分解、细化及编排的纲领性文件。

5.1.3 赛事物流通用政策(games logistics general policy)

确保赛事物流能够规范、有序、高效开展的一般性政策,如赛事物资通清关政策、赛事物流中心运行政策和赛事物流场馆运行政策等。

5.1.4 赛事物流通用程序(games logistics general procedure)

依据赛事物流通用政策,为赛事物流作业服务制订的标准操作程序,如场馆物流订单服务程序等。

5.1.5 赛事物流信息管理(games logistics information management)

对赛事物流各种活动内容的知识、资料、图像、数据等进行管理的活动。

注:改写 GB/T 18354—2021,定义 3.24。

5.1.6 赛事物资分类管理(games-related goods sorting management)

将赛事物资根据物资使用管理和赛后回收处置的需要进行分类,针对不同类别的物资采用不同的或者类似的管理方法进行管理的活动。

5.1.7 赛事物资归口管理(games-related goods designated management)

根据物资类别和专业管理的需要,对赛事物资指定主责业务领域进行分工管理的活动,如赛事通用物资归口管理、赛事专用物资归口管理和赛事特殊物资归口管理等。

5.1.8 赛事物流仓储管理(games logistics warehouse management)

为提升仓储运营能力,对赛事物流中心和赛事场馆物流存储区的规划设计,以及仓储作业服务所进行的系统管理活动。

注:改写 GB/T 18354—2021,定义 7.23。

5.1.9 赛事物资库存管理(games-related goods stock management)

对闲置或非生产状态的赛事物资进行管理的活动。

5.1.10　赛事物资补货计划(games-related goods replenishment planning)

为保证赛事物资存货数量而制订的,对相应库存进行补充的计划。

5.1.11　赛事物流主配送计划(games logistics main delivery schedule)

为确保各类货运车辆有序进入场馆,防止场馆周边及入口出现拥堵,赛时对进入各场馆的物资配送车辆进行时间编排的配送信息计划表,包括运单信息、进入目的地赛事物流运行场所的时间窗等信息。

5.1.12　赛事物资配送优化(games-related goods delivery optimization)

在赛事物资配送过程中,为提高配送各环节的物流能力,针对物流方案设计、作业流程、运行控制等方面进行的优化。

5.1.13　赛事场馆通行准则(venue access control policy)

针对所有进入赛事场馆的车辆是否准予通行作出的规范性要求。需同时持有主配送计划、安检证明、赛事车辆证件、司机认证四项认证。

5.1.14　赛事物流质量管理(games logistics quality management)

为提升赛事物资质量及物流服务质量,对赛事物流全过程进行的系统管理活动。

注:改写 GB/T 18354—2021,定义 7.29。

5.1.15　赛事物流安全管理(games logistics security management)

为确保赛事物流活动中人、载运工具、物资、场所、信息、网络系统及环境等没有危险、不受侵害、不出事故而进行的管理活动。

5.2　赛事物流应急管理(games logistics contingency management)

针对在赛事物流活动中可能出现的突发事件进行的事前预防、事中响应和事后处置等的管理活动。

5.2.1　赛事物流应急预案(games logistics emergency plan)

针对可能发生的赛事物流活动中的突发事件,为迅速、有效、有序地开展应急行动,而预先制订的方案,主要包括应急通信和联络网络、应急设施资源配置、应急事件与响应措施等。

5.2.2　赛事物流风险预警(games logistics risk early warning)

针对赛事物流活动的特点,通过收集相关的资料信息,监控风险因素的变动趋势,并评价各种风险状态偏离预警线的强弱程度,向决策层发出预警信号并提前采取预控对策的活动。

5.2.3　赛事物流风险评估(games logistics risk assessment)

赛事物流活动中的风险事件发生之前或之后,对该事件给整个赛事所造成的各方面影响和损失的可能性进行量化评估的工作。

5.2.4　赛事物流风险处置(games logistics risk disposal)

针对赛事物流活动出现的风险,制订并实施控制风险的计划,确定降低风险发生的可能性并减少其不良影响的活动。

6　赛事国际物流术语

6.1　通关和货运指南(custom and freight forwarding guide)

为提升通清关效率,为赛事客户群提供优质物流服务,针对赛事物资的种类与特性编制的服务指南性文件。

6.2　报关(customs declaration)

进出境运输工具的负责人、进出境物资的所有人、进出口物资的收发货人或其代理人向海关办理运输工具、物资进出境手续的全过程。

注:改写 GB/T 18354—2021,定义 8.11。

6.3　进境赛事物资证明函(letter of evidence of the Games freight)

赛事组委会出具的证明进境物资属于赛事物资的文件,包括但不限于进境时间、监管方式、境内收联系人、(提)运单号等相关信息。

6.4　进境赛事物资清单(list of imported goods for the games)

赛事客户群提供的进境物资详细信息,包括但不限于运输方式、托运人、收货人、物资详情等信息。

6.5　清关(customs clearance)

报关单位在海关办理完毕进出口物资通关所必需的所有手续,完全履行法律规定的与进出口有关的义务,包括海关申报、查验、征税、放行等手续,物资结束海关监管的过程。

  注:改写 GB/T 18354—2021,定义 8.27。

附录 B　通清关相关表单

表 1　杭州 2022 年亚运会暂时进境物资税款保函使用承诺书

致:杭州 2022 年亚运会组织委员会

承诺人:(简称"赛事利益相关方")

日期:

鉴于:

(1)为杭州 2022 年亚运会及其他相关活动的开展之目的("特定目的"),赛事利益相关方运输物资("暂时进境物资")至中国关境,并在中华人民共和国海关总署("中国海关")规定的期限内从中国关境将相应货物复运出境。

(2)根据在《亚奥理事会章程》及《主办城市合同》下的相关承诺,杭州亚组委将根据中国相关法律法规,协助赛事利益相关方为暂时进境物资办理通清关手续,且无需缴纳任何关税或税款。

为此,经中国海关审核批准,杭州亚组委将向中国海关提供由银行出具的符合中国法律法规要求的杭州 2022 年亚运会暂时进境物资税款保函(简称"保函")。赛事利益相关方为使用保函特此向杭州亚组委提供杭州 2022 年亚运会暂时进境物资税款保函使用承诺书(以下简称"本承诺书")。

基于上述情况,赛事利益相关方在此同意作出如下承诺:

(1)赛事利益相关方应在预计到港前 3 个月书面通知杭州亚组委其官方指定的货运代理和报关服务商(以下简称"代理机构")的名称、联系人和联系方式。

(2)赛事利益相关方必须选择杭州亚组委推荐的报关服务商,并且货物的进口和复运出境必须使用同一报关公司。

(3)赛事利益相关方应在暂时进境物资运抵中国关境之前,按照《2022 年第 19 届亚运会海关和货运指南》中列出的操作流程,向杭州亚组委关务与货运团队提交《杭州 2022 年亚运会进境物资清单》(简称"物资清单")。物资清单应包括但不限于以下信息:

- 货物的名称和描述;
- 货物的预定用途(赛后复运出境、比赛期间消耗或者在比赛期间可预计损坏而不再复运出境);
- 货物的数量、重量、大小;
- 货物价值(含单价和总价);
- 代理机构的名称、联系人、联系方式。

(4)赛事利益相关方承诺遵守中国法律法规对暂时进境物资的相关规定,及杭州亚组委的相关要求,包括但不限于:

- 赛事利益相关方应按照物资清单规定的时间和口岸将暂时进境物资运入中国,并仅作特定目的使用。
- 赛事利益相关方有责任按照杭州亚组委和中国海关的要求对暂时进境物资实施管控措施。

• 赛事利益相关方将按照物资清单规定的时间和港口复运出境所有暂时进境物资。暂时进境物资在复运出境之前毁损、销毁、被盗或者因正常消耗而数量减少的,赛事利益相关方应当将有关情况书面通知杭州亚组委,并向杭州亚组委和中国海关提交其所要求的相应证明文件。赛事利益相关方提出通过拍卖、转让或捐赠方式处理任何暂时进境物资的,应当立即书面通知杭州亚组委,获得中国海关的事先批准并完成进口手续,如需缴纳税费的,则应依法缴纳相关税费。当暂时进境物资不论何种原因未能在指定期限内从中国关境复运出境时,赛事利益相关方应当及时书面通知杭州亚组委物资留在中国的现状(包括但不限于名称、货物实际位置、物资的控制方及所有权人等),并提供杭州亚组委所要求的文件。

• 相关暂时进境物资从中国关境复运出境前,赛事利益相关方应立即以书面形式通知杭州亚组委相关信息。

• 赛事利益相关方可委托指定的代理机构代表其与杭州亚组委和中国海关联系。

(5)赛事利益相关方承诺,如果赛事利益相关方违反本承诺书规定,或违反中国相关法律、法规,导致杭州亚组委将需要按照中国海关的要求支付税费、罚款、滞纳金和其他相关费用或杭州亚组委因此遭受任何损害的,赛事利益相关方将于杭州亚组委发出补偿通知后的 30 个工作日内,按照通知中规定的金额,无条件补偿杭州亚组委因此遭受的任何直接和间接损失。

(6)赛事利益相关方承诺将豁免包括杭州亚组委、亚奥理事会、中国奥委会的董事、管理人员、员工、代理人、指定人员或志愿者因其在本承诺事项下履行或不履行相关事项而产生的任何可能的赔偿责任,包括但不限于罚款、罚金、损失或费用。

(7)杭州亚组委将指定特定的部门就本承诺事项下相关事项的履行情况与赛事利益相关方联系,协助赛事利益相关方处理暂时进境物资的通关程序,并就暂时进境物资的控制和管理与赛事利益相关方协调和沟通。

(8)赛事利益相关方将指定该机构内一人作为杭州亚组委与之接洽的代表,杭州亚组委将就本承诺书产生的任何问题与其沟通。该代表将作为杭州亚组委唯一认可的联系人来提供相关信息,相关信息包括但不限于本承诺书、代理机构的名称、联系人和联系方式以及其他书面提交文件。该代表的联系信息如下:

• 姓名:

• 电话号码:

• 手机号码:

• 联系地址:

• 电子邮箱:

• 传真号:

(9)本承诺书以及本承诺书项下暂时进境物资所涉及的全部问题均适用中国法律法规并据此进行解释。

(10)在签署本承诺书之前,赛事利益相关方已仔细阅读、充分理解并接受本承诺书之内容。本承诺书经由赛事利益相关方签署之日起生效。赛事利益相关方应将签署后的承诺书进行彩色扫描,并由第 8 条中确认的联系人通过指定电子邮箱发送至关务与货运团队:×××@×××。

承诺人:　　　　　　　　　　　　　授权签字人:

　(赛事利益相关方)　　　　　　　　　(授权签署的人员)

签字:

表 2 杭州 2022 年亚运会进境物资证明函

（ ）海关　　　　　　　　　　　　　　　　证明函编号：

证明人：　　　　　　　　　　　　　　　　物资清单编号：

国别		运输工具		进境日期		
提（运）单号				重量（Kg）		
货物名称				数量		
经营单位				十位编码		
代理报关机构				十位编码		
	联系人：　　　　　　　　联系方式：					
监管方式	□暂时进境	□免税进境	□正式进口	□租赁货运	□展览品	□转关	□其他
保函编号		货值（人民币）				
收货单位						
备注						

证明事项：

　　兹证明此票货物为杭州 2022 年亚运会物资,仅用于杭州 2022 年亚运会物资进境。杭州 2022 年第 19 届亚运会组委会保证按海关规定及时办理有关手续。

经办人:(签印)

证明人:(公章)　　　年　　月　　日

联系人：	联系电话：
主管海关备案：	
进境地海关批注：	

表 3　杭州 2022 年亚运会进境物资清单

杭州 2022 年亚运会进境物资证明函编号：

物资清单编号：

SHIPPER(托运人)：	NOMINATED FORWARDER INFORMA-TION(货代)：	CONSIGNEE(收货人)：
MODE OF of TRANSPORT (运输方式)：	COMPANY NAME(公司名称)：	COMPANY NAME(公司名称)：
	ADDRESS(地址)：	CONTACT NAME(联系姓名)：
EVENT NAME (竞赛名称)：	CONTACT NAME(联系姓名)：	
	PHONE(电话)：	PHONE(电话)：
	FAX(传真)：	FAX(传真)：
	EMAIL(电子邮件)：	
	FAX(传真)：	

CARGO INFORMATION(物资料)

Package No. (包装编号)	Meas-ure-ment (尺码)	Brand (品牌)	HS Code (商品编码)	Cargo Descripton (商品描述)	QTY (数量)	VALUES(价格)		REMARKS(摘要和说明)		Temporary Importation (临时进口) YES/NO (是/否)
						Unit value (单价)	Total Valu (总价)	A＝Re-exported after event(赛事结束后再出口)	B＝Disposed of consumed (消耗品) C＝Given away (赠送品)	
CRAND WEIGHT (总重量)						GRAND VALUE (总值)				

Declaration(Please click a "√"in the right column)：

□The above goods are for temporary use of Hangzhou 2022 Asian Games, and will be re-exported after the Games, for which we would need to apply for the use of letter of guarantee issused by the hagoc.

以上暂时进境物资仅用于杭州 2022 年亚运会,不在中国境内销售并于赛后复运出境,因此申请使用杭州亚组委的银行保函。

□The above goods are for use of Hangzhou 2022 Games, and not for resale or retail in China, but will not be returned after the Asian Games.

以上进境物资仅用于杭州亚运会,不在中国境内销售,赛后不再复运出境。

Company Stamp/ Name & Title of Signatory/ Signature/ Date

单位盖章/姓名和职称/代表签字/日期

表 4　需审批进境的动植物及其产品、特殊物品清单

类别	清单
一、动物及动物产品	a.活动物及动物胚胎、精液、受精卵、种蛋及其他动物遗传物质 b.进口动物血清品、疫苗和生物制品 c.食用性动物产品:肉类及其产品(含脏器、肠衣)、鲜蛋类(含食用鲜乌龟蛋、食用甲鱼蛋)、乳品(包括生乳、生乳制品、巴氏杀菌乳、用巴氏杀菌工艺生产的调制乳)、水产品(包括两栖类、爬行类、水生哺乳类动物及其他养殖水产品和其非熟制加工品等)、可食用骨蹄角及其产品、动物源性中药材、燕窝等动物源性食品 d.非食用性动物产品:生皮张类、原毛类、骨蹄角及其产品、蚕茧、鱼粉、肉粉、骨粉、肉骨粉、油脂、血粉、血液等,含有动物成分的有机肥料 e.饲料产品:配合饲料、饲料用(含饵料用)冰鲜冷冻动物产品、饲料用(含饵料用)水产品、加工动物蛋白及油脂、宠物食品和咬胶(罐头除外)
二、植物及植物产品	a.种子、苗木及其繁殖材料 b.果蔬类:新鲜水果、茄科类蔬菜 c.粮谷类:小麦、玉米、稻谷、大麦、黑麦、燕麦、高粱、油菜籽及其他杂粮类等 d.豆类:大豆、绿豆、豌豆、赤豆、蚕豆、鹰嘴豆等及其他杂豆类等 e.薯类:马铃薯、木薯、甘薯等及其加工产品 f.饲料类:麦麸、豆饼、豆粕等 g.烟草类:烟叶及烟草薄片 h.植物源性中药材、植物源性肥料 i.具有疫情疫病传播风险的植物源性食品
三、转基因动植物产品	涉及转基因标识目录范围内的动植物产品,应当声明是否"转基因",如含转基因成分应当提供农业农村部出具的"转基因生物安全证书"
四、特殊物品	进境的微生物〔病毒、细菌、真菌、放线菌、立克次氏体、螺旋体、衣原体、支原体等医学微生物菌(毒)种及样本和寄生虫、环保微生物菌剂〕、人体组织(人体细胞、细胞系、胚胎、器官、组织、骨髓、分泌物、排泄物等)、生物制品(用于人类医学、生命科学相关领域的疫苗、抗毒素、诊断用试剂、细胞因子、酶及其制剂、毒素、抗原、变态反应原、抗体、抗原—抗体复合物、核酸、免疫调节剂、微生态制剂等生物活性制剂)、血液及其制品(人类的全血、血浆成分和特殊血液成分、各种人类血浆蛋白制品)等应当经审批签发《入/出境特殊物品卫生检疫审批单》。经检验检疫合格后方准进境,进境后应当接受监管

表 5　杭州 2022 年亚运会检验检疫限制清单

序号	产品类别	进境检验检疫条件	备注
1	动物及动物产品	动物、动物遗传物质、非食用动物产品、生物材料、动物源性饲料： (1) 进境前办理《进境动植物检疫许可证》，有关检验检疫要求将在许可证中列明 (2) 随附出口国或地区官方动物检疫证书。其中，部分低风险生物材料和低风险非食用动物产品可免于办理 (1)、(2) 手续及免于提供相关的证单（备注 3、备注 10）	详见官方网站（具体以官方网站为准，不限于以下内容）： ①禁止从动物疫病流行国家或地区输入的动物及其产品一览表 http://dzs.customs.gov.cn/dzs/2746776/2753557/index.html ②允许进境水生动物的国家或地区及品种名录 http://dzs.customs.gov.cn/dzs/2747042/3995815/3995864/3996810/index.html ③进境非食用动物产品的风险级别及检验检疫监管措施清单 http://dzs.customs.gov.cn/dzs/2746776/4013968/index.html ④允许进境非食用动物产品的国家或地区及产品种类名单 http://dzs.customs.gov.cn/dzs/2747042/3995816/fsydwcp/3996743/index1.html ⑤免于核查输出国家或地区官方动物检疫证书的清单 http://www.customs.gov.cn//dzs/2746776/4449008/index.html ⑥允许进口饲料国家或地区及产品（不含植物源性饲料原料）名单 http://www.customs.gov.cn//dzs/2746776/4449008/index.html ⑦允许进口饲料添加剂和预混料国家或地区产品及注册企业名单 http://dzs.customs.gov.cn/dzs/2747042/3995816/sltjj/3996777/index.html ⑧进出口饲料和饲料添加剂的风险级别及检验检疫监管方式 ⑨《关于取消部分产品进境动植物检疫审批的公告》（海关总署公告 2018 年第 51 号） ⑩《授权动植物检疫审批的进境生物材料清单》《进境生物材料风险级别及检验检疫监管措施清单》 http://dzs.customs.gov.cn/dzs/2746776/2753479/index.htm

序号	产品类别	进境检验检疫条件	备注
2	植物及其产品（其粮食及制品、新鲜水果、植物源性饲料、植物繁殖材料、新鲜蔬菜、干坚果、植物性调味料、植物源性中药材、植物源性食品）	（1）产品应获检疫准入，准入名单链接可备注（2）需要办理检疫审批的，入境前办理《进境动植物检疫许可证》（3）需随附出口国或地区官方卫生证书或植物检疫证书的应当随附证书（4）植物源性食品应来自进口食品境外生产注册企业	详见官方网站（具体以官方网站为准，不限于以下内容）：①我国允许进口粮食和植物源性饲料种类及输出国家或地区名录 http://dzs.customs.gov.cn/dzs/2747042/2753830/index.html ②获得我国检验检疫准入的新鲜水果种类及输出国家或地区名录 http://dzs.customs.gov.cn/dzs/2747042/2754143/index.html ③允许进口饲料添加剂和预混料国家或地区产品及注册企业名单 http://dzs.customs.gov.cn/dzs/2747042/2754419/index.html ④《中华人民共和国进境植物检疫禁止进境物名录》（原农业部第72号公告） http://dzs.customs.gov.cn/dzs/2746776/2753422/index.html ⑤《符合评估审查要求及有传统贸易的国家或地区输华食品目录》（包含中药材、植物源性食品） http://jckspj.customs.gov.cn/spj/zwgk75/2706880/index.html ⑥允许进口粮食（含籽实类和块茎类粮食、油籽）境外注册登记企业名单 http://dzs.customs.gov.cn/dzs/2747042/3995819/ls/39957385/index.html ⑦允许进口水果境外注册登记企业名单 http://dzs.customs.gov.cn/dzs/2747042/3995819/sg38/3974291/index.html ⑧允许进口植物源性饲料境外注册登记企业名单 http://dzs.customs.gov.cn/dzs/2747042/3995819/zwyxsl/3997388/index.html

序号	产品类别	进境检验检疫条件	备注
3	肉类、蜂产品、肠衣、乳制品、水产品、燕窝等动物源性食品、动物源性中药材	(1)应获检疫准入,准入名单链接可备注 (2)列入《需审批进境的动植物及其产品、特殊物品》清单的,入境前办理《进境动植物检疫许可证》 (3)需随附出口国或地区官方卫生证书或动物检疫证书 (4)境外生产企业应被列入《进口食品境外生产企业注册名录》	详见官方网站: ①《符合评估审查要求及有传统贸易的国家或地区输华食品目录》(包含中药材) http://jckspj. customs. gov. cn/spj/zwgk75/2706880/index. html ②《符合评估审查要求的国家或地区输华肉类产品名单》 http://jckspj. customs. gov. cn/spj/zwgk75/2706880/jckrljgzyxx33/2812399/index. html
4	婴幼儿配方乳粉	(1)应获检疫准入,准入名单可链接备注 (2)需随附出口国或地区官方卫生证书 (3)应当取得食品药品监管总局产品配方注册 (4)应来自进口食品境外生产注册企业	①《符合评估审查要求及有传统贸易的国家或地区输华食品目录》 详见 http://jckspj. customs. gov. cn/spj/zwgk75/2706880/index. html ②《进口食品境外生产企业注册名单》 详见"中国海关门户网站/进出口食品安全局/信息服务/业务信息"栏目中"进口食品境外生产企业注册信息" http://jckspj. customs. gov. cn/spj/zwgk75/2706880/index. html ③婴幼儿配方乳粉产品配方注册信息可向国家市场监督管理总局查询

序号	产品类别	进境检验检疫条件	备注
5	预包装食品	声明杭州亚运会境外代表团自用的预包装食品可免予抽样检验,免予加贴中文标签;保健食品和特殊医学用途配方食品应当在市场监管部门注册或备案;应来自进口食品境外生产注册企业	《保健食品注册证书》《保健食品备案凭证》《特殊医学用途配方食品注册证书》可向国家市场监督管理总局查询
6	纳入中国实施许可和必须实施认证范围的相关进口产品	暂时进境:不做限制 一般贸易用途:须获得许可/认证,或免于办理许可/认证凭证	详见官方网站: http://gkml. samr. gov. cn/nsjg/rzjgs/202004/t20200428_314776. html http://www. nmpa. gov. cn/directory/web/nmpa/xxgk/ggtg/qtggtg/20170904150301406. html 及 http://www. nmpa. gov. cn/xxgk/ggtg/qtggtg/20201231154216161. html http://www. samr. gov. cn/tzsbj/tzgg/zjwh/201411/t20141103_283535. html
7	纳入能效标识管理范围的产品	暂时进境:不做限制 一般贸易用途:须按国家规定加贴能效标识	详见官方网站: http://www. ndrc. gov. cn/xxgk/zcfb/gg/201607/t20160715_961158. html http://www. ndrc. gov. cn/xxgk/zcfb/gg/201712/t20171228_961197. html http://www. ndrc. gov. cn/xxgk/zcfb/ghxwj/202004/t20200427_1226859. html
8	风险等级为A、B级的特殊物品	(1)入境需办理卫生检疫审批 (2)场馆或运动员驻地必须具备相关生物安全控制条件	详见官方网站: 《出入境特殊物品卫生检疫管理规定》(原质检总局令第160号,根据原质检总局令第184号、海关总署令第238号、第240号、第243号修改) http://www. customs. gov. cn/customs/302249/302266/302267/2114821/index. html
9	风险等级为C、D级的特殊物品	入境需办理卫生检疫审批	同上

序号	产品类别	进境检验检疫条件	备注
10	毛坯钻石	需随附毛坯钻石出口国政府主管机构签发的金伯利进程国际证书正本	详见官方网站： ①金伯利进程六部委联合公告 http://www.customs.gov.cn/customs/302249/302266/302267/356668/index.html ②中华人民共和国实施金伯利进程国际证书制度管理规定 http://www.customs.gov.cn/customs/302249/302266/302267/2372773/index.html
11	危险化学品	列入《危险化学品目录（2015版）》的危险化学品应当符合《关于进出口危险化学品及其包装检验监管有关问题的公告》（海关总署2020年第129号公告）的规定，经海关检验合格后方可入境	详见《危险化学品目录（2015版）》（安全监管总局、工业和信息化部、公安部、环境保护部、交通运输部、农业部、国家卫生计生委、质检总局、铁路局、民航局2015年第5号公告）（见应急管理部官方网站）： https://www.mem.gov.cn/gk/gwgg/xgxywj/wxhxp_228/201503/t20150309_232632.shtml

注：暂时进出境的杭州亚运会物资，依法免予检验，但法律、行政法规另有规定的除外。

附录 C　物流中心岗位设置和职责

表 1　物流中心岗位设置和职责

层级	岗位名称	职责	岗位层级
指挥层	指挥长	(1)按照杭州亚运会物流运行政策和程序,组织、安排、管理物流中心的各项物流运行活动 (2)对接内外、杭内外工作机构 (3)协调、落实场馆物流业务领域工作所需的各项资源(经费、人员、物品、场地及其他保障) (4)完成其他交办工作	场馆领导
	副指挥长	(1)负责内外、杭内外物资需求的总体协调 (2)完成其他交办工作	场馆领导
	副指挥长	(1)负责组织拟订团队工作计划、运行程序及各项管理制度,负责编制场馆物流运行所需设备、人员和仓储空间计划,负责接受场馆内物资物流需求申请 (2)负责场馆物流人员的专项业务知识培训,负责场馆物流人员升级卡的使用分配 (3)负责团队的文电、机要、保密、党务、纪检、会务、档案、后勤、信息和公用经费使用管理等工作 (4)负责团队工作计划和指令的督查落实及工作绩效管理工作 (5)负责协调落实场馆物流业务领域工作所需的各项保障资源,同时按照杭州亚运会物流中心运行规范的要求,保障物流中心设备设施可适性及工作人员后勤可适性	场馆领导
	副指挥长	(1)规划仓储资源分配和物资储存方式 (2)负责组织实施场馆普货、保税和特种物资的接收、分类、计量、包装、分拣、盘存和装卸工作 (3)负责组织包装物和托盘的日常管理及维护整理工作 (4)负责组织仓库防火、防盗、防潮及库房环境管理工作 (5)负责根据司机、车辆等情况,确定物资配送计划和配送调度工作 (6)负责运输过程中的问题处理,做好各方的协调工作 (7)完成其他交办工作	场馆领导
	副指挥长	(1)协调领导,指挥决策家具白电团队、制服管理、转播管理、PC工厂运行团队和计时记分设备管理团队的工作 (2)完成其他交办工作	场馆领导

层级	岗位名称	职责	岗位层级
协调联络	联络协调主任	(1)负责物流中心与相关单位的对接联络等工作 (2)完成其他交办工作	业务领域主任
	协调主管	(1)负责物流中心现场各部门业务对接及异常处理等工作 (2)完成其他交办工作	项目主管
海关事务	海关事务主任	(1)负责通清关作业 (2)负责异常情况处理 (3)负责配合海关进行异常查验 (4)负责物资的复运出境	业务领域主任
	海关事务副主任	(1)负责协助主任做好通清关工作 (2)负责协助主任做好异常情况处理 (3)负责协助主任配合海关进行异常查验 (4)负责协助主任做好物资的复运出境	业务领域主任
	海关事务管理工作人员	(1)协助主任开展通清关工作 (2)协助主任做好异常情况处理 (3)协助主任配合海关进行异常查验工作 (4)协助主任做好物资的复运出境	一般工作人员
	杭州关务主管	(1)负责通清关作业 (2)进行异常情况处理 (3)配合海关进行异常查验 (4)负责复运出境	项目主管
	杭州关务作业员	(1)负责通清关作业 (2)进行异常情况处理 (3)配合海关进行异常查验 (4)负责复运出境	一般工作人员
	宁波关务主管	(1)负责通清关作业 (2)进行异常情况处理 (3)配合海关进行异常查验 (4)负责复运出境	项目主管
	宁波关务作业员	(1)负责通清关作业 (2)进行异常情况处理 (3)配合海关进行异常查验 (4)负责复运出境	一般工作人员
	上海关务主管	(1)负责通清关作业 (2)进行异常情况处理 (3)配合海关进行异常查验 (4)负责复运出境	项目主管
	上海关务作业员	(1)负责通清关作业 (2)进行异常情况处理 (3)配合海关进行异常查验 (4)负责复运出境	一般工作人员

层级	岗位名称	职责	岗位层级
综合事务	综合事务主任	(1)组织拟订团队工作计划、运行程序及各项管理制度，负责编制场馆物流运行所需设备、人员和仓储空间计划，负责处理场馆内物资物流需求申请 (2)负责场馆物流人员的专项业务知识培训，负责场馆物流人员升级卡的使用分配 (3)负责团队的文电、机要、保密、党务、纪检、会务、档案、后勤、信息和公用经费使用管理等工作 (4)负责团队工作计划和指令的督查落实及工作绩效管理工作 (5)负责协调、落实场馆物流业务领域工作所需的各项保障资源 (6)负责内外、杭内外及物流中心现场物资需求的总体协调 (7)完成其他交办工作	业务领域主任
	组织人事主管	(1)组织人事安排及员工培训工作 (2)组织党务工作 (3)完成其他交办工作	项目主管
	行政事务主管	(1)负责物流中心行政事务管理等工作 (2)完成其他交办工作	项目主管
	财务管理主管	(1)负责物流中心预算审计、会计核算等工作 (2)完成其他交办工作	项目主管
	食宿交通保障主管	(1)负责物流中心及物流车队工作人员餐饮、值班、住宿保障工作 (2)负责物流中心外围交通通行保障和内部通勤交通保障等工作 (3)完成其他交办工作	项目主管
	法务	(1)负责场馆运行法律事务、知识产权保护相关工作，帮助解决场馆运行涉及的各类法律问题 (2)落实杭州亚组委合同管理有关制度，在场馆业务领域职责范围内，审核以杭州亚组委、亚残组委名义签订的合同(法律文件)，做好合同履行、监督、落实工作 (3)监督场馆业务领域对应的杭州亚组委工作部已经签订生效的合同的履行工作，并负责场馆方履行完毕的合同在赛事结束后的移交工作 (4)完成场馆业务领域领导交办的其他工作	一般工作人员
	资产及VIK管理主管	全面监督物流中心资产管理、采购管理工作	一般工作人员

续 表

层级	岗位名称	职责	岗位层级
综合事务	项目主管监督员	督促团队指挥层履行"廉洁办亚运"主体责任;对工作人员履职和廉洁自律情况,对资金使用,物资采购、使用管理、处置情况及重要事项、重大活动进行监督;受理违纪违法情况的投诉举报,对问题线索按管理权限移送并配合处置,同时报纪检监察和审计部	一般工作人员
	综合事务工作人员	(1)完成食宿交通、行政等保障的具体工作 (2)完成主管领导分配的其他工作	一般工作人员
设施服务	设施服务主任	(1)实施物流中心交通、餐饮及医疗等后勤保障工作 (2)实施物流中心水气电等能源及清洁废弃物回收等外围保障工作 (3)完成其他交办工作	业务领域主任
	通信保障主管	(1)负责物流中心通信网络保障工作 (2)完成其他交办工作	项目主管
	通信保障工作人员	(1)辅助、帮助相应通信保障主管完成日常工作 (2)完成其他交办工作	一般工作人员
	能源保障主管	(1)统筹负责电力保障等专项工作组的工作并提供专业指导 (2)负责物流中心水电油气的能源侧的运行安全和保障 (3)负责制订各项能源保障工作方案并组织实施 (4)负责开展安全评估和隐患治理、能源设施安全保卫和反恐防怖等工作 (5)负责建立电力安全保障应急体系和应急机制,制订应急预案,开展应急培训和演练,及时处置电力突发事件 (6)负责及时向杭州亚组委、省能监办等机构报送能源安全保障工作情况	项目主管
	能源保障工作人员	(1)辅助、帮助能源保障主管的日常工作 (2)完成其他交办工作	一般工作人员
	清洁回收主管	(1)保障物流中心清洁废弃物回收的管理工作 (2)完成其他交办工作	项目主管
	清洁回收工作人员	(1)辅助、帮助清洁回收主管完成日常工作 (2)完成其他交办工作	一般工作人员
	物流系统主管	(1)负责物流中心物流系统维护与异常处理工作 (2)完成其他交办工作	项目主管
	物流系统工作人员	(1)辅助、帮助物流系统主管完成日常工作 (2)完成其他交办工作	一般工作人员

续　表

层级	岗位名称	职责	岗位层级
设施服务	医疗保障主管	(1)负责物流中心医疗物资、医疗卫生等医疗保障工作 (2)负责物流中心公共卫生、卫生监测等工作	项目主管
	医疗保障工作人员	(1)辅助、帮助医疗保障主管完成日常工作 (2)完成其他交办工作	一般工作人员
安保	安保主任	(1)负责组织、协调、检查、督促物流中心及物流车队货物安检和安保封控工作 (2)完成其他交办工作	业务领域主任
	安检主管	(1)负责组织实施锁闭期后物流中心的人检、车检等安保封控工作 (2)完成其他交办工作	项目主管
	治安主管	(1)负责组织实施物流中心现场秩序维护、巡查、突发事件应急处置等工作 (2)完成其他交办工作	项目主管
	消防主管	(1)负责组织实施物流中心消防安全管理工作 (2)完成其他交办工作	项目主管
	交通安全主管	(1)负责组织实施物流中心现场交通安全和秩序维护工作 (2)完成其他交办工作	项目主管
医疗卫生	医疗卫生主任	负责组织、协调、检查、监督、领导物流中心及物流车队疫情防控和公共卫生工作	业务领域主任
	公共卫生主管	执行物流中心的公共卫生工作	项目主管
	核酸检测工作人员	执行物流中心人员的核酸检测工作	一般工作人员
境内物资仓储	境内物资仓储主任	(1)负责组织、协调、检查、督促物流中心境内仓储、防疫、安检业务 (2)完成其他交办工作	业务领域主任
	境内物资仓储副主任	(1)规划境内物资仓储资源分配和境内物资储存方式 (2)负责组织实施物流中心境内物资的接收、分类、计量、包装、分拣、盘存和装卸工作 (3)负责组织包装物和托盘的日常管理及维护整理工作 (4)负责组织仓库防火、防盗、防潮及库房环境管理工作 (5)完成其他交办工作	一般工作人员

层级	岗位名称	职责	岗位层级
境内物资仓储	业务领域收发货管理主管	(1)负责物流中心各项物资的拣货、装车发运、包装复核等工作 (2)完成其他交办工作	项目主管
	入库管理主管	(1)负责物流中心各项物资入库登记、上架管理、叉车作业管理等工作 (2)完成其他交办工作	项目主管
	收货上架工作人员	(1)核对物资质量、数量等信息,严格按照收货标准流程验收、理货、入仓、上架 (2)完成其他交办工作	一般工作人员
	叉车工作人员	(1)负责物流中心各种物资的叉车作业 (2)完成其他交办工作	一般工作人员
	订单履约主管	(1)负责物流中心各项物资的拣货、装车发运、包装复核等工作 (2)完成其他交办工作	项目主管
	装车发运工作人员	(1)核对物资质量、数量等信息,严格按照出库标准流程核验出库、装车、发运 (2)完成其他交办工作	一般工作人员
	包装复核工作人员	(1)负责物流中心各种物资的二次包装等工作 (2)完成其他交办工作	一般工作人员
	拣货工作人员	(1)严格执行物流服务政策及操作要求,规范执行标准流程 (2)确保仓储货品、设施、人员的安全 (3)完成其他交办工作	一般工作人员
	物资维护主管	(1)负责仓内物资的安全 (2)负责仓内物资的循环盘点、移库、差异处理等作业 (3)负责仓内异常情况的处理工作	项目主管
	库存维护主管	(1)负责物流中心各种物资的循环盘点、移库、差异处理等作业 (2)完成其他交办工作	项目主管
	盘点/差异处理工作人员	(1)辅助主管完成各种物资的循环盘点、差异处理等作业 (2)完成其他交办工作	一般工作人员

层级	岗位名称	职责	岗位层级
境内物资仓储	移库/理货工作人员	(1)负责物流中心各种物资的现场理货等工作 (2)完成其他交办工作	一般工作人员
	作业计划主管	(1)负责物流中心各项物资集包制单、财务登记、设备支持和质量问题处理等工作 (2)完成其他交办工作	项目主管
	集波/制单工作人员	(1)根据订单预估和运营人员情况合理安排班次 (2)根据现场订单生产情况协调各部门节奏,确保衔接紧凑、生产有序。从数据上监控各部门作业情况,及时发现问题并监督解决问题 (3)与总部运营支持及杭州亚组委各部门沟通。提报总部需要汇总的数据,利用总部汇总后的数据进行仓间对比,督促各部门改善进步 (4)负责现场管理、安全管理、人员培养及管理、成本管控、异常处理等工作	一般工作人员
	服务质量工作人员	(1)负责物流中心各种物资的出入库等基本数据的系统录入及标签二维码的打印等工作 (2)负责服务质量问题处理等工作 (3)提供设备支持工作 (4)完成其他交办工作	一般工作人员
	安保工作人员	(1)负责人员、物资、仓库、设备设施的安全保障工作 (2)完成其他交办的工作	一般工作人员
	防疫消杀主管	(1)负责境外物资入库时的消杀、物资表面核酸抽检、场地消杀、清洁回收等防疫工作 (2)完成其他交办工作	项目主管
	防疫消杀工作人员	(1)负责境外物资入库时的消杀、物资表面核酸抽检、场地消杀、清洁回收等防疫工作 (2)完成其他交办工作	一般工作人员
境外物资仓储	境外物资仓储主任	(1)负责组织协调、检查督促物流中心境外物资仓储、防疫、安检业务 (2)完成其他交办工作	业务领域主任
	境外物资仓储副主任	(1)规划境外物资仓储资源分配和境外物资储存方式 (2)负责组织实施物流中心境外物资的接收、分类、计量、包装、分拣、盘存和装卸工作 (3)负责组织包装物和托盘的日常管理和维护整理工作 (4)负责组织仓库防火、防盗、防潮及库房环境管理工作 (5)完成其他交办工作	业务领域主任

续　表

层级	岗位名称	职责	岗位层级
境外物资仓储	收发货管理主管	(1)负责物流中心各项物资的拣货、装车发运、包装复核等工作 (2)完成其他交办工作	项目主管
	入库管理主管	(1)负责物流中心各项物资入库登记、上架管理、叉车作业管理等工作 (2)完成其他交办工作	项目主管
	收货上架工作人员	(1)核对物资质量、数量等信息,严格按照收货标准流程验收、理货、入仓、上架 (2)完成其他交办工作	一般工作人员
	叉车工作人员	(1)负责物流中心各种物资的叉车作业 (2)完成其他交办工作	一般工作人员
	订单履约主管	(1)负责物流中心各项物资的拣货、装车发运、包装复核等工作 (2)完成其他交办工作	项目主管
	装车发运工作人员	(1)核对物资质量、数量等信息,严格按照出库标准流程验收、出库、装车、发运 (2)完成其他交办工作	一般工作人员
	包装复核工作人员	(1)负责物流中心各种物资的二次包装等工作 (2)完成其他交办工作	一般工作人员
	拣货工作人员	(1)严格执行物流服务政策及操作要求,规范执行标准流程 (2)确保仓储货品、设施、人员的安全 (3)完成其他交办工作	一般工作人员
	物资维护主管	(1)负责仓内物资的安全 (2)负责仓内物资的循环盘点、移库、差异处理等作业 (3)负责仓内异常情况的处理工作	项目主管
	库存维护主管	(1)负责物流中心各种物资的循环盘点、移库、差异处理等作业 (2)完成其他交办工作	项目主管
	盘点/差异处理工作人员	(1)负责物流中心各种物资的循环盘点、差异处理等作业 (2)完成其他交办工作	一般工作人员
	移库/理货工作人员	(1)负责物流中心各种物资的现场理货等工作 (2)完成其他交办工作	一般工作人员

层级	岗位名称	职责	岗位层级
境外物资仓储	作业计划主管	(1)负责物流中心各项物资集包制单、财务登记、设备支持和质量问题处理等工作 (2)完成其他交办工作	项目主管
	集波/制单工作人员	(1)根据订单预估和运营人员情况合理安排班次 (2)根据现场订单生产情况协调各部门节奏,确保衔接紧凑、生产有序。从数据上监控各部门作业情况,及时发现问题并监督解决问题 (3)与总部运营支持及杭州亚组委各部门沟通。提报总部需要汇总的数据,利用总部汇总后的数据进行仓间对比,督促各部门改善进步 (4)现场管理、安全管理、人员培养及管理、成本管控、异常处理	一般工作人员
	服务质量工作人员	(1)负责物流中心各种物资的出入库等基本数据的系统录入及标签二维码的打印等工作 (2)服务质量问题处理等工作 (3)提供设备支持工作 (4)完成其他交办工作	一般工作人员
	安保工作人员	(1)负责人员、物资、仓库、设备设施的安全保障工作 (2)完成其他交办的工作	一般工作人员
	防疫消杀主管	(1)负责境外物资入库时的消杀、物资表面核酸抽检、场地消杀、清洁回收等防疫工作 (2)完成其他交办的工作	一般工作人员
	防疫消杀工作人员	(1)负责境外物资入库时的消杀、物资表面核酸抽检、场地消杀、清洁回收等防疫工作 (2)完成其他交办的工作	一般工作人员
	闭环后勤保障主管	(1)负责闭环后勤保障中与圆通速递、属地侧的沟通、协调工作 (2)负责指导闭环工作人员和闭环保障工作 (3)完成其他交办工作	项目主管
	保洁员	(1)负责境外仓的环境卫生工作 (2)完成其他交办工作	一般工作人员

续　表

层级	岗位名称	职责	岗位层级
运输配送	运输配送主任	(1)负责组织协调、检查督促物流中心运输业务 (2)完成其他交办工作	业务领域主任
	运输配送副主任	(1)负责物流中心杭内、外各种物资的运力计划和配送调度工作计划 (2)完成其他交办工作	业务领域主任
	配送计划主管	(1)负责物流中心杭内外各种物资配送计划的编制等工作 (2)完成其他交办工作	项目主管
	配送计划协调主管	(1)负责物流中心杭内外各种物资配送计划的编制等工作 (2)完成其他交办工作	项目主管
	杭内计划工作人员	(1)负责物流中心各种物资的杭内范围的配送计划的编制工作 (2)完成其他交办工作	一般工作人员
	杭外计划工作人员	(1)负责物流中心各种物资的杭外范围的配送计划的编制工作 (2)完成其他交办工作	一般工作人员
	特种物资计划工作人员	(1)负责物流中心特种物资配送计划的编制工作 (2)完成其他交办工作	一般工作人员
	调度管理主管	(1)根据物流中心杭内外各种物资调度车队运力等 (2)落实车队运力并处理运输异常等问题 (3)完成其他交办工作	项目主管
	杭内调度工作人员	(1)根据杭内物资配送计划完成运力的配置与调度 (2)完成其他交办工作	一般工作人员
	杭外调度工作人员	(1)根据杭外物资配送计划完成运力的配置与调度 (2)完成其他交办工作	一般工作人员
	特种物资调度工作人员	(1)根据特种物资配送计划完成运力的配置与调度 (2)完成其他交办工作	一般工作人员
	车队驾驶员	(1)准时按指定时间、地点停放和到达 (2)认真执行车辆保养制度,做好车辆的维护保养工作 (3)及时上报运输过程中的突发事故,积极做好各方的协调工作	一般工作人员
	服务质量保障主管	(1)保证货物交付质量及解决后续场馆货物质量问题 (2)完成其他交办工作	项目主管

续　表

层级	岗位名称	职责	岗位层级
PC 工厂	PC 工厂主任	(1)负责 PC 工厂整体运行,管理 PC 工厂运行团队,安排日常工作 (2)完成其他交办工作	业务领域主任
	信息技术联络员	(1)负责 PC 工厂弱电运维、仓储、设备灌装、网络安全、通信网络相关工作协调事务 (2)完成其他交办工作	项目主管
	弱电运维工程师	(1)负责 PC 工厂的弱电运维工作 (2)负责 PC 工厂的环境和设备巡检及相关事件的应急处置 (3)负责其他交办工作	一般工作人员
	仓储管理主管	(1)负责 PC 工厂的仓储管理,包括设备入库、出库、盘点、货物整理及摆放等 (2)管理仓储管理团队,并向 PC 工厂经理汇报	项目主管
	仓储管理工作人员	完成仓储管理主管安排的工作,包括设备入库、出库、盘点、货物整理及摆放等	一般工作人员
	设备灌装主管	负责 PC 工厂的设备灌装工作,管理设备灌装团队,并向 PC 工厂业务主任汇报	项目主管
	设备灌装工程师	完成设备灌装主管安排的工作,包括但不限于: (1)PC 设备软件镜像包灌装 (2)PC 设备粘贴标签 (3)将 PC 设备序列号导入部署管理系统 (4)灌装完成后,对 PC 设备进行出厂测试 (5)根据赛后设备处置政策对回收的设备进行数据移交与数据清除	一般工作人员
	网络安全组长	(1)负责主持场馆 AGIS 网络及场馆 Wi-Fi 互联网安全工作 (2)负责处理涉亚运 AGIS 网络及场馆 Wi-Fi 重大安全问题 (3)协助处理除 AGIS 网络及场馆 Wi-Fi 外的其他网络安全问题 (4)完成其他交办工作	一般工作人员
	网络安全工程师	(1)负责处理涉亚运 AGIS 网络及场馆 Wi-Fi 相关网络安全问题 (2)负责和运维安全合作伙伴部署安全设备、涉亚运网络安全监测等 (3)协助处理除 AGIS 网络及场馆 Wi-Fi 外的其他网络安全问题 (4)完成其他交办工作	一般工作人员

续　表

层级	岗位名称	职责	岗位层级
PC工厂	场馆网络与通信支持主管	(1)接受场馆信息技术主任领导 (2)负责与TEC领域内其他团队的横向协调 (3)负责管理场馆的网络与通信运行团队 (4)负责场馆网络与通信服务支持运行计划的制订,负责场馆网络与通信服务设备设施建设部署的组织工作 (5)发现、梳理可能影响场馆正常运行的网络与通信服务支持问题,并向场馆信息技术主任汇报 (6)负责就场馆高等级事件向ITCC相关通信值班主管汇报 (7)负责所在场馆的网络与通信相关事件的处理及协调 (8)负责场馆网络与通信HDS工单系统的流转管理	项目主管
	网络支持组长	(1)接受场馆网络与通信支持主管领导 (2)负责与场馆网络与通信支持团队内其他组的横向协调工作 (3)负责管理场馆的网络技术工程师和综合布线工程师 (4)负责场馆AGIS专网、Wi-Fi专网、视频会议系统、专项通信网络、标签标识系统及其他数通设备的安装部署、运行保障等工作 (5)负责所在场馆网络与通信事件的处理及协调工作	一般工作人员
	网络技术工程师	(1)接受网络支持组长领导 (2)负责管理所在场馆AGIS专网、Wi-Fi专网、视频会议系统、专项通信网络、标签标识系统及其他数通设备的服务支持和运行维护 (3)协调综合布线工程师开展布线及维护等工作 (4)负责所在场馆网络事件的处理 (5)负责直接面向终端用户的对接工作	项目主管
	一般工作人员综合布线工程师	(1)向场馆网络支持组长汇报,接受网络支持组长领导 (2)负责完成场馆内各种网络通信线缆和网络通信设备电力线缆的维护和检修及临时新增布线 (3)配合网络技术工程师、通信服务组相关工程师开展设备调试及维护等工作 (4)配合网络技术工程师开展网络事件处理工作 (5)配合网络技术工程师为终端客户提供网络服务	一般工作人员

层级	岗位名称	职责	岗位层级
PC工厂	通信服务组长	(1)接受场馆网络与通信支持主管领导 (2)负责与场馆网络与通信支持团队内其他组的横向协调工作 (3)负责管理场馆的固定通信技术工程师(含广播电视传输和信号处理)、移动通信技术工程师、应急通信工程师、对讲服务工程师 (4)负责管理协调所在场馆的与固定通信、移动通信、应急通信、广播电视传输专线、对讲服务等相关的基础设施建设、业务开通及运行保障等工作 (5)负责场馆与固定通信、移动通信、应急通信、广播电视传输通信、对讲服务相关的事件处理及协调工作	一般工作人员
	固定通信工程师	(1)负责所在场馆固定电话、传真、三方通话、电话会议等基础业务,以及固定专线(数据专线、电路专线)、广播电视传输、广播电视信号处理等业务开通及运行保障工作 (2)负责所在场馆固定通信事件的处理工作 (3)配合通信服务小组内其他工程师开展工作 (4)负责场馆客户临时需求通信的对接工作	一般工作人员
	移动通信工程师	(1)向通信服务组长汇报 (2)协调中国铁塔/中国电信/中国移动/中国联通的4G/5G通信保障工作 (3)配合通信服务组内其他工程师开展工作 (4)负责直接面向终端用户的移动通信业务的对接工作	一般工作人员
	对讲服务工程师	(1)向通信服务组长汇报 (2)负责场馆赛事保障对讲系统的建设、开通、维护等工作 (3)负责场馆赛事保障对讲终端的分发、回收、培训及故障处理工作	一般工作人员
计时记分设备管理	计时记分设备管理主任	(1)负责计时记分设备管理团队的整体运行,管理计时记分设备管理团队,安排日常工作 (2)协调杭州亚组委物流供应商将计时记分设备运至场馆; (3)完成其他交办工作	
	计时记分设备管理团队专业操作员	(1)负责组织实施计时记分设备的接收、分类、计量、包装、分拣、盘存和装卸工作 (2)负责组织包装物和托盘的日常管理及维护整理工作 (3)完成其他交办工作	一般工作人员

续　表

层级	岗位名称	职责	岗位层级
制服管理	制服管理主任	(1)负责组织拟订团队工作计划、运行程序及各项管理制度 (2)负责编制制服管理团队运行所需设备、人员和仓储空间计划 (3)负责委内外、杭内外制服需求的总体协调	业务领域主任
	综合服务主管	(1)负责与各场馆制服专项工作团队对接制服业务 (2)统筹安排各场馆制服的出库、发放、调换、审批等相关事宜 (3)处理各场馆制服应急突发情况	项目主管
	咨询岗	(1)协助联络岗与各场馆制服专项工作团队对接制服业务并收集各类咨询信息 (2)负责各类制服、箱包政策咨询服务 (3)完成其他交办工作	一般工作人员
	质检岗	(1)负责制服验收入库的质量检验 (2)协助主管调配各场馆制服、箱包数量及配送 (3)完成其他交办工作	一般工作人员
	仓储服务主管	(1)负责制服专项团队资产,并建立库存台账 (2)负责与供应商协调入库制服、箱包(预留量)运输及后续服务保障工作 (3)负责配合开展资产清算、检查审计等其他事项 (4)完成其他交办工作	项目主管
	服务保障岗	(1)负责协调生产情况,配合主管做好订单分析 (2)协助制服发放后的各项保障工作,如调换、维修服务等 (3)与供应商协调处理制服、箱包保障应急事项 (4)完成其他交办工作	一般工作人员
	发放服务主管	(1)负责协调各类人群的发放和领用,做好出入库管理和信息登记 (2)配合开展各客户群制服发放后的各项服务保障工作 (3)完成其他交办工作	项目主管
	驻赞助企业发放岗	(1)负责各场馆的制服、箱包的发放和领用,具体做好出入库管理和信息登记工作 (2)完成其他交办工作	一般工作人员
家具白电专项团队	家具白电管理主任	负责组织拟订团队工作计划、运行程序及各项管理制度	业务领域主任
	家具白电服务主管	(1)负责与各场馆家具白电工作团队对接业务 (2)处理各场馆家具白电应急突发情况	项目主管

层级	岗位名称	职责	岗位层级
转播专项团队	转播主任	(1)负责组织拟订团队工作计划、运行程序及各项管理制度 (2)负责与各场馆家具白电工作团队对接业务 (3)处理各场馆家具白电应急突发情况	业务领域主任

表 2　场馆物流业务领域岗位设置和职责

序号	岗位	职责
1	物流主任	(1)按照杭州亚运会、亚残运会物流运行政策和程序,组织、安排、管理场馆内的各项物流运行活动 (2)对接 MOC 物流指挥协调处室和物流中心 (3)协调和落实场馆物流业务领域工作所需的各项资源(经费、人员、物品、场地及其他保障) (4)处理物流突发事件,及时汇报并协调相关业务口要解决的问题 (5)完成其他交办工作
2	主管 1（计划）	(1)组织拟订团队工作计划、运行程序及各项管理制度,负责编制场馆物流运行所需设备、人员和仓储空间计划,负责接受场馆内物资物流需求申请 (2)负责赛时场馆主配送计划总体协调,负责编制物资运入计划、运出计划和转换期物流工作计划 (3)负责场馆物流人员的专项业务知识培训,负责场馆物流人员升级卡的使用分配 (4)负责团队的文电、机要、保密、党务、纪检、会务、档案、后勤、信息和公用经费使用管理等工作 (5)负责团队工作计划和指令的督查落实及工作绩效管理工作 (6)负责协调和落实场馆物流业务领域工作所需的各项保障资源 (7)完成其他交办工作
3	主管 2（执行）	(1)根据人员、设备和工作计划等的情况,按一定顺序为场馆各业务领域提供劳动力、设备等物流服务支持,合理安排装卸设备和物流工人班次,完成物资装卸、搬运任务;负责组织场馆各类装卸、搬运物流设备的工作;负责日常管理和维护保养工作 (2)规划仓储资源分配和物资储存方式;组织实施场馆物资的接收、分类、计量、包装、分拣、盘存工作;组织包装物和托盘的日常管理及维护整理工作;组织仓库防火、防盗、防潮及库房环境管理工作 (3)完成其他交办工作

序号	岗位	职责
4	物流行政助理兼服务受理员	(1)按照计划主管的指令,完成团队的文电、机要、保密、党务、纪检、培训、会务、接待、档案、后勤和公用经费使用等具体事务性工作 (2)按照计划主管的指令,负责团队新闻宣传和信息报送工作 (3)按照计划主管的指令,接受场馆内物流需求申请并登记汇总,现场提供咨询、信息服务 (4)完成其他交办工作
5	物流计划助理	(1)按照计划主管的指令,具体编制各类计划、运行程序及各项管理制度 (2)按照计划主管的指令,操作物流管理系统 (3)完成其他交办工作
6	物流工人	(1)按照主管2(执行)的指令,及时、安全地完成场馆进出物资的装卸、搬运、拆包(包装)工作 (2)按照执行主管的指令,根据设备管理制度操作叉车、电瓶车、物资升降设备、小货车、液压拉车及各种工具,并进行一般维护 (3)完成其他交办工作
7	物流库管员	(1)按照主管2(执行)的指令,及时、准确地完成场馆进出物资的接收、分类、计量、包装、分拣、盘存工作 (2)按照主管2(执行)的指令,根据管理制度提供包装物和托盘,并进行整理维护 (3)按照执行主管的指令,具体落实仓库防火、防盗、防潮措施,并确保库房环境卫生 (4)完成其他交办工作

注:以上岗位和组织架构为当前计划,可以根据实际情况按需调整。

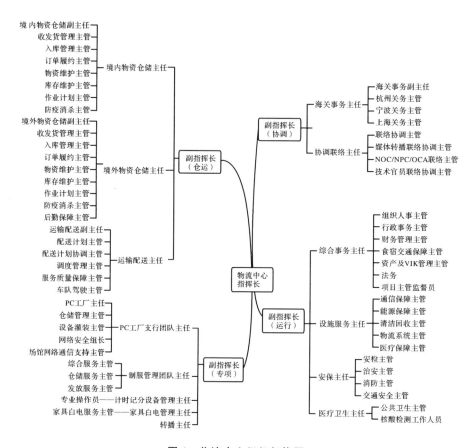

图 1　物流中心组织架构图

附录 D　杭州 2022 年亚运会场馆清单

表 1　杭州 2022 年亚运赛区和竞赛(训练)场馆(群)

序号	赛区	场馆群中文全称	场馆中文全称
1	杭州上城赛区		上城体育中心体育场
			＊杭州全民健身中心
			＊上城体育中心水球馆
2	杭州拱墅赛区	拱墅运河体育公园场馆群	拱墅运河体育公园体育馆
			拱墅运河体育公园体育场
			杭州体育馆
			中国杭州电竞中心
			＊杭州游泳健身馆
3	杭州西湖赛区	黄龙体育中心场馆群	黄龙体育中心体育场
			黄龙体育中心体育馆
			黄龙体育中心游跳馆
			＊黄龙体育中心田径训练场
			浙江大学(紫金港校区)体育馆
			浙江工业大学(屏峰校区)板球场
			西湖国际高尔夫球场
			＊杭州陈经纶体育学校体育场
4	杭州滨江赛区		滨江体育馆
			＊浙江中医药大学体育场
			＊浙江警察学院体育场

序号	赛区	场馆群中文全称	场馆中文全称
5	杭州萧山赛区	杭州奥体中心场馆群	杭州奥体中心体育场
			杭州奥体中心网球中心
			杭州奥体中心体育馆
			杭州奥体中心游泳馆
			杭州奥体中心国博壁球馆
			＊杭州奥体中心综合训练馆
		浙江师范大学（萧山校区）场馆群	浙江师范大学（萧山校区）体育馆
			＊浙江师范大学（萧山校区）体育场
		萧山体育中心场馆群	杭州棋院（智力大厦）棋类馆
			萧山体育中心体育场
			萧山体育中心体育馆
			萧山临浦体育馆
			萧山瓜沥文化体育中心（套路、散打的独立训练馆，卡巴迪的比赛和训练合用场馆）
		浙江建设职业技术学院场馆群	＊浙江建设职业技术学院体育场
			＊浙江建设职业技术学院体能训练场
		浙江体育职业技术学院场馆群	＊浙江体育职业技术学院田径场
			＊浙江体育职业技术学院重竞技馆
			＊浙江体育职业技术学院体操馆
			＊浙江旅游职业学院体育场
6	杭州余杭赛区	杭州师范大学（仓前校区）场馆群	杭州师范大学（仓前校区）体育场
			杭州师范大学（仓前校区）体育馆
7	杭州临平赛区	临平体育中心场馆群	临平体育中心体育馆
			临平体育中心体育场

续　表

序号	赛区	场馆群中文全称	场馆中文全称
8	杭州钱塘赛区		浙江工商大学文体中心
		杭州电子科技大学场馆群	杭州电子科技大学体育馆
			＊杭州电子科技大学体育场
			钱塘轮滑中心
			＊中国计量大学北体育场
			＊浙江理工大学体育场
			＊浙江财经大学东体育场
			＊浙江传媒学院（下沙校区）体育场
9	杭州富阳赛区		富阳银湖体育中心
			富阳水上运动中心
			富阳体育中心体育馆
10	杭州临安赛区		临安体育文化会展中心体育馆
11	杭州桐庐赛区		桐庐马术中心
12	杭州淳安赛区	淳安界首体育中心场馆群	淳安界首体育中心自行车馆
			淳安界首体育中心小轮车赛场
			淳安界首体育中心山地自行车赛场
			淳安界首体育中心公路自行车赛场
			淳安界首体育中心铁人三项赛场
			淳安界首体育中心游泳赛场
			＊淳安界首体育中心游泳训练场
			＊淳安界首体育中心田径训练场
13	宁波象山赛区		宁波象山亚帆中心
			宁波半边山沙滩排球中心
14	温州鹿城赛区		温州体育中心体育场
15	温州龙湾赛区	温州奥体中心场馆群	温州奥体中心体育场
			＊温州奥体中心训练场

续　表

序号	赛区	场馆群中文全称	场馆中文全称
16	温州瓯海赛区		温州龙舟运动中心
			＊温州大学(北校区)足球场
			＊温州医科大学(茶山校区)足球场
			＊温州科技职业学院足球场
17	湖州德清赛区		德清体育中心体育馆
			德清地理信息小镇篮球场
18	绍兴越城赛区		绍兴棒(垒)球体育文化中心
			绍兴奥体中心体育馆
19	绍兴柯桥赛区		绍兴柯桥羊山攀岩中心
			中国轻纺城体育中心体育馆
			＊绍兴柯桥鉴湖足球场
20	金华婺城赛区	金华体育中心场馆群	浙江师范大学东体育场
			金华体育中心体育馆
			金华体育中心体育场
			＊金华体育中心足球场
			＊金华少体校足球场
			＊金华第一中学足球场
			＊金华艾青中学足球场

注：＊号为训练场馆。

表 2 杭州亚残运会赛区和竞赛场馆(群)

序号	赛区	场馆群中文全称	场馆中文全称
1	拱墅赛区	拱墅运河体育公园场馆群	拱墅运河体育公园体育馆
			拱墅运河体育公园体育场
			杭州体育馆
2	西湖赛区		黄龙体育中心体育场
3	滨江赛区		滨江体育馆
4	萧山赛区	杭州奥体中心场馆群	杭州奥体中心网球中心
			杭州奥体中心体育馆
			杭州奥体中心游泳馆
			杭州棋院(智力大厦)棋类馆
			萧山体育中心体育馆
			萧山临浦体育馆
			萧山瓜沥文化体育中心
5	临平赛区		临平体育中心体育馆
			浙江塘栖盲人门球基地门球馆
6	钱塘赛区		杭州电子科技大学体育馆
			杭州文汇学校草地掷球场
7	富阳赛区		富阳银湖体育中心
			富阳水上运动中心
8	淳安赛区		淳安界首体育中心自行车馆(含公路)

附录 E 杭州 2022 年亚运会赛程

表 1 杭州 2022 年亚运会赛程表

竞赛场馆	2022 年 9 月																						目前金牌数	预计金牌数	预计天数
	比赛日	6	7	8	9	10	11	12	13	14	15	16	17	18	19	20	21	22	23	24	25			
		二	三	四	五	六	日	一	二	三	四	五	六	日	一	二	三	四	五	六	日			
	竞赛项目	−4	−3	−2	−1	0	1	2	3	4	5	6	7	8	9	10	11	12	13	14	15			
	开闭幕式					OC															CC			
杭州奥体中心体育场	田径					OC						2	8	10	8	10	9	1				48	48	7
杭州奥体中心国博壁球馆	壁球					OC								2				3				5	5	10
杭州奥体中心网球中心	网球					OC					1					3	2					6	6	11
杭州奥体中心网球中心	软式网球					OC											2	1		2		5	5	5

续 表

竞赛场馆	竞赛项目		2022年9月																			目前金牌	预计金牌数	预计天数
			6	7	8	9	10	11	12	13	14	15	16	17	18	19	20	21	22	23	24	25			
			二	三	四	五	六	日	一	二	三	四	五	六	日	一	二	三	四	五	六	日			
		比赛日	-4	-3	-2	-1	0	1	2	3	4	5	6	7	8	9	10	11	12	13	14	15			
杭州奥体中心游泳馆	游泳	花样游泳					OC														1		1	2	2	4
杭州奥体中心游泳馆		跳水					OC							2	2	2	2	2					10	10	5
杭州奥体中心游泳馆		游泳					OC	7	7	6	7	7	7										41	41	6
黄龙体育中心游泳跳水馆		水球					OC									1						1		2	2	14
淳安界首体育中心游泳赛场		马拉松游泳					OC									1	1							2	2	2
淳安界首体育中心山地自行车馆	自行车	场地自行车					OC	官方训练 2		2	2	4	4											12	12	4
淳安界首体育中心山地自行车赛场		山地自行车					OC	2																2	2	1

续　表

竞赛场馆	竞赛项目	2022年9月 比赛日																				目前金牌	预计金牌数	预计天数
		6	7	8	9	10	11	12	13	14	15	16	17	18	19	20	21	22	23	24	25			
	星期	二	三	四	五	六	日	一	二	三	四	五	六	日	一	二	三	四	五	六	日			
	竞赛日	-4	-3	-2	-1	0	1	2	3	4	5	6	7	8	9	10	11	12	13	14	15			
淳安界首体育中心公路自行车赛场	公路自行车					OC										2	1	1				4	4	3
淳安界首体育中心小轮车赛场	小轮车					OC								2								2	2	1
淳安界首体育中心铁人三项赛场	铁人三项					OC					1	1		1								3	3	3
富阳银湖体育中心射箭场	射箭					OC										2	2	2	2		2	10	10	7

续　表

竞赛场馆	竞赛项目		6 二 -4	7 三 -3	8 四 -2	9 五 -1	10 六	11 日 1	12 一 2	13 二 3	14 三 4	15 四 5	16 五 6	17 六 7	18 日 8	19 一 9	20 二 10	21 三 11	22 四 12	23 五 13	24 六 14	25 日 15	目前金牌数	预计金牌数	预计天数
2022年9月		比赛日																							15
富阳银湖体育中心	射击	步手枪					OC	1	2				2	4	1	4	2	4	1				18	33	7
富阳银湖体育中心	射击	移动靶					OC						1	2	2		2						6		3
富阳银湖体育中心		飞碟					OC					4			4								9		5
富阳银湖体育中心		现代五项					OC	2	2														4	4	4
富阳水上中心		赛艇					OC					5	5										14	14	5
富阳水上中心	皮划艇	激流回旋					OC	7	7						2	2							4	4	3
富阳水上中心	皮划艇	静水					OC								2	2							12	12	4
黄龙体育中心体育馆	体操	竞技体操					OC	1	1	1	1		5							6	6		14	14	6

续　表

竞赛场馆	竞赛项目	6	7	8	9	10	11	12	13	14	15	16	17	18	19	20	21	22	23	24	25	目前金牌数	预计金牌数	预计天数
（2022年9月 比赛日）		二	三	四	五	六	日	一	二	三	四	五	六	日	一	二	三	四	五	六	日			
（竞赛日）		-4	-3	-2	-1	0	1	2	3	4	5	6	7	8	9	10	11	12	13	14	15			
黄龙体育中心体育馆	艺术体操					OC													1	1		2	2	2
黄龙体育中心体育馆	蹦床					OC										2						2	2	2
拱墅运河体育公园体育馆	乒乓球					OC					2			3	2							7	7	8
拱墅运河体育公园体育馆	体育舞蹈 霹雳舞					OC													1			2	2	2
拱墅运河体育公园体育场	曲棍球					OC	4	5	5	1									1			2	2	13
萧山临浦体育馆	武道 柔道					OC								2								15	15	4
萧山临浦体育馆	武道 柔术					OC						3	3									8	8	3
萧山临浦体育馆	武道 克柔术					OC										3	2	2				7	7	3

续 表

竞赛场馆	竞赛项目	6	7	8	9	10	11	12	13	14	15	16	17	18	19	20	21	22	23	24	25	目前金牌数	预计金牌数	预计天数
2022年9月 比赛日		二	三	四	五	六	日	一	二	三	四	五	六	日	一	二	三	四	五	六	日			
		−4	−3	−2	−1	0	1	2	3	4	5	6	7	8	9	10	11	12	13	14	15			
萧山瓜沥文化体育中心	卡巴迪					OC														2		2	2	6
萧山瓜沥文化体育中心	武术					OC	2	2	2	2	7					15	15	5						
萧山体育中心体育馆	举重					OC	2	2	2	1	1	2	2	2	14	14	8					12	12	6
钱塘轮滑中心	轮滑					OC					4			2	1	2		3				4	4	3
钱塘轮滑中心	滑板					官方训练				4														

续表

竞赛场馆	比赛日		2022年9月																		目前金牌	预计金牌数	预计天数
	日			6	7	8	9	10	11	12	13	14	15	16	17	18	19	20	21	22	23	24	25
	竞赛项目			二	三	四	五	六	日	一	二	三	四	五	六	日	一	二	三	四	五	六	日
				-4	-3	-2	-1	0	1	2	3	4	5	6	7	8	9	10	11	12	13	14	15
杭州棋院（智力大厦）棋类馆	智力项目	国际象棋						OC				2											2		4	4	13
杭州棋院（智力大厦）棋类馆		围棋						OC						1						2						3	3	10
杭州棋院（智力大厦）棋类馆		象棋						OC										1							2		3	3	9
杭州棋院（智力大厦）棋类馆		桥牌						OC																3			3	3	10
中国杭州电竞中心		电子竞技						OC																			0	6	8

续　表

竞赛场馆	竞赛项目		6	7	8	9	10	11	12	13	14	15	16	17	18	19	20	21	22	23	24	25	目前金牌数	预计金牌数	预计天数
2022年9月（比赛日）			二	三	四	五	六	日	一	二	三	四	五	六	日	一	二	三	四	五	六	日			
竞赛日			-4	-3	-2	-1	0	1	2	3	4	5	6	7	8	9	10	11	12	13	14	15			
杭州奥体中心体育馆（W/M）	篮球	五人制篮球					OC		2	W		1	M	M	M		M		M		1		2	2	8
浙江大学（紫金港校区）体育馆（M）		五人制篮球					OC						M	M	M		M		M		M		0		6
绍兴奥体中心体育馆（W）				W	W	W	W OC	W		W		W											0		6
富阳体育中心体育馆（W）		三人制篮球		W	W	W	OC	W		W		W													
德清地理信息小镇篮球场		三人制篮球	OC	4	4	4	12	12	3											2		2	2	6
临平体育中心体育馆	武道	空手道																			6				

续表

竞赛场馆	2022年9月	6	7	8	9	10	11	12	13	14	15	16	17	18	19	20	21	22	23	24	25	目前金牌	预计金牌数	预计天数
	比赛日	二	三	四	五	六	日	一	二	三	四	五	六	日	一	二	三	四	五	六	日			
	竞赛项目	−4	−3	−2	−1	0	1	2	3	4	5	6	7	8	9	10	11	12	13	14	15			
杭州师范大学（仓前校区）体育馆（W/M）	排球					OC				TBD	W	W	W	W	W	W	W	W	1	1		2	2	10
临平体育中心体育馆（W）	排球					OC				TBD	W	W	W	W	W	W	W	W				0		9
德清体育中心体育馆（M）						OC			M	M	M	M	M		M	M	M	M				0		9
中国轻纺城体育中心体育馆（M）						OC			M	M	M	M	M		M	M	M	M				0		9
宁波半边山沙滩排球中心	沙滩排球					OC									1	1						2	2	10

续表

竞赛场馆	竞赛项目	6 二 -4	7 三 -3	8 四 -2	9 五 -1	10 六 0	11 日 1	12 一 2	13 二 3	14 三 4	15 四 5	16 五 6	17 六 7	18 日 8	19 一 9	20 二 10	21 三 11	22 四 12	23 五 13	24 六 14	25 日 15	目前金牌数	预计金牌数	预计天数
黄龙体育中心体育场(W/M)	足球	M	M	M		OC	M	W		W	M	M		M	W		M		1	1		2	2	12
临平体育中心体育场(W/M)		M	M	M	M	OC	M	M/W		W	M	W		M	W		W					0		12
上城体育中心体育场(W/M)		M	M	M	M	OC	M	W		W	M	W		M	W		W					0		10
萧山体育中心体育场(W/M)		M	M	M	M	OC	M	M/W		W	M	W		M	W		M					0		12
金华体育中心体育场(W/M)		M	M	M	OC	M	W		W		W											0		6
浙江师范大学东体育场(W/M)		M	M	M	OC	M	W		W		W											0		3
温州奥体中心体育场(W/M)		M	M	M	OC	M	W		W		W											0		6
温州体育中心体育场(W/M)		M	M	M	OC	M	W		W		W											0		6

续表

竞赛场馆	竞赛项目	6	7	8	9	10	11	12	13	14	15	16	17	18	19	20	21	22	23	24	25	目前金牌	预计金牌数	预计天数
（2022年9月）比赛日		二	三	四	五	六	日	一	二	三	四	五	六	日	一	二	三	四	五	六	日			
		-4	-3	-2	-1	0	1	2	3	4	5	6	7	8	9	10	11	12	13	14	15			
浙江师范大学（萧山校区）体育馆（W）	手球					OC	W	W	W	W	W	W		W	W	M						0	2	7
浙江工商大学文体中心（W/M）	手球					OC		M	M	M	M	M		M	M	M		1				2		10
滨江体育馆	羽毛球					OC								2					1	4		7	7	10
杭州体育馆	拳击					OC											13					13	13	11
杭州师范大学（仓前校区）体育场	橄榄球／七人制橄榄球					OC										M		2				2	2	3
杭州电子科技大学体育馆	击剑					OC			2	2	2	2	2	2								12	12	6
西湖国际高尔夫球场	高尔夫球					OC								4								4	4	4

续表

竞赛场馆	竞赛项目	6	7	8	9	10	11	12	13	14	15	16	17	18	19	20	21	22	23	24	25	目前金牌数	预计金牌数	预计天数
（2022年9月 比赛日）		二	三	四	五	六	日	一	二	三	四	五	六	日	一	二	三	四	五	六	日			
		-4	-3	-2	-1	0	1	2	3	4	5	6	7	8	9	10	11	12	13	14	15			
浙江工业大学（屏峰校区）板球场	板球					OC							1							1		2	2	14
临安体育文化会展中心体育馆	跆拳道						OC	2	3	3	2											13	13	5
临安体育文化会展中心体育馆	摔跤					OC											3	4	3	4	4	18	18	5
桐庐马术中心	马术						OC		1	1	1	1			2		1						6	6
金华体育中心体育馆	藤球					OC						2				2	1		1			6	6	14
温州龙舟运动中心	龙舟					OC											2	2	2			6	6	3
宁波象山亚帆中心	帆船					OC											14					14	14	8
绍兴棒（垒）球体育文化中心	棒垒球　棒球					OC											1					1	1	11